憲法研究叢書

表現・教育・宗教 と人権

内野正幸

弘文堂

▶▶▶ はじめに

　本の全体を流れる主要な関心は、言葉で表現したり教育したりする側の自由・利益と、それを受けとる側が気持ちを害されるおそれとを、どのようにして調整するか、ということである。宗教にかかわる諸問題も、この点にかかわっている。扱った素材の多くは、現在の日本の話であるが、一部に、参考資料としての意味をもたせて、英米独仏などの過去の外国の話も織り込んである。

　本書は、その題名に示されるテーマの下に、既発表の論文のうち主要なものを集め、そこに、若干の加筆・補正や削除などの作業を施して、整理し直したものである。発表時期の古い時事的な論文（とくに改正前の法律に関するもの）などは、収録を見合わせた。既発表の論文の中には、これまでに若干の方々から好意的に引用されてきたものと、あまり相手にされてこなかったものとがある。双方ともに、本書への収録を通じて、いわば私の著述人生史における一種の存在証明としたい。

　本は、「表現の自由と差別的表現」、「プライバシーと個人情報」、「教育の権利・自由」および「宗教への接近」という4つの章（それぞれの内部に数節）で構成されている。そこで扱われたテーマは相互に関連している。プライバシー関係は、表現の自由や教育権に関連するものとして、しかるべき位置に配列した（なお、個人情報にかかわっては、私は住基［住民基本台帳］ネットをめぐる問題についても何度か発言してきたが、それに関する文献は収録を見合わせた）。

　第4章の「宗教への接近」は、その後半部分で外国の特殊な話を扱っているが、そのうち最後の2つの節について一言だけ述べよう。その両節は、神冒瀆的表現というテーマにかかわるものである。それらは、最近の欧米などの事情も加味して統合・再構成すべきものであったが、その余裕はな

かった。その結果、原型に近い別々の論文として収録されたが、それぞれ序論的概観および立ち入った考察を示すものとして、受けとめていただきたい。

　本書の背後にあるのは、おもに法解釈論的な問題関心である。そういうこともあって、そこでの叙述は、政治哲学的な深まりの乏しい制度技術的なものが多い。人権のとらえ方をめぐって、最近の憲法学界では、"基本権保護"、"公共圏"、"(個人の)自律"、"制度"、などをキーワードとする文献が蓄積されているが、ここではそれらを検討する余裕はない（私なりに制度的自由などについて言及したが）。

　以下、いくつかのキーワードについて、私流の定義や説明を示そう。

　「表現」とは、原則的に「他人に伝えたり見せたりすることを主目的とする行為」である（くわしくは、9～10頁参照）。

　また、「表現の自由」という言葉からは、何らかの根拠により"優越的地位"が語られがちであるが、この点は慎重であってほしい。とくに、表現の自由が規制されると民主的政治過程による是正は困難になる、という命題は原則的に適切とはいえないであろう。この命題が例外的に適切になるのは、政府批判運動を弾圧するほどに政治的表現の自由が著しく大幅に規制された場合に限られるであろう（3頁参照）。

　それとは別に、表現の自由は意外に脆弱なものである、ということも自覚してほしい。私見によれば、他人の管理・監督下にある表現場所を利用して行われる個人の表現行為は、表現場所提供者に対して人権性をあまり主張できないものになる（40頁など参照）。

　「表現の自由」関係の各論的なテーマとしては、本の中では主として、差別的表現、プライバシー侵害表現のほかに、神冒瀆的表現をとりあげた。

　「差別的表現」は、私の若いころの研究テーマであり、それは出版当時に学界の内外で評価された。しかし、その後、憲法その他の分野で多数の文献が出され、私自身のフォローしきれないところとなった。そのことを承知の上、この点にかかわる論文を少し収録した。

　「プライバシーの権利」とは、「他人から見られたり聞かれたり接触されたりすると本人が困惑を感じるのが合理的であるような私的事柄を保持す

る権利」である（73頁参照）。このようなプライバシー権については、本来的には、憲法を持ち出すことなく私権としてとらえれば十分である、とする姿勢を示した（72頁、77〜78頁参照）。フランスのプライバシー権論は、フランスの人権論に関心をもっていた時期における私の勉強の成果をメモ書きしたものにすぎないが、あえて本書では収録にふみきった。

　「教育権」関係では私は、いわば少数派的な意見表明を時々してきたが、それは第3章「教育の権利・自由」にも示される。そこには、旧著『教育の権利と自由』などでの私見を維持した箇所が多いが、それを修正した所もある。従来からの私見の維持としては、学習権論に対する消極的評価などがある。また、教師の教育権については、従来通り、次のような見解を示してある。すなわち、教師の教育権は、教師が生徒と向き合う場面では職務権限であり、教師が国家権力と向き合う場面では職務権限および人権という二つの側面をもつ、という見解である（111頁など参照）。他方、いわば教育内容の自由については、旧著での私見を修正して、価値の教え込みという発想を打ち出すなどした。ただ、公務員たる教師は日本国憲法の具体的内容を支持する義務を授業の場で負うわけではない、とする立場は維持してある。なお、教科書検定については、「教科書使用義務とワンセットになった検定制度であってはじめて、検定の厳しさなどの運用実態を条件として違憲と判定しうる」、という視角を示した（129頁参照）。

　出版にあたっては、弘文堂編集部の北川陽子氏に大変お世話になった。

　　2009年12月

　　　　　　　　　　　　　　　　　　　　　　　　内野　正幸

▶▶▶ 目　次

はじめに　i

第1章　表現の自由と差別的表現 …………………… 1
第1節　表現の自由の守備範囲 …………………… 2
1　「表現の自由」とその優越的地位　2
2　中核的「表現」と周辺的「表現」　4
3　「表現」と非「表現」の具体的な振り分け　10
4　表現しない自由　14
5　「表現」の定義の趣味的性格　14

第2節　PCと差別的表現 …………………………… 19
1　PCとは何か　19
2　差別的表現論再考　21

第3節　集団を傷つける言論 ……………………… 25
1　"言論と暴力"　25
2　"思想の自由市場"の新しい位置づけ　26
3　集団を傷つける言論とは何か　28
4　集団を傷つける言論と裁判所の対応　31

第4節　差別的表現のおかれた位置 ……………… 36
1　おもに人権論の見地から　36
2　差別的表現と他者加害　37
3　差別的表現をめぐる問題状況の類型化的考察　38
4　小　括　43

第5節　差別的表現と民事救済……………………………45
　　1　アイヌ関係図書事件をきっかけに　45
　　2　表現の自由と差別的表現　45
　　3　差別的表現に対する民事救済の可能性　47
　　4　国際人権条約における人種的憎悪の禁止　48
　　5　国際人権条約は国内法令の解釈基準となりうる　49

第6節　インターネットと表現の自由・名誉毀損……………51
　　1　ネット規制をめぐる最近の動向　51
　　2　憲法上の人権としての「表現の自由」　52
　　3　名誉毀損　53

第2章　プライバシーと個人情報……………………………57
　第1節　日本の判決を手がかりに…………………………58
　　1　有名でない裁判例を中心にして　58
　　2　自己情報コントロール権にかかわる裁判例　60

　第2節　プライバシー権を扱った有名な2つの判決………63
　　1　「宴のあと」事件の東京地裁判決　63
　　2　早大講演会名簿提出事件の最高裁判決　67

　第3節　プライバシー権の再構成に向けて…………………73
　　1　私的事柄保持権としてのプライバシー権とその位置づけ　73
　　2　自己情報コントロール権説の再検討に向けて　74
　　3　自己情報の意味について　75
　　4　コントロールという言葉の意味に関して　76
　　5　小　括　77

　第4節　プライバシー権論の一断面──フランスの場合…………80
　　1　序　説　80
　　2　フランス人権論の一断面（私生活尊重権についての予備的考察）　83

3　フランスにおける私生活保護論の歴史的展開　*84*

　第5節　教育情報の開示 ……………………………………………………*95*
　　　1　情報開示をめぐって　*95*
　　　2　情報開示と情報提供　*96*
　　　3　情報公開制度の限界　*98*
　　　4　教育情報の本人開示をめぐって　*100*
　　　5　指導要録について　*103*
　　　6　教育政策論として　*105*

第3章　教育の権利・自由 ……………………………………………*109*
　第1節　教育の自由 …………………………………………………………*110*
　　　1　はじめに　*110*
　　　2　教師の教える自由など　*110*
　　　3　「教育を受ける権利の自由権的側面」と「親の教育の自由」　*113*
　　　4　教育の自由の名宛人　*114*
　　　5　制度的自由としての教育の自由　*114*
　　　6　「教育の自由化」論　*116*

　第2節　教科書検定訴訟の判決
　　　　　――教科書検定について合憲であるが裁量権逸脱の
　　　　　　違法があるとした家永第三次訴訟最高裁判決 …………*119*
　　　1　事　　実　*119*
　　　2　判旨（一部上告棄却、一部破棄自判）　*121*
　　　3　評　　釈　*126*

　第3節　愛国心の押しつけ・法定と「心の教育」……………*132*
　　　1　中教審答申とその前史　*132*
　　　2　愛国心とは何か　*134*
　　　3　愛国心の押しつけと法定　*135*
　　　4　「心の教育」をめぐって　*136*

第4節　学校教育における心の問題 ……………………139
　　1　新・教育基本法の成立をきっかけに　*139*
　　2　戦後史における愛国心論など　*140*
　　3　道徳教育の位置づけ　*142*
　　4　思想・良心の自由と「君が代」伴奏　*144*
　　5　小　括　*147*

第5節　教育権から教育を受ける権利へ ……………………152
　　1　国民の教育権論の支持率低下　*152*
　　2　政府言論と囚われの聴衆　*154*
　　3　価値の教え込み・中立性・憲法理念　*156*
　　4　学校教育の諸問題と教育を受ける権利　*159*
　　5　若干の付言　*161*

第6節　「教育を受ける権利」論を振り返る——ドイツの場合 ……………………165
　　1　はじめに　*165*
　　2　教育を受ける権利をめぐる問題状況の概観　*166*
　　3　教育を受ける権利をめぐる学説の展開　*169*
　　4　教育を受ける権利についての裁判例　*184*
　　5　小　括　*187*

第7節　子どものころからの権利行使 ……………………195
　　1　人生の節目？　*195*
　　2　言葉の問題からスタート　*196*
　　3　子どもと大人で扱いが違うこと　*197*
　　4　子どもの権利条約を手がかりに　*199*
　　5　未成年者の人権・権利　*200*
　　6　子どもと裁判事件のかかわり　*202*
　　7　小学校の女子卒業生の表現行為を振り返る　*203*

第8節　憲法と子どもの人権 ……………………206
　　1　憲法条項における子どもの権利　*206*
　　2　「子どもの人権」という概念　*207*
　　3　子どもに固有の権利　*209*

　　　　4　自律的行為権と保護を受ける権利　210
　　　　5　子どもの人権に対する制約のあり方　211

第4章　宗教への接近　……217
第1節　信教の自由と学校教育　……218
　　　1　宗教教育をめぐって　218
　　　2　教育の宗教的中立性と宗教教育の自由　218
　　　3　公教育と宗教との衝突　221

第2節　学校における宗教教育と宗教的教材　……224
　　　1　学校における宗教教育　224
　　　2　宗教的教材の使用　226

第3節　学校の内外での宗教的活動　……230
　　　1　学校内での宗教活動　230
　　　2　勤務時間外の教師の宗教的活動　234

第4節　学校で人間主義を押しつけるのは違憲か
　　　　　――アメリカ合衆国の事例　……238
　　　1　背景的状況　238
　　　2　人間主義とその周辺　240
　　　3　人間主義の「宗教」を公認する教材？　242
　　　4　多様性を教えると信教の自由を侵害するか
　　　　　――Mozert 事件　246
　　　5　若干の考察　249

第5節　神を冒瀆する表現の自由――序論的概観　……257
　　　1　暗殺者に懸賞金!!　257
　　　2　神冒瀆罪は西欧諸国でも健在　258
　　　3　神を冒瀆する表現にも自由の保障は及ぶか　263
　　　4　我々は異なった文化の国を人権の名で非難できるか　264

第6節　神冒瀆的表現の規制をめぐって——英米などの場合…267
　　1　序　　説 267
　　2　イギリス法 268
　　3　アメリカ法 275
　　4　憲法解釈論的考察 280

　索　引 288

【初出一覧】（原題含め）

第1章　表現の自由と差別的表現
　第1節：「表現の自由の守備範用」『人権保障と現代国家』（敬文堂、1995）
　第2節：「差別問題論序説」法律時報68巻6号（1996）［その約半分］
　第3節：「集団を傷つける言論」ジュリスト1994年1月1日号
　第4節：「差別的表現のおかれた位置」『（ジュリスト）変革期のメディア』（1997）
　第5節：「差別的表現と民事救済」『国際人権規範の形成と展開』（信山社、2007）
　第6節：「インターネットと表現の自由・名誉毀損」部落解放2008年595号

第2章　プライバシーと個人情報
　第1節：書き下ろし（「自己情報コントロール権」アーティクル117号の一部を利用）
　第2節Ⅰ：「宴のあと」事件の東京地判の解説（メディア判例百選）
　　　　Ⅱ：早大講演会名簿提出事件の最高裁判決の解説（法学教室281号）
　第3節：「プライバシー権についての控え目な考察」公法研究58号（1996）の後半部分
　第4節：「プライバシーの権利について」『自由な社会の条件』（新世社、1996）
　第5節：「教育情報の開示」井出嘉憲ほか編『講座情報公開』（ぎょうせい、1998）

第3章　教育の権利・自由
　第1節：「教育の自由」『憲法の争点』（有斐閣、2008）［その大部分］
　第2節：第三次教科書検定訴訟最高裁判決の評釈（判例時報1640号）
　第3節：「愛国心の押しつけと"心の教育"」教育基本法改正批判（日本評論社、2004）
　第4節：「学校教育問題への憲法的接近」ジュリスト2007年5月憲法特集号
　第5節：「教育権から教育を受ける権利へ」ジュリスト2002年5月号
　第6節：「西ドイツ教育法理論の一断面」『小林直樹先生還暦記念』（有斐閣、1983）
　第7節：「法律の視点からみた子どもと大人」
　　　　苅谷剛彦編著『いまこの国で大人になるということ』（紀伊國屋書店、2006）
　第8節：「憲法と子どもの人権」季刊教育法101号（1995）

第4章　宗教への接近
　第1節：前掲「教育の自由」（『憲法の争点』）の末尾部分、樋口陽一編『ホーンブック憲法［改訂版］』（北樹出版、2000）第4章3(3)「教育と宗教」
　第2節：「学校における宗教教育」、「宗教的教材の使用」
　　　　　菱村幸彦編『変化の時代の教育法規』（教育開発研究所、1995）
　第3節：「学校内での宗教活動」、「勤務時間外の教師の宗教的活動」
　　　　　下村哲夫編『事件に学ぶ教育法規読本』（教育開発研究所、1995）
　第4節：「学校で人間主義を押しつけるのは違憲か」『樋口陽一先生古稀記念』（創文社、2004）
　第5節：「神を冒瀆する表現の自由」法セミ1989年5月号
　第6節：「神冒瀆的表現の規制をめぐって」『芦部信喜先生古稀記念』（有斐閣、1993）

第1章
表現の自由と差別的表現

第1節 ▶▶▶ 表現の自由の守備範囲

1 「表現の自由」とその優越的地位

　憲法21条1項によると、「集会、結社及び言論、出版その他一切の表現の自由は、これを保障する」、とされる。この条文の主語は、"「集会」、「結社」及び「言論、出版その他一切の表現」"と読まれるべきである。「集会、結社」は、「言論、出版」とはちがって、「表現」の例示としての資格をもたない。まさしく同項は、「集会の自由」・「結社の自由」・「表現の自由」という三つの自由を保障したものなのである[1]。たしかに、「集会の自由」や「結社の自由」は、「表現の自由」としての色彩をもつことが多いが、しかし、それらは、このような色彩をもたないこともある（たとえば、「結社の自由」の内容としては、研究会その他の団体に入会したり、そこから脱会したりする自由も含まれるが、それは当然に「表現の自由」の一類型であるとはいえない）。

　以上の点は、単なる言葉の問題ではなく、次のような問題関心にかかわっている。すなわち、「憲法21条の保障する基本権を小分けにすべきか否か、また、小分けにするとして、いかなる観点を区別の指標とすべきか[2]」ということである。また、2以下の叙述は、次のような考え方の適否を検討したい、という問題関心を含んでいる。それは、「表現といえども一定の範疇に当たる場合は、憲法が保障の対象外としているとする考え方」や、「およそ表現といえるものはすべて憲法の保障の対象となるが、そのなかには低い価値の表現があって、それについては憲法は強い保護を与えない、とする考え方」[3]である。

　さて、最近の日本の憲法分野では、表現の自由は（経済的自由と比べて）優越的地位にある、というスローガンが普及している。このスローガンは、

アメリカ由来のものであって、英独仏などの諸外国では広く語られているわけではない。また、アメリカでも、優越的地位という言葉が使われるのは、表現の自由に即して以上に、むしろ合衆国憲法修正1条に即してである、と思われる。修正1条の場合は、言論・出版の自由のほかに、集会する権利、請願権、宗教の自由などが含まれる。それでは、日本国憲法の下で優越的地位を有する自由の範囲・種類については、どう考えるべきであろうか。ときに、"(外面的)精神的自由の優越的地位"という言葉が使われることもあるが。さしあたっていえば、信教の自由（とくに憲法20条1項前段）については、優越的地位が認められてよかろう。

　表現の自由が優越的地位にあることの根拠としては、自己実現（いわば人格実現）の価値と、いわゆる自己統治の価値（＝民主政に貢献する価値）とが、あげられる傾向にある。このことは妥当だとしても、信教の自由について同様のことをいうのは、筋違いであろう。というのも、信教の自由（を行使すること）が民主政に貢献する、という命題は成立しがたいからである。

　そもそも、表現の自由の優越的地位ないし、（経済的自由との比較における）いわゆる二重の基準を主張するにあたって、その理由づけのひとつとして民主的政治過程論を持ち出すことについては、慎重さが求められよう。ここで民主的政治過程論とは、表現の自由が規制・侵害されたら（経済的自由の場合とは異なり）それを民主的政治過程で是正することは困難になるので司法的救済が強く要請される、とする「理論」である。たしかに、政治的表現の自由は、民主的政治過程にとって必要不可欠であり、その意味で、この「理論」は、政治的表現の自由に関する限り妥当しよう。しかし、政治的とはいえない表現の自由などに関しては、同様のことはいえないであろう。のみならず、政治的表現の自由に関しても、この「理論」が大いに使えるのは、自由が大幅に著しく制限された場合に限られよう。

　選挙運動の自由が（現行法に示されるように）規制されたにとどまる場合は、司法的救済にたよることなく民主的政治過程で（法改正という形で）それを是正することは、原理的に可能なのである。実際、選挙運動におけるインターネット利用の自由化や戸別訪問の解禁については、それに向け

ての法改正が検討されつつある。

　なお、このように論じると、表現の自由の優越的地位ないし二重の基準が妥当する理由づけについては、どのように説明すべきか、という質問が出てくるであろう。この点については、さしあたって、最高裁は、民主的政治過程論ではなく次のような命題を述べている、ということを指摘するにとどめておこう。すなわち、「職業の自由は、それ以外の憲法の保障する自由、殊にいわゆる精神的自由に比較して、公権力による規制の要請」が強い、という命題である。

　以上の叙述からもうかがわれるように、本節での問題関心は、表層の法技術にこだわった法解釈論的なものである。その反面、ここでは（思想の自由市場や、いわば制度的自由に軽くふれることはあっても）、表現の自由にかかわって公共的理由やマス・メディアなどに関して原理的に議論されている学問状況には、立ち入る余裕がない。

　なお、私は、表現の自由の性格について次のように理解している。表現の自由は、信教の自由などと同じく、いわば前国家的な人権であり、この点で参政権などが後国家的であるのと異なる。また、表現の自由は、いわゆる自然的自由であり、この点で財産権や氏名の自由などが制度的自由（国家が設定した特定の法制度を前提とする自由）であるのと異なる。ここで氏名の自由とは、戸籍上の氏名の名乗り方（表記法）の自由のことであり、それは一見して表現の自由に似ているが、表現の自由には属さない。もっとも、自然的自由と制度的自由を明確に区別できるか、という問題は残されている。実際、国家や自治体の公園その他の公共施設におけるビラ配付（を制限すること）は、表現の自由（への制限）に属するが、それは、「自由権としての内実自体が施設の使用にまで拡張された」とみうるにしても、自然的自由（への制限）としては観念できない、と考える余地もあろう。

2　中核的「表現」と周辺的「表現」

　憲法21条の保障する「表現の自由」は全体として優越的地位にある、という命題は、少なくとも二点において以下のような形に修正されるべきであろう。第一に、表現の自由は（内容中立的規制ならぬ）内容的規制を受

けない自由としては優越的地位にある。第二に、表現の自由は中核的「表現」の領域において優越的地位にある。ここでは、第二の点をとりあげるが、優越的地位にない周辺的「表現」の例としては、営利的表現のほかに、子どもが受け手となる場合のわいせつ的な表現などがあげられよう。[9][10]

　営利的表現の自由との関係でいえば、それへの規制についても厳格審査基準が適用されるとする説か、[11]この自由は憲法21条の保障を受けないとする説を採用するのでない限り、前述のような修正された命題が説かれるべきであろう。なお、営利的表現という言葉は、狭義では営利広告をさす（それは典型的には消費者向けの商業広告を意味するが、そこには求職者向けの募集広告も属させうる）が、広義では、そのほかに、店や業者の表示とか商品の表示を含ませうる（もっとも、営利的言論という場合は、もっぱら営利広告をさすであろう）。たしかに、このような表示については、営業活動そのものの一部をなすものであるから、表現の自由ではなく営業の自由の問題として理解すべきである、という見解も成立しうる。しかし、後述する「表現」の定義ともかかわって、21条の保障する営利的表現については、広義にとらえておきたい。

　とまれ、一見「表現」のようにみえる行為は、中核的「表現」か周辺的「表現」に属する場合は、21条の問題として処理されることになる。また、それが、いずれの「表現」にも属さない場合は、他の人権条項か、（人格的利益説ではなく一般的自由説によって理解された）13条後段の幸福追求権条項を根拠にして、憲法上の保障を受けさせることができよう。いずれにせよ、ある行為が21条その他憲法のどの条文によって保障されるかによって、憲法上の保障の手厚さの度合（裏からいえば行為への規制に適用される違憲審査基準）が当然に変わってくるわけではない、とみるべきであろう。

　このような私見の立場を前提とすると、ある行為が「表現」に当たるかどうかという議論は、実益の小さなものとなる。それは、次のような二つの意味をもつにとどまる。第一は、根拠条文のいかんが具体的帰結に当然に結びついてこない場合であっても、根拠条文を明示すること自体が、法（とくに実定法）の世界では必要なこととみなされている、ということである。だから、この世界にいる以上、実益の大小にかかわらず、根拠条文を

めぐる議論とつきあわざるをえないのである[12]。第二は認識の整理という意味である。

憲法21条にいう「表現」すなわち同条によって一応の（人権制約論によって削り取られることもありうるという条件のついた）保障を受ける「表現」について、その意味や定義を考えてみよう。ここには二つの問題がある。第一は、「表現」には何が含まれ何が含まれないのか、という具体的な範囲の問題である。第二は、「表現」という言葉の定義が、それについての予定された具体的な範囲を示すにふさわしいものになっているか、ということである。いいかえれば、「表現」についての整合的な定義に成功しているか、ということである。

（１）　内心表出説・精神活動説とその問題点

憲法学界では、「表現」という言葉は、内心を外部に表出すること、といった形で説明される傾向にある。これを内心表出説と呼んでおこう。一例として、橋本公亘説を引いてみたい[13]。そこでは、「表現の自由」は、「思想および知識発表の自由」としてとらえられている。それとともに、次のような命題が述べられている。「写真、絵画、彫刻、音楽、映画、演劇などの手段によるのも、すべて表現の自由を保障される。」しかし、この命題が内心表出説と十分整合的であるかどうかは、少し疑問がある。というのも、絵画や音楽などの発表は、内心の表出として位置づけるにふさわしいものとは必ずしもいえないからである。かりに、それらが内心の表出だというなら、スポーツなどについても同じことがいえるはずである。その意味で、内心表出説は疑問である。

関連して「表現」を精神活動としてとらえる、いわば精神活動説にも、疑問を感じる。この説は、内心表出説と大幅に重なり合うものであるが、大部分の憲法学説が、明示的もしくは黙示的に採用してきたものである。たとえば、佐藤幸治は、内心表出説をとりつつ同時に「表現」の精神活動性を明示している。そこでは、「表現」は、「人の内心における精神作用を……外部に公表する精神活動」として定義されている[14]。

しかし、「表現」の定義の中に精神活動性を取り込む必要はないであろう。また、かりに、そこまでいわないにしても、「表現」の精神活動性の

指摘に「表現」の範囲を限定させる趣旨をもたせるべきではあるまい。

その一端についていえば、音楽・絵画や踊り（ヌードを含め）の実演も「表現」に含まれるが、それらも精神活動（ないし内心の表出）といえるのか、と問うことができよう。この問いに対しては、精神活動などの言葉をゆるやかに解すれば、たしかにイエスと答えることができよう。しかし、そうすると、今度は、人間の活動（社会学的意味での行動ならぬ行為）は、職業の選択・遂行を含め、すべて精神活動として位置づけられてしまうであろう。

このような「表現」の一般的理解は、阪本昌成によっても批判されるところとなっていた。そこでは、言語哲学にいわれる言語行為論を採り入れつつ、以下のように述べられている。「表現または言葉の使用は、『内面的精神』活動の外部への表示ではない。……なぜなら、言葉は、それに対応する内心での実体またはイメージをもっているわけではないのであるから。」「精神的営為としての表現とか、『内面／外面』という区別を基礎とした外面的精神活動としての表現とかいう思考法そのもの」が問題なのである、と。[15]

（2）　特定人への表現の位置づけ

憲法21条の「表現」といえるためには、他者への表明ないし伝達を伴うものでなければならない（それを伴うことなく、文章や絵を書いたり言葉を発したりすることは、「表現」とはいえない）。そこで、表現相手である他者のとらえ方については、対立がある。すなわち、「表現の自由」という場合の「表現」の相手方は、不特定多数者に限られるのか、それとも特定人を含むのか、ということである。電子情報に引き寄せていえば、インターネットで個人や団体が自分のホームページ（ウェブサイト）を開設してそこに情報を出す場合（本章第6節参照）や、既設の電子掲示板に自分の書き込みを行う場合は、相手方は不特定多数者になるが、これに対して、Eメールで情報を送信する場合には原則として相手方は特定人になる。

第一説によると、「人の内部にある気持ちを不特定多数にむかって表出する行為だけが『表現』である」[16]とされる。これは、不特定多数者限定説と呼ぶことができよう。もう少しその例を示そう。宮沢俊義によると、

「表現の自由は……他人——しかも、多くの他人——に向けられる」、とされる。また、佐藤幸治説も、表現の自由の定義（前述）に「公表」の要素を取り込むとともに「通信の秘密」が「内的コミュニケーション過程」にかかわるのに対し、表現の自由は「外的コミュニケーション過程」にかかわる、と論じている。

　第二説によると「表出の相手方が不特定多数者か否かを問わ〔ない〕」とされる。これは、特定人包含説と呼びうるが、私としては、こちらの方を支持したい。思うに、現代社会においては、21条の「表現の自由」と16条の請願権の狭間にあるかにみえる行為として、特定の人（公人のほかに私人を含む）に対する要望、抗議、謝罪などの内心の表示が重要な意味をもっているが、このような行為についても、特定人包含説によりつつ、「表現」に含ませるべきであろう。なお、この説による「言論の自由」という言葉の使い方は、その言葉の日常用語的意味に近いともいえよう。といっても、特定人包含説によると、友達どうしの会話その他いろいろなものが「表現」になってしまい、「表現」の範囲がふくらみすぎるおそれがあろう。このことを避けようとすれば、不特定者多数説をとればよいことになるが、そうすると今度は、特定の人への内心の表示が「表現」でなくなってしまう、というデメリットが出てくる。

　ただ、以上の話では、不特定多数の人々・対・特定人というとらえ方を前提としてきたが、ここには、あいまいなところがある。というのは、特定の機関ないし組織は、見方によって、不特定多数の人々とみることも特定人とみることもできるからである。とくに、不特定多数者限定説をとった場合、どちらとみるかによって、その説の内容が変わってくることになる。これに対し、特定人包含説をとった場合は、どちらとみても結果は変わらないが、ここでは、特定人という場合、特定の機関ないし組織を含む、と説明しておきたい。おそらく、不特定多数者限定説の論者の多くは、そこにいう不特定多数者には特定の機関を含まない、と考えていたと思われる。

（3）　象徴的表現の位置づけ
　「表現」には象徴的表現（思想や意見を象徴する行動を通じてなされる表

現)も含まれる、ということは広く認められている。ただ、このことと、前述の特定人包含説とを結びつけると「表現」の範囲が広がりすぎるおそれがある。たとえば、他人と握手したり抱き合ったりキスしたりするのも、他人にプレゼントしたりするのも、好感や愛情などを示す象徴的表現であるから「表現」に属する、とされてしまうかもしれない。また、握手に関しては、かりに不特定多数者限定説に立ったとしても、選挙運動の重要な一環として候補者が不特定多数の有権者と握手するということも、はたして「表現」に属するのであろうか、と問うことができよう。それらを「表現」に含ませたくないのであれば、象徴的表現の範囲に一定の限定をつける必要があろう。

そもそも、従来から、象徴的表現という言葉は、明確に定義されることなく用いられてきたきらいがある。そこで、一案としては、憲法21条によって保護される象徴的表現といえるためには、不特定多数者に向けられたものであって、特定の思想や意見の表明という色彩の強いもの(その意味で、いわば精神活動性の顕著なもの)でなければならない、と説くことが考えられる。この基準によれば、大衆の前で、徴兵カードや国旗を焼く行為などは、象徴的表現に属するが、握手などは象徴的表現に属さない(むしろ幸福追求権条項の問題になる)、ということをうまく説明できる。しかし、一方で「表現」の意味を考える文脈では内心表出説や精神活動説を批判しておきながら、他方で、象徴的表現を定義する文脈では内心表出説や精神活動説の趣旨を生かす、ということは、説明の仕方として少しすっきりしないものを感じさせる。

なお、最近では、世界各地で政治テロが話題になっているが、はたして政治テロも象徴的表現に属するとみるべきか、という問題も出てきうる(政治テロが憲法上の保障を受けないのは当然であるが)。

(4) 私見による「表現」の定義

以上の諸点を考慮して、私としては「表現」を次のように定義したい。「自分のコントロールしうる人為的なものを、不特定多数者であると特定人であるとを問わず、他人に見せ、読ませ、聞かせ、もしくは伝達する(メッセージを伝える)ことを定型的にみて主目的としたといえる行為。」

この定義は「表現」の中に特定の組織や人に対して発せられるものをも含ませることによって、その範囲が広くなりすぎた分に「主目的」という概念を導入することによって、象徴的表現のようなものの限界づけを含め一定の限定をつけよう、と意図したものである。それとともに、ここでは、内心表出説的な発想や精神活動説的な発想も、捨てられることになる。さしあたっていえば、私見の定義によれば、いわば精神活動性の顕著でない行為の中でも、音楽や絵画などは「表現」に属するが、髪形や服装は原則的に「表現」に属さない、ということを説明できよう。ただ、服装といっても、ファッション・ショーの場合は、私見の定義に照らして「表現」に属する。

　なお、ある行為が「表現」に属する場合でも、それが、21条の「表現の自由」を一般法と見立てた場合に特別法に当たる条文によってカバーされるときには、その条文によって根拠づけられることになる。たとえば、求人への応募は、特定人への意思表示であって「表現」に属するが、それの自由は、22条1項の「職業選択の自由」の一環として保障されるはずの就職活動の自由の一側面としての特殊な「表現の自由」として、同項によって根拠づけられるとみることができる（いいかえれば、求人への応募の自由は、職業選択の自由の中に吸収・解消される、ということになる）。

3　「表現」と非「表現」の具体的な振り分け

　そこで、以上のような私見による定義に基づいて、ある行為が「表現」に当たるかにつき、より具体的に検討してみることにしよう。
　（1）　客への見せ物
　音楽や美術などの芸術活動は、少なくとも不特定多数者に向けられたものに関する限り、いかなる憲法学説によっても「表現」に当たるとされることになろう。このようにして音楽会や美術展が「表現」に属するのはいいとしても、"見せる"という要素を重視した私見による「表現」の定義を前提とすると、水族館・動物園やスポーツ競技など見学客や観客への見せ物なら何でも「表現」になってしまうのではないか、という問題が出てくる。この点は、内心表出説や精神活動説の発想でいけば、そんなものは

最初から「表現」でない、と言って簡単に切り捨てることができるが、私見の立場からは、同じ結論を根拠づけるのに一苦労が必要とされることになる。説明を試みよう。まず、水族館や動物園などに関しては、それは人為的施設としての側面をもっているが、生物の自然の姿そのものは人間の手で作り上げられたものではないから、それを見せるのは「表現」に当たらないといえる。次に、観客を予定したスポーツ競技に関しては、それは、たしかに"見せる"要素がかなりあるが、しかし、見せることではなくスポーツ競技をすること自体を主目的とするものといえるから、「表現」には属さないとみてよかろう（なお、観客を予定するものであろうとなかろうと、スポーツ競技に個人的に参加することは、13条の幸福追求権の問題になりうる）[24]。

とまれ、このような見せ物に関しては、私人が営業として行うものである限り、営業の自由の問題として位置づけることができよう。

（2） 名前を名乗ることにかかわる行為

このような行為については、いくつかの種類に分けて考察する必要がある（ここでは制度的自由については、わきにおきたい）。

第一に、戸籍名と同一のものであるにせよ、そうでないにせよ、自分の名前を名乗る（さらには表記する）のは、少なくとも私的空間におけるものであれば、「表現」に属する。ここには、通称を使用する自由も含まれる[25]（なお、姓名を書く際に、戸籍上のむずかしい漢字のかわりに、よりやさしい漢字を使う場合についても、通称に準じて考えてよかろう）。

他方、他人から自分の名前（あだ名を含む）を適切に呼んでもらうという利益は、13条の幸福追求権条項によって保障される（なお、本書79頁注10）も参照）。

第二に、生まれた子どもに戸籍上の名前をつけること自体は「表現」とはいえない。というのも、このような命名行為は、相手方が戸籍を担当する特定の行政機関であるという点では「表現」性を語るための障害にならないが、他人への伝達などを主目的とする行為という、私見による「表現」の定義の要件を満たさないからである（命名は、他人への伝達などの前提をなす行為にほかならない）。そうだとすると、命名の自由は、幸福追求

権条項によって根拠づけるべきことになる。

命名行為から派生するものとしては、戸籍名を維持したり変更したりする行為が考えられるが、それについても「表現」とはいえまい。夫婦同姓義務に関して、ときに、それは、一方当事者に対して従来からの姓という表現手段を捨てさせるものとして、表現の自由を侵害するものである、と主張されることがあるが、疑問である。

（3） 私的なコミュニケーションとその周辺

ここで、通信の自由という言葉を出しておこう。通信の自由とは、手紙、電話、ファックス、Ｅメールなどの手段を通じて特定の個人どうしの間で情報のやりとりを行う自由をさす（なお、このような手段を通じて不特定多数者に発信する自由は、ここでは通信の自由に属させないことにしよう）。不特定多数者限定説によれば、通信の自由は、21条1項にいう「表現の自由」に属さない、とされる。通信の自由は、同条2項後段の「通信の秘密」条項から導かれる、とされよう。これに対し、特定人包含説によれば、通信の自由は「表現の自由」に含まれる、とされる。このような通信の自由の位置づけについては、ここでは深入りは避けたい。

特定人包含説によると、不特定多数者限定説によった場合とは異なり、特定の個人に通信する行為も「表現」に属することになる。そうすると、手紙を出したり電話で話したりすることも「表現」になる。それをさらに進めると、特定の人どうしが直接会って話をするのも「表現」ということになる。

ただ、人と人が会うこと自体（会話にまでわたらない部分）は、いわば表現行為以前の問題として、幸福追求権条項によって処理した方がよかろう（もっとも、この帰結は、私見の定義から一義的に導かれるものではない）。したがって、在監者に対して親族などが面会するのは「表現」に属さない（なお、このような面会の自由については、幸福追求権条項で拾う余地もあろう）。もちろん、在監者に新聞や本などの表現物を差し入れるのは「表現」に属する。

しかし、食べ物などを差し入れるのは「表現」ではない。より一般的にいえば、表現物以外の物を他人に送ったり渡したりする行為は「表現」で

はない。したがって、愛情表現という日常用語はあるが、バレンタイン・デーに恋人にチョコレートをあげる行為も「表現」ではない。

なお、以上のような私的なコミュニケーションは、「表現」に当たるかどうかにかかわらず、プライバシー権としての憲法上の保護をも受ける。

（4）活動支援的行為

特定人包含説によると、たとえば署名運動をする自由だけでなく、署名に応じる自由も（署名者の名簿の公表を予定していない場合も含め）、「表現の自由」に含まれる[30]（そうすると、アンケート調査に答える自由についても、同じことがいえる余地があろう）。その場合、署名に付随して小額のカンパを行うのも、署名と一体をなすものとして、また活動支援の意思を伝達する性質をもつものとして「表現」に属させてよかろう。

ただ、一般に、自分の金銭を（相当額以上）提供する行為が「表現」に当たる、とは必ずしもいえないであろう。このような行為は、何よりも、29条1項の保障する財産権の行使として位置づけられるべきであろう。たしかに、人間の行為の多くは、表現活動であろうとなかろうと、多かれ少なかれ金銭の支出を伴うものであり、このような付随的な金銭支出をとらえて29条の問題だとみるのは妥当でなかろう。しかし、（相当額以上の）金銭支出そのものが行為の中核をなしている場合（たとえば災害義捐金の提供）については、意思表示的側面を含んでいるときでも、21条ではなく29条によって処理すべきであろう（その後、29条とあわせて13条も、根拠づけのために副次的に援用されてよい、とみる余地もあろう）。なお、これは、寄付をする側の行為についての話である。寄付を募集する側の行為については、端的に「表現」とみるべきであろう。

ちなみに、寄付関連行為が宗教的活動の一環をなす場合は、その人権としての根拠条文は、信教の自由を定める20条1項前段に求めればよかろう。

活動支援的行為の中でも重要なのは、政治献金であるが、それは、金銭提供行為という意味では29条（および13条）によって根拠づけられるが、政治的意思表示としての色彩の強いものとして、あわせて21条によっても根拠づけられる、とみるべきであろう。

4　表現しない自由

これまでの叙述においては、表現の自由ということで「表現する自由」を念頭においてきた。それでは、表現しない自由（消極的表現の自由）については、どう考えるべきであろうか。

およそ自由には、する自由のほかに、しない自由が含まれる。たとえば、信教の自由には、宗教を信じない自由も含まれうる（それは、思想・良心の自由を定める19条から導かれる、とみるのも一案であるが）。したがって、表現の自由は、表現する自由のほかに、表現しない自由を含む、という説明になる。

このような説明は、いわば表現と非表現という枠組みを前提としていた。これに対しては、表現しないのも、表現しないことを通じて何らかのメッセージを伝えているのであり、その意味で、それも表現行為の一類型である、という説き方も考えうる（たとえば、質問された者が答えないという態度をとるのも、一種の表現行為であろう）。この説き方の適否は、何よりも、表現という言葉の定義の仕方に依存している。

いずれにせよ、沈黙の自由の根拠条文としては、憲法19条および21条が考えられる。ただ、両条の使い分け方については、議論がありうる。その際、沈黙の対象となる情報が内心の中核部分に限られるかどうかにかかわりなく、また沈黙の相手が特定人か不特定多数者かにかかわりなく、つねに憲法19条および21条の双方が根拠条文となる、とみるのが単純な説き方となる。この説き方は、沈黙の自由の絶対性をつねに貫徹することは困難であるという点にかんがみると、それなりの妥当性をもっているであろう。しかし、思想・良心にかかわらない沈黙の自由、とくに営利的表現に関する沈黙の自由が話題になるときは、憲法19条を持ち出すべきでない（なお、ここで営利的表現とは、営利にプラスもしくはマイナスの影響を及ぼす表現をさす）。

5　「表現」の定義の趣味的性格

以上が、「表現」の意味についての総論的および各論的な考察の試みであるが、最後に、つけたし的ではあるが「表現」の定義の位置づけについ

て述べておきたい。

　人間の行為のうちAやBは「表現」に当たるが、PやQは「表現」に当たらない、といったことは、まずは、素朴な直感により判断されるべきことである。その後で、このような判断に適合するような「表現」の定義を考え出す。今度は、ひとたび「表現」をそのように定義した以上は、そこから必然的に出てくる帰結も、受け入れざるをえなくなる。たとえば、Bは「表現」に属するのに、それにきわめて近いB'が「表現」に属さなくなったり、直感的にいって「表現」といえるか疑わしいようなCが「表現」に入ってしまったりする、という帰結である。このようなデメリットを避けるためには「表現」の定義を修正すればよかろう。しかし、そうすると、今度は、別のデメリットが出てきてしまう、ということが考えられよう。このような場合、当初の定義を維持するか、それを修正するかは、趣味的な判断としての性質を含んでいるであろう。より一般的にいえば、どの説を選択するかは「趣味の問題としての側面を含んでいる[31]」ということになる。

　この点はさておくとしても、「表現」を定義するのがそんなにむずかしいのであれば、そもそも、無理に「表現」の定義を考え出さなくてもいいのではないか、という意見も出てくるかもしれない。つまり、憲法解釈をするためには、AやBは「表現」に当たりPやQは「表現」に当たらない、ということが確認されれば十分なのであり、このことを統一的に説明できるように「表現」を定義してみせる必要性は強くないのではないか、ということである。思うに、たしかに、憲法解釈論にとって「表現」の定義は必要不可欠だとはいえない。しかし、解釈論の論理性・体系性を重視する立場からいえば[32]、何らかの統一的な定義があった方がはるかに望ましいというべきであろう。もっとも、ここでも、体系を重視するのも趣味の問題としての一面をもっているが。

注

1) 同旨の学説の例として、渋谷秀樹『憲法』（有斐閣、2007）323頁。これに対して、浦部法穂『憲法学教室［全訂第2版］』（日本評論社、2006）173頁では、次のように説かれている。すなわち、「憲法21条は『集会・結社の自由』と『言論・出版その他一切の表現の自由』という2つのものを保障しているのではなく、『集会・結社・言論・出版その他一切の表現の自由』を保障しているのである」、と。しかし、この条文を文法的に正しく読むのであれば、何よりも「及び」という言葉のおかれた位置に注意すべきである。すなわち、三つ以上の名詞（句）を列挙する場合、「及び」という言葉は、列挙された最後の名詞（句）の直前に来る。すなわち、「A、B及びC」や、「D、E、F及びG」というのが、普通の日本語である。これに対して、「P及びQ、R」や、「S、T及びU、V」などという言い方は、「及び」の用語法として正しくない。なお、この点をめぐる学説の対立については、初宿正典「集会の自由に関する若干の考察」法学論叢148巻5・6号（2001）91頁、96頁などを参照。
2) 小山剛「表現の自由の保護領域」法学研究77巻2号（2004）23頁。
3) 阿部照哉ほか編『憲法(2)［第3版］』（有斐閣、1995）199～200頁〔戸松秀典〕。
4) 薬事法距離制限事件に関する最大判昭50・4・30民集29巻4号572頁、および酒類販売業免許制事件に関する最判平4・12・15民集46巻9号2829頁。
5) 文献は多いが、たとえば長谷部恭男『テレビの憲法理論』（弘文堂、1992）第1章、毛利透『表現の自由』（岩波書店、2009）第1章などを参照。
6) 自然的自由と制度的自由の区別については、以前に、樋口陽一編『ホーンブック憲法［改定版］』（北樹出版、2000）190～191頁〔内野〕で述べておいた。なお、制度的自由についていえば、たとえば、憲法上の婚姻の自由は、立法者の設定した婚姻制度を前提とするが、この点につき、小山剛『基本権の内容形成』（尚学社、2004）67頁、赤坂正浩『立憲国家と憲法変遷』（信山社、2008）254～255頁なども参照。
7) 小山剛『「憲法上の権利」の作法』（尚学社、2009）209頁。
8) 内容規制・内容中立規制の二分論をめぐっては、安西文雄「表現の自由の保障構造」同ほか『憲法学の現代的論点［第2版］』（有斐閣、2009）386頁以下およびそこに引用された諸文献などを参照。
9) このような表現が規制された場合には厳格審査基準は適用されないとする私見につき、内野正幸「コンピュータ・ゲームソフト有害図書類指定事件」平成6年度重要判例解説13頁参照。
10) なお、学校の教師の教える自由も表現の自由に属させるべきである、とする私見（内野正幸『教育の権利と自由』〔有斐閣、1994〕127頁）の立場からは、教える自由も周辺的「表現」の自由として位置づけられることになる。

11) 浦部・前掲注1) 156頁など。
12) なお、根拠条文の位置づけについては、内野正幸『憲法解釈の論理と体系』(日本評論社、1991) 69～70頁参照。
13) 橋本公亘『日本国憲法 [改定版]』(有斐閣、1988) 260頁。
14) 佐藤幸治『憲法 [第3版]』(青林書院、1995) 513頁。同様の定義は、芦部信喜『憲法学Ⅲ [増補版]』(有斐閣、2000) 239頁などにもみられる。
15) 阪本昌成『コミュニケイション行為の法』(成文堂、1992) 103～105頁。
16) 阿部照哉・池田政章編『[新版] 憲法(2)』(有斐閣、1983) 172頁〔尾吹善人〕。
17) 宮沢俊義『憲法Ⅱ [新版]』(有斐閣、1974) 369頁。
18) 芦部信喜『憲法Ⅱ人権(1)』(有斐閣、1978) 452頁〔佐藤幸治〕。
19) 阪本昌成『プライヴァシー権論』(日本評論社、1986) 232頁(あわせて、同『憲法理論Ⅲ』〔成文堂、1995〕7頁参照)。また、樋口陽一ほか『〔注釈〕憲法Ⅱ』(青林書院、1997) 5頁〔浦部法穂〕においては、「表現の自由」を定義するにあたって"公表"のかわりに"表明"という言葉が使われている。
20) ここにいう内心の表示は、民法上の意思表示を含むが、それよりも広い概念である。なお、私見とは反対に、民法上の意思表示は憲法21条にいう「表現」に当たらないとするものとして、田上譲治編『体系憲法事典』(青林書院新社、1968) 298頁〔種谷春洋〕。
21) 象徴的表現については、たとえば榎原猛『表現権理論の新展開』(法律文化社、1982) 第2章、紙谷雅子「象徴的表現(一)～(四・完)」北大法学論集40巻5・6号、41巻2・3・4号 (1990～91)、長峯信彦「象徴的表現(一)～(四・完)」早稲田大学大学院法研論集67・69・70号、早稲田法学70巻4号 (1993～1995) を参照。
22) 私は、選挙運動としての握手戦術の禁止を提言したことがある (内野『民主制の欠点』〔日本評論社、2005〕151頁)。そこでは、握手戦術は「表現」に属するが、それを法律で禁止しても憲法21条1項違反にならない、ということが前提とされていた。
23) この点、長峯・前掲注21)「象徴的表現(一)」67号 (1993) 171頁では、次のように説かれている。「『象徴的表現』は一般には『行為そのものによる思想の伝達(コミュニケーション)』または『非言語的媒体による表現』などと定義される。これらの定義にしたがうと、象徴的表現は、伝達しようとする『主張内容=メッセージ』が、その『方法・手段=メディア』と切っても切れない関係にある」、と。
24) なお、松元忠士「スポーツ権の法理論と課題」法律時報53巻5号 (1981) 51頁以下、57頁も、スポーツ活動を「憲法13条の幸福追求権に根拠づける」立場を主張している。
25) これは、純然たる自由権としての消極的通称使用権であって、裁判で問題になったような積極的通称使用権 (国家機関などの他者に向かって通称表示を要求する

権利）ではない。内野正幸「国立大教官の旧姓通称使用の権利」判例時報1503号（1994）203頁参照。
26) 東京弁護士会・女性の権利に関する委員会編『これからの選択　夫婦別姓』（日本評論社、1990）90頁〔酒向徹〕。
27) たとえば、阪本・前掲注19)『憲法理論Ⅲ』140〜141頁、君塚正臣「日本国憲法21条の『表現』と『通信』の間に」関西大学法学論集51巻6号（2002）3〜4頁参照。
28) 同旨の学説として、阪本・前掲注15) 232頁。特定人包含説を明示していないが結論において同旨の学説として、佐藤功『憲法㊤[新版]』（有斐閣、1983）323〜325頁。
29) ここでは、"在監者"という従来からの言葉を使った。しかし、現在では、監獄法が廃止され、それにかわって「刑事収容施設及び被収容者等の処遇に関する法律」が制定されるにいたっている。したがって、この言葉も、新しい法律にふさわしいよう改められる必要があろう。
30) 署名運動をする自由が表現の自由に属することについては、市川正人『表現の自由の法理』（日本評論社、2003）378頁など参照。なお、田近肇「寄附募集規制の憲法問題（二・完）」法学論叢149巻4号（2001）63頁は、「寄附募集行為」につき、「表現行為である」ということを前提とした上で、それを「原則として非営利的な言論に引き寄せて考えるとしても、具体的な状況に即した衡量をすべきで、純粋な政治的言論とは異なる取り扱いをすることが許される場合がある」、と論じている。
31) 内野「国益は人権の制約を正当化する」長谷部恭男編著『リーディングズ現代の憲法』（日本評論社、1995）45頁。なお、それは、「『趣味』の違いに帰着する」（同書5頁〔長谷部〕）とする趣旨ではない。
32) 内野・前掲注12) 序章を参照。

第2節 ▶▶▶ PCと差別的表現

1 PCとは何か

　1990年代ごろのアメリカ合衆国においては、PC（ポリティカル・コレクトネス Political Correctness）という言葉が流行している[1]。それは、イギリスやカナダなどにも飛び火している[2]。この言葉は、狭義では、差別主義的でない政治的（社会的）に適正な用語の使い方、ということを意味している[3]（その反面、"差別主義的で不快な"という意味で politically incorrect と言われたりもしている）。広義では、反差別主義を中心とする、いわば適正な主張、といったものをさしている。そこには、狭義のPCのほか、多文化主義[4]やアファーマティブ・アクションなどの主張が含まれる[5]。いずれにせよ、PCは、一種の意識変革を志向している。ただ、それは、自らの主張の正統性を標榜する動きとして受けとられかねない要素をはらんでいるともいえる。

　PC運動は、フェミニズム、ポストモダン主義[6]、批判的法学研究運動[7]などと並んでアメリカのいわば左翼運動の流れのひとつを織りなすものである[8]（といっても、左翼運動が一致してPC運動を支持しているわけではない）。そこには、脱構築学派などの最近のフランスの思想潮流の影響も見え隠れしている。また、PCは、PC教育論といった形で語られることも多くなっており、その中では、大学などにおける教育カリキュラムの改革の議論も出てきている（一部には、白人中心主義にかわるアフリカ中心主義などの主張も登場している）。今日のアメリカでは、PCは、マスコミその他で広く話題にされているが、それが論じられてきた中心的な場は、やはり大学のキャンパスである[9]。そこでは、大学における多文化主義の推進などの名の下に、マイノリティ集団に対する大学教育の機会均等をより現実に確保す

ることがめざされてきた。まさに、そのためにこそ、差別的表現の規制やアファーマティブ・アクションやカリキュラム改革が試みられてきたのである[10]。ただ、大学関係者に対する差別的表現の規制は、場合により、社会生物学などの学問上の議論さえ、差別の正当化に通じるものとして封じ込めてしまう効果を発揮するおそれがある。

　PC は、少なくとも差別的表現反対運動に関する限り、自己の主張を正統なものとして社会に押しつける不寛容なものである、との非難を浴びることも多かった。PC が大学の規則などの形で制度の内部に取り込まれている場合は、PC の正規化といいうるが、そうでない場合でも、PC は、差別的表現を差し控えさせることなどに向けて、目に見えない圧力として作用しうる、といってよい。

　ただ、PC という用語でとらえるかどうかはさておき、反差別主義の一定部分（たとえば、ひどく人種差別主義的な表現の禁句化）が、法令的規制の有無にかかわらず、正統なものとして社会に押しつけられてきた、ということは確認されてよかろう。このことは、アメリカなどの場合だけでなく日本の場合についても妥当しよう。一般的にいえば、学問の領域においても、たとえば、ある論者が文明優劣肯定論に基づいて現存狩猟採集民族を未開民族としてとらえたりすると、文化人類学界などでまともな学者として扱ってもらえない可能性がある、ともいえよう。

　なお、差別問題から離れていえば、似たようなことは、一般的には、神聖なものを冒瀆する表現（本書第4章第5・6節参照）などについても考えられよう。また、それは、日本の場合に関していえば、過去の侵略行為に対する（部分的な）正当化に通じる発言などについても妥当しよう。

　いずれにせよ、反差別主義の流れがいわば圧制的になると、その流れに逆らいにくいような雰囲気が作り出されてしまい、そこでは、それに背こうとする者は、いわば悪者扱いされかねない。ここからは、ややもすると、のけ者扱いに反対する立場にあったはずの反差別主義者たちが、自分たちに反対する人をのけ者扱いにする、というパラドックスが生じてしまうおそれがあろう。いいかえれば、多文化主義という多様性尊重論が、自己への反対論を含めた諸思想の多様性を価値的に認めたがらないことがある、

という話にもなってくる。あるいは、特定の価値観を押しつけないことを内容とするはずの多元主義が、多元主義という価値観を押しつけようとする、という逆説である。

2 差別的表現論再考

アメリカの大学では、近時、差別主義的・いやがらせ的な言動を内容とする事件が多発しており、それとともに、1980年代後半ごろから、このような言動を取り締まる学内規則を設けるところがかなり出てきた。表現の自由の擁護か差別的表現の規制かというテーマは、以前から種々の文脈で論じられてきたが、最近では、このような大学問題の文脈が重要な位置を占めてきている。そして、このような問題は後に、PC論議に属するものとして位置づけ直されたりもしている。ただ、PCをめぐる議論は、ムード的ないしジャーナリズム的な色彩をもつ傾向にあり、その反面、表現の自由についての憲法学的議論においてPCという語が持ち出されることは少ない。いずれにせよ、このような場面では、従来から表現の自由に必ずしも好意的でなかった保守派が、PCに反対するにあたっては表現の自由を擁護する側にまわる、という構図もみられる。それとともに、伝統的な「表現の自由」擁護論を再検討しようとする動きも、一部にみられるようになった。

差別的表現に関しては、私は従来からいろいろな発言を試みてきたので、ここでは、補足的に以下の諸点を指摘するにとどめておきたい。

第一に、差別的表現などの問題を考える場合には、表現行為を（法律学的ならぬ社会学的な意味での）権力行為としてとらえる視点が必要となる。しかし、このことによって、"言論には言論で"という"思想の自由市場"の基本的な考え方を捨ててはなるまい。もっとも、一部には、人種差別主義は人々の非合理的な無意識の領域に浸透するのであるから、そこでは、合理的な議論の可能性を前提とした"思想の自由市場"論は適用しがたい、とする説もある。

第二は、差別的表現という枠組みの適用範囲についてである。この枠組みは、通常、言葉などの表現そのものの当否を問うものである。ところが、

論者によっては、いわば拡張適用されて、人種別学などの差別的政策が、差別主義のメッセージを発信するものとして差別的表現に属する、とされることがある。[17]しかし、それは問題であろう。

　第三に、差別的表現は、一方で、女性集団に対する差別的表現としてのポルノも含め、アメリカなどでは、マイノリティ集団に対する誹謗という位置づけの下に議論される傾向にあった。[18]ここには、他人を傷つける（害する）表現という発想がとられていることになる。その意味で、差別的表現が、マイノリティ集団のメンバーに対する差別的ないやがらせという形で、セクシャル・ハラスメントと同列にとらえられることがあるのも、うなずけるところである。このような側面とともに、差別的表現は、他方で、内容的に不正な表現としての側面も含んでいる。差別的表現を政治的に適正でない表現としてとらえる発想は、この点をほのめかすものといえる。ここでは、いわば他人を傷つける表現に対する規制は許されるが、適正でない表現に対する規制は許されない、という趣旨の説き方をする学説に注目しておきたい。[19]

注

1)　日本語の文献もいくつか出ているが、とくに武田春子「非差別言語運動と『PC』論争」『ずぼん2号（メディアと差別）』（新泉社、1995）44頁以下、澤田昭夫「PC運動」栗原彬編『現代世界の差別構造』（弘文堂、1997）221頁以下参照。

2)　イギリスにつき、S. Dunant (ed.), The War of the Words (1994), カナダにつき、McIntyre, Blacklash against Equality: The "Tyranny" of the "Politically Correct", 38 McGill L. J. 1 (1983).

3)　実際、PC用語（言いかえ）集のようなものも、いくつか出版されている。たとえば、N. Rees, The Politically Correct Phrasebook (London, 1993). なお、ユーモア（パロディ）本としては、H・ビアード＝C・サーフ（馬場恭子訳）『当世アメリカ・タブー語事典』（文藝春秋、1993）がある。

4)　多文化主義の意味などについては、たとえば関根政美『エスニシティの政治社会学』（名古屋大学出版会、1994）のとくに第7章を参照。

5)　なお、広義のPCに関連する諸論稿を収録したものとして、P. Berman (ed.), Debating P. C. (New York, 1992).

6)　山口いつ子「ポストモダニズムと表現の自由論」東京大学社会情報研究所紀要

47号（1994）26頁以下など参照。
7) 松井茂記「批判的法学研究の意義と課題（一）（二・完）」法律時報58巻9・10号（1986）など参照。
8) その中では、ときに、批判的人種理論なるものが唱えられることもある（M. Matsuda etc., Words That Wound (1993), p. 3ff.、大沢秀介「批判的人種理論」ジュリスト1089号（1996）89頁以下など参照）。
9) このような状況については、たとえば、能登路雅子「文化多元主義の行方：アメリカ」蓮實重彦・山内昌之編『いま、なぜ民族か』（東京大学出版会、1994）111〜114頁参照。
10) なお、大学における人種差別的表現の規制の必要性は教育の機会均等の要請から出てくる、と論じた文献の例としては、Hodulik, Racist Speech on Campus, 37 Wayne L. Rev. 1433, 1435 (1991).
11) *Cf.* e. g. Rychlak, Civil Rights, Confederate Flags, and Political Correctness: Free Speech and Race Relations on Campus, 66 Tulane L. Rev. 1411, 1423 f. (1992); Jones, Equality, Dignity and Harm: The Constitutionality of Regulating American Campus Ethnoviolence, 37 Wayne L. Rev. 1383, 1389 (1991). 邦語文献としては、大津尚志「キャンパス内における表現の自由とその規制」東京大学大学院教育学研究科教育行政学研究室紀要16号（1997）89頁以下など参照。
12) 阪口正二郎「表現の自由・市場・国家」大須賀明編『社会国家の憲法理論』（敬文堂、1995）32〜33頁、塚田哲之「星条旗・第一修正・リベラリズム（四・完）」（名古屋大学）法政論集159号（1995）405頁参照。
13) たとえば、山口いつ子「『思想の自由市場』理論の再構築」マス・コミュニケーション研究43号（1993）146頁以下参照。
　　なお、再検討論の一例をあげておこう。Smalla, Rethinking First Amendment Assumptions about Racist and Sexist Speech, 47 Wash & Lee L. Rev. 171, 187 (1990) によると、表現の諸類型の中でも交渉（取引）的性格の言語使用は、表現の自由の憲法的保護をあまり受けないが、差別的表現の大半はこのような性格をもつ、とされる。
14) 八木晃介『差別表現の社会学』（京都・法政出版、1994）iii頁、196頁。
15) 武田・前掲注1）52頁が次のように論じているのは、狭きに失するであろう。「有害な言論には……もっと言論を重ねることによって対処すべきだという考え方……が有効なのは、反論することによって当人の苦痛や屈辱が帳消しになる場合だけである。」
16) Lawrence III, If He Hollers Let Him Go: Regulating Racist Speech on Campus, in: Words That Wound (*op. cit.*), p. 77.
17) *Ibid.*, p. 59.

18) 内野正幸『差別的表現』(有斐閣、1990) のとくに36頁以下、214頁以下を参照。
19) Saad, The Case for Prohibitions of Racial Epithets in the University Classroom, 37 Wayne L. Rev. 1351, 1352 (1991).

第3節 ▶▶▶ 集団を傷つける言論

1 "言論と暴力"

　言論と暴力とは、多くの場合、対照的な位置にある。相手方の言論に対しては、暴力ではなく言論をもって応戦すべきだ、といわれる場合が、その例である。しかし、話は、それで済むわけではない。

　そもそも、"言論"という言葉は、憲法21条においては、"表現"より狭い意味で使われている。しかし、ここでは、それを"表現"と同じような広い意味で使うことにしたい。その中には、象徴的表現（言葉ではなく動作で示す表現）も含まれる。国旗を焼くというのが、その例である。さらにいえば、暴力の行使を伴った言論、とくに他人の体を傷つける表現行為についても、憲法上保護されないものとはいえ、概念の整理の上では、言論として位置づけうる。

　他方、"暴力"という言葉は、日常用語では、非難されるべき身体的・物理的な力の行使といった意味で使われる。ここでも、原則的に、このような用法に従っている。しかし、"暴力"は、ときに、もっと広い意味で使われることもある。それは、他人に害を与えたり他人を屈伏させたりする影響力の行使といった意味である。知的エリートが知力を武器にして、それ以外の人たちを強引に説き伏せる。これは、知の暴力性と呼ぶことができる。ただ、広義の暴力といっても、そこまで話を広げなくても、"言論という名の暴力"とか"活字の暴力"という言い方はできる。ひとつには、組織力や経済力を利用して、特定の内容の言論を一方的かつ集中的に人々に浴びせる場合があげられる。もうひとつは、他人の心を傷つける言論の場合である（以下、心を傷つけるという意味で、しばしば単に「傷つける」という）。ここで私がとりあげたいのは、後者の場合である。しかも、

特定の個人ではなく、不特定多数の人々からなる集団を傷つける言論についてである。実際、イスラム教徒という集団を傷つける言論として、『悪魔の詩』の出版が話題になったが、それが日本で翻訳出版されたとき、在日イスラム教徒は、このような出版こそ暴力である、と主張していた。[1]

　さて、前述したように（9頁）、有力な学説によれば、憲法21条が「表現の自由」を保障しているのは、あくまでも、不特定または多数の人々に向けて発せられた表現についてである、とされる。つまり、「表現」といえるためには、公表を伴っていなければならない、というわけである。だが、「表現」という場合、特定かつ少数の者に向けられたものも含まれる、とみるべきであろう。"公表"でなくて、一人の相手方に伝える場合でもいい、ということになる。

2　"思想の自由市場"の新しい位置づけ

　大まかにいえば、"思想の自由市場"の理論は、"言論には言論で"というスローガンで示すことができる。このスローガンは二つの含みをもっている。

　第一は、"言論には暴力で"というのはダメである、ということである。記憶に残るものとしては、昭和天皇の戦争責任を認める発言をした長崎市長に対して右翼の男が銃撃した事件がある。これは、右翼にとって不快な言論にかかわる例としても位置づけうる。この事件を刑事裁判として裁いた1990年12月15日の長崎地裁判決（判例タイムズ752号69頁）は、"言論には言論で"というルールについて述べていた。[2]

　第二は、"言論には国家権力の規制で"というのはダメである、ということである。悪い内容の言論であるからといって、国家が規制に乗り出すことは許されないのである。この場合、それに反対したり抗議したりする別の言論に期待をかけるなど、市民の自由な判断にゆだねればいいのである。このうちとくに重要なのは、第二の方である。

　そこで、このような"思想の自由市場"について、私は、以下のような見方を提示してみたい。

　第一に、"思想の自由市場"という場合、従来の考え方では、次のこと

が前提とされてきたといえる。それは、いろいろな意見が、不特定多数の人々に対してオープンにされる、ということである。しかし、特定の私人に対する異議申立であって、オープンにされないものであっても、"市場"の状況を動かす一要素として位置づけられるべきであろう。差別発言をした側が、運動団体から抗議を受けた場合が、その例である。

それで、ある言論に別の言論で対抗する、という場合、それは、典型的には、次のようなことを意味する。すなわち、ある人が"原発賛成"と言ったら、別の人が"原発反対"と言い返す、ということである。しかし、そこには、差別発言などの言論が行われたことに対して抗議の言論を浴びせる、という場合も含まれるとみるべきであろう。

第二に、従来の考え方では、"思想の自由市場"に登場する主体として、もっぱら私人が想定されていたといえる。つまり、そこで考えられていたのは、民間の人々が自由に意見を述べ合う、という状況である。しかし、このような主体の中に、国家や地方自治体も含めてしまってもいいのではないだろうか。

国家や自治体は、市民に向けて広報活動を行うことが、よくある。そこには、原発の安全性をアピールするものとか、差別をなくすための啓発活動とか、いろいろなものがある。そういったものも、一般市民の言論とともに、"市場"の一翼をになうものとして位置づけられてよかろう。

といっても、国家や自治体は、表現の自由という人権の主体として、とらえられるべきものではない。人権は、あくまでも、私人が国家に対して保障を要求すべき性格のものなのである。この点をさらに進めると、国家や自治体の機関をになう公人も、表現の自由という人権の主体とはならない、という説が出てくる。この説によると、天皇の戦争責任を認めた長崎市長（公人）の発言も、表現の自由という人権の問題ではない、ということになる。しかし、政治家のように自由な言論活動を仕事のひとつとする公人については、言論は職務行為であるとともに人権としての性質をもつ、と考える余地があろう。

第三に、"思想の自由市場"という場合に、次のような形で議論の対称性ということを重視する人もいる。「言論の自由市場はもともと商取引が

基本概念だから、売り手、買い手は立場の互換性がある。……だけど名誉毀損などはそうではない。一方的で非対称的な関係です。……〔ただ、〕『〇〇は馬鹿だ』、『××は馬鹿だ』と言い合う場合には、一見対称的だけれども、それは両方が加害しあうのであって商品交換ではなく、市場で八百屋がケンカしてトマトを投げあっているような対称性にすぎません。これらは議論ではない」。たしかに、対称的な形で議論が行われるのが、理想的な状況であろう。しかし、"市場"の機能を、そういったものに限ってしまうのも、問題であろう。議論の名に値しないような言論であっても、"市場"に登場する権利はある、とみるべきであろう。

3　集団を傷つける言論とは何か

　特定の個人の名誉やプライバシーを侵害する言論は、それが公共の正当な関心事に属する場合を除いて、憲法上その自由が保障されない。しかし、不特定多数の人々の集団の名誉を侵害する場合については、同様のことはいえない。ここで集団という場合、特定の会社、学校、政党などの組織された団体（結社）は、含めていない。このような特定の団体に対する名誉毀損は、理論上は成立しうる、と考えられている。ここで集団としてとりあげたいのは、むしろ、共通の属性をもった人々である。その例としては、女性、在日韓国・朝鮮人、クリスチャン、〇〇県民（地方公共団体という組織の構成員としてではなく、〇〇県という地域の住民としてとらえた場合）などがあげられる。もっとも、結社と集団とは事実上（ある程度）重なり合うこともある。このことは、たとえば、部落解放運動をしている結社と、部落（出身）の人々の集団との関係について、あてはまる。また、それは、特定の宗教団体と、その宗教を信じている人々の集団との関係についてもいえる。

　集団を傷つける言論とは、このような集団に属する特定の個人ではなく、集団の全体（もしくは一定部分）をけなす言論である。たとえば、"およそ女というものは、△△だ"という形の女性蔑視の発言が、それである。

　その周辺には、集団と個人とを同時に傷つける言論というものも、考えられる。それは、二つの類型がある。まず、第一の類型について述べよう。

"花子さんは、女なんだから、口出しするな"というのが、その例である。この場合、直接侮辱されたのは、花子さんである。しかし、それに伴って、女性という集団も、侮辱されたことになる。次に、第二の類型は、特定の個人について語ることなく集団をけなす内容の言論を、その集団に属する特定の個人に向かって発する場合である。一人の黒人を前にして、黒人一般をけなす発言をする場合が、その例である。

　集団を傷つける言論は、その集団が社会的少数者(マイノリティ)である場合は、差別的表現となる[4]。しかし、そのほかに、いくつかの類型が考えられる。

　たとえば、そのひとつとして、特定の戦争の被害者やその遺族の人たちの心を傷つける言論があげられる。日本への原爆投下を是認する言葉を被爆者に向かって浴びせる場合がその例である。これは、戦争宣伝とは異なるが、その周辺に位置するものである。

　関連しては、"ナチスのユダヤ人大虐殺というのは歴史上の作り話である"という言論も、ここにあげられてよかろう。それは、ユダヤ人に対する差別的表現としての色彩を含みうるものであるが、最近、世界各地のネオ・ナチ運動の中で現われてきているものであって、それ自体として注目しておく必要があろう。実際、1990年には、フランスで、このような言論を取り締まる法律が成立し、すでに処罰事例も出てきている[5]。

　もうひとつの類型としては、特定の宗教を信じている人々の心を傷つける言論である。そこには、特定の宗教者の集団そのものをけなす場合だけでなく、その宗教、神、教祖などをけなす場合も含まれる。一時期話題になった「幸福の科学」対「フライデー」事件は、直接的には、教祖個人の名誉が侵害されたものであるが、それに伴って、宗教者集団の心も傷つけられたといえる。

　このような集団を傷つける言論は、特定の個人を傷つける場合と比べて、傷つけられた側の傷が、より深くないものとなる。したがって、そのような言論は、表現の自由の重要性にかんがみ、原則として、その自由が憲法上保障される、と考えるべきであろう。例外として、集団が社会的少数者の集団か宗教者の集団であって、言論が、その集団をことさらに侮辱する

意図をもって行われた場合は、その言論は憲法上自由であるとはいえなくなる、と解すべきであろう。もっとも、このような例外は、おもに机の上の議論であって、実際上は、まれにしか起こらないと思われる。そうすると、大まかにいえば、差別的表現や神冒瀆的表現を含め集団を傷つける言論についても、それを国家権力が規制することを憲法は禁止している、ということになる。たとえば、ポルノについては、女性差別的表現（女性という集団の心を傷つける表現）として位置づけられることがある。しかし、「わいせつ表現が人間（女性）の尊厳（〔憲法〕13条）をそこなう明白〔かつ〕現在の危険を有することをもって、〔表現規制の〕合憲性の理由とする」のは、疑問である。

集団を傷つける言論の周辺には、不快な言論というものもある。ただ、両者は、はっきり区別できるものではないし、また、そうする必要も少ない。少数者集団や宗教者集団を傷つける言論は、原則として憲法上保護されるのに対し、それ以外の集団を傷つける言論を含め不快な言論は、完全に保護される、という小さな違いがあるにとどまるからである。また、実際問題として、不快な言論は、場合によって、その言論によって不快を感じる人々の集団を傷つける言論として、とらえ直すこともできるかもしれない。たとえば、天皇制批判の言論は、天皇制に深い愛着を感じている人々の集団を傷つける言論である、というように。しかし、この場合の"人々の集団"は、性、国籍などの明確な共通の属性によって特徴づけられた集団とはいえないであろう。その限りでは、概念の整理の上で、集団を傷つける言論と不快な言論とを区別しておくことも、無意味ではなかろう。

いずれにせよ、このような言論に対しては、それに抗議する言論などによって臨むにとどめるべきなのである。

それでは、集団を傷つける言論がテレビやラジオで放送される場合については、放送の公共性との関係で、どう考えるべきであろうか。ここで問題にしているのは、マスコミによる自主規制ではなく、あくまでも国家権力による法的規制である。結論から先にいえば、集団を傷つける言論を法的に規制することは、原則として憲法21条に違反する。また、それは、現

行の放送法3条ノ2による内容的規制（政治的公平および多角的扱いの義務）にもふれない。その意味で、集団を傷つける言論についての法的位置づけは、放送の場面でも、それ以外の場面でも、変わりはない。

ただ、放送の場面における集団を傷つける言論が、不適切な価値判断の表明であるにとどまらず、虚偽である場合は、法的規制を受けることがある。放送法4条は、「真実でない事項の放送」をした場合「訂正又は取消しの放送をしなければならない」、と定めている。また、電波法106条は、「他人に損害を加える」などの目的で虚偽の放送をした者は処罰される、と規定している。

4　集団を傷つける言論と裁判所の対応

今のところ、具体的な事例は少ないが、集団を傷つける言論について裁判所が判断を示す可能性のある訴訟としては、以下のような種類を考えることができよう。

（1）　言論が政府機関か私人によって事前に削除されたときに、その違法性を攻撃する場合。

(a)　例その1として、政見放送事前削除事件（最判平2・4・17民集44巻3号547頁）をとりあげよう。これは、雑民党の候補者が、自分の政見放送で「ちんば」などの表現を削除されたことを不服として、出訴した事件である。この事件で最高裁は、当該表現が集団を傷つける差別的な内容のものであるから憲法21条1項による「表現の自由」の手厚い保障を受けなくなる、といえるかどうかについて検討する、というアプローチをとらなかった。そのかわりに、憲法21条2項前段にいう検閲の問題を扱った。すなわち、最高裁は、検閲の主体は行政権である、とした上で、行政機関ならざるNHKが（当時の）自治省に照会しつつも自らの判断で削除した、ということを理由として、本件削除の検閲該当性を否定した（なお、この事件では、政見放送につき「そのまま放送」と定める公職選挙法150条1項などとの関係も争われた）。

なお、この事例では、行政機関が削除に関与しているので、検閲該当性を肯定する説も成立する余地があるかもしれないが、およそ一般に、私的

団体による表現物の事前チェックは、検閲とはいえまい。ただ、憲法21条2項前段の私人間適用を問題にする立場もありうる。たしかに、当該私的団体が国家と同視しうる場合には、このような考えも成立する余地があるが、しかし、一般的には、むしろ憲法21条1項の私人間適用を問うべきであろう。

関連して少し付言するに、憲法21条1項と2項前段との関係については、1項との関係で憲法上の保障を受ける表現行為に限って2項で検閲が禁止される、と解するのは妥当でない。1項で憲法上の保障を受ける場合か、受けない場合（公人以外の特定人への名誉毀損など）かを問わず、2項で検閲が禁止される、と解すべきである。差別的表現を発することは、原則として表現の自由に属するが、かりに、そういえない表現の部分があったとしても、それへの検閲は禁止される。

なお、政見放送の位置づけについては、その表現主体は実質的には候補者であるが形式的には国家（選挙管理委員会）であるとの観点から、国営放送に類するものであって表現の自由の憲法的保障を受けない、とする立場もありうる。しかし、かりに政見放送が国営放送に類するといえたとしても、それは、国家が表現の手段や場を提供することを意味するにとどまるのであって、そこでの発言が私人の人権として保障されなくなるとする帰結をもたらすものではない、と考えるべきであろう。せいぜいいえることは、私人の表現の自由が保障される度合いは、政見放送の場では、それ以外の場より弱くなる、ということである（「政見放送としての品位を損なう言動」を禁止する公職選挙法150条の2が合憲であるということも、このような見地から根拠づけうる）。ついでにいえば、同様のことは、政見放送ならぬ公共放送一般についても、いえる余地があろう。

(b) 例その2として、あまり知られていない裁判例を紹介しよう。

事件は、市長選挙の選挙運動にかかわるものである[7]。ある立候補者は、選挙用のポスターに、"同和対策是か非か"、と書いた。ところが、選挙管理委員会の職員は、この言葉の上に、紙をはらせてしまった。東京高裁は、1976年2月25日に判決（判例集など未登載）を下した。そこでは、このような選管職員の行為は、選挙の自由・公正を著しく阻害するものであり、

したがって、選挙も無効である、とされた。この判決の中には、次のような一節が含まれていた。「仮に歴史的社会的理由による差別待遇を温存し助長するような言論をなすものがあったとしても、これを公権力によって抑圧することが適法かどうかも全く別の問題である。言論に対しては言論をもってすべき〔であるというのが、〕現代社会の常法であろう。」

（2）　言論によって傷つけられると想定される集団に属する人が、その言論の事前差止を求めて裁判所に訴える場合。

（3）　言論によって傷つけられた集団に属する人が、その言論がさらに継続して公表されないよう裁判所に求める場合。

（4）　言論によって傷つけられた集団に属する人が、発言した人に対して損害賠償を請求する場合。

このような（3）および（4）の例としては、大蔵住宅事件についての1986年3月6日の福岡地裁の判決（判例集など未登載）があげられる。[8] これは、部落差別を助長するビラの配布にかかわる事件であるが、裁判は、被告欠席のまま進められたため、有意義な判決とはならなかった。なお、裁判にはなっていないが、1992年には、福岡県職員による部落差別ビラ事件が起きている。[9]

さらに、（3）および（4）の例として、アイヌ関係図書事件（アイヌ民族人格権裁判）がある（本書45頁参照）。

（5）　集団を傷つける言論を犯罪的態様で発した人が、刑事裁判で裁かれる場合。

これは、さらに次の二つに分かれる。①このような言論を発すること自体が法令によって犯罪とされている場合。②それ以外の場合であって、言論活動の態様が何らかの犯罪に当たる場合。1993年、合衆国最高裁は、差別的表現を犯罪とする市の条例について、違憲判決を下したが、[10] ここでの裁判は、（5）①の類型に属するものである。

（6）　このような言論を発した人がそれを理由に不利益処分を受け、この処分を裁判で争う場合。

（7）　言論によって傷つけられた集団に属する人が、発言した人を攻撃する行為に出たところ、その行為が裁判で裁かれる場合。

これは、さらに次の三つに分かれる。①その行為が犯罪に当たるとされて刑事裁判で裁かれる場合。②それが不法行為に当たるとされて民事裁判で裁かれる場合。③その人がその行為を理由に不利益処分を受け、その処分を裁判で争う場合。

このような七つの類型は、"集団を傷つける言論"を"特定の個人への名誉毀損"でおきかえても、成立するものである。どの類型にせよ、通常の名誉毀損が裁判でとりあげられたり認定されたりすることは、よくあるであろう。しかし、それと比べ、ある言論が集団を傷つけるものであるがゆえに違法である（もしくは憲法上の保護が及ばない）とされることは、あまりないであろう。そもそも、これらの類型で考えられる訴訟の多くは、集団を傷つける言論そのものについての法的判断を裁判官に必然的に迫る種類のものではない。事実関係について判断する場面の中で、このような言論の不適切性などについて言及することがありうるにとどまるのである。

なお、アイヌ肖像権裁判（1985年5月23日に東京地裁へ提訴、1988年9月20日に和解）においては、原告個人に対する肖像権の侵害や名誉毀損に関して民事救済が求められた。このような請求は、裁判上認められやすい。これに対し、アイヌ民族という集団に対する名誉毀損という主張は、認められにくいだろう。[11]

注
1） 朝日新聞1990年2月18日の朝刊。さらに本書257頁参照。
2） そこでは、「言論に対する批判は言論をもってなされるべきが健全な民主主義社会の基本的ルールである」、と述べられていた。
3） 横田耕一ほか「座談会・『差別的表現』は法的に規制すべきか」法律時報64巻9号（1992）25頁〔江橋崇発言〕。
4） 差別的表現に関する憲法学サイドの文献としては、市川正人『表現の自由の法理』（日本評論社、2003）第1編第2章、および同書に引用された諸文献のほかに、生田真司「表現の自由と差別表現の規制」（日本大学）政経研究32巻4号（1996）、奈須祐治「ヘイト・スピーチの害悪と規制の可能性（一）（二・完）」関西大学法学論集53巻6号・54巻2号（2004）、榎透「米国におけるヘイト・スピーチ規制の背景」専修法学論集96号（2006）、梶原健佑「ヘイト・スピーチと『表現』の境界」九大法学94号（2007）、等々参照。なお、湯浅俊彦「差別的表現と『表現の自由』

論」『現代社会学15 差別と共生の社会学』(岩波書店、1996) 155頁以下なども参照。
5) とくに、林真琴「人種差別禁止立法と言論の自由」法曹502号 (1992) 30頁以下参照。
6) 棟居快行『憲法講義案Ⅰ』(信山社、1992) 76頁。
7) 伊賀興一「『糾弾権』論批判」月刊部落問題4号 (1988) 14頁参照。
8) とりあえず、内野正幸『差別的表現』(有斐閣、1990) 137〜138頁参照。
9) 組坂繁之「『同和』行政を原則に立ち返って再検討せよ」部落解放344号 (1992) 70頁参照。
10) R. A. V. v. City of St. Paul Minnesota, 112 S. Ct. 2538 (1992).
11) ちなみに、裁判上の請求の内容をなすものではないが、訴状の中には次のような主張も含まれていた。「〔原告を含めアイヌ民族を〕一方的に『滅びゆく民族』と決め付け、しかも人間標本的に紹介することは、現に存在し、生活している民族の各構成員の、民族としての誇りを著しく傷付けるものである」(現代企画室編・刊『アイヌ肖像権裁判・全記録』〔1988〕13頁)。

第4節 ▶▶▶ 差別的表現のおかれた位置

1 おもに人権論の見地から

　差別的表現に対する法的規制といえば、何よりも人種差別撤廃条約4条のことが思い起こされよう。それは、人種差別主義的な表現活動に対する刑罰的規制などにつき定めるものであり、いきすぎた厳しい規制を内容とする点で、表現の自由を手厚く保障する日本国憲法21条に適合しない、とみるべきであろう。実際、1995年、日本政府は、アメリカの場合と同様、問題条文である4条を留保した上で条約を批准したが、これは賢明な態度であったと評価すべきであろう。

　アメリカといえば、差別的表現に相当する言葉として、最近ではヘイト・スピーチ（hate speech）という語が学問上よく使われている。この語は、嫌悪を示す表現という意味で"嫌悪表現"と訳すことができよう。アメリカでは、とくに1980年代の後半以降、大学のキャンパスにおける差別的表現行為を学内規則で規制することの可否、といったテーマが盛んに論じられており、また、おもに1990年代には、社会的に適正な言葉の使い方といった意味をもつ"ポリティカル・コレクトネス（PC）"という語が学問の内外でしばしば使われている（本書19頁参照）。

　そこでのPC論議などは、法律論（とくに憲法論）の土俵におけるものというより、むしろ差別的表現の社会的・倫理的当否を問うといった性質を帯びる傾向にある。似たようなことは、これから扱おうとする問題についてもいえよう。ともあれ、ある表現行為が法的に許されるかどうかという点と、倫理的（とくにマスコミ倫理的）に許されるかどうかという点とは、自覚的に区別される必要があろう。

　以下、差別的表現をめぐる問題の若干の側面に光をあてるが、その際、

前半の2では、既成の憲法学の人権論にとっても親しみやすい"他者加害禁止原理"という見地から、また、後半の3では、表現行為をめぐる問題状況に対する独自の類型化という見地から、それぞれ検討を試みることにしよう。

2 差別的表現と他者加害

(1) 差別的表現と個人攻撃性の有無

差別的表現は、大別して、個人攻撃性のあるものと、ないものとに類型化できる。すなわち、差別的表現は、一方で、(a)"○○民族は文化水準が低い"というタイプの内容のものと、(b)"甲氏は○○民族だから文化水準が低い"というタイプの内容のものとに分けられる。また、他方で、差別的表現が(α)不特定または多数の人々を聞き手（読み手）とする場合と、(β)社会的少数者集団（○○民族）に属する特定の個人に向けられて発せられた場合とに分けられる。ここで考えられる四通りの組み合わせのうち、(a)(β)、(b)(β)および(b)(α)は、刑法上の犯罪（名誉毀損罪もしくは侮辱罪）が成立しうる事例であり、この場合、差別的表現に対する法的規制を正当化しうるような個人攻撃性があったといえるが、(a)(α)の場合は、個人攻撃性があったとはいえない。このような個人攻撃性は、一般に人権制約を正当化しうるような他者加害性の一内容をなすものである。そこで、差別的表現は、個人攻撃的（他者加害的）なものとそうでないものとに二分することができよう。なお、より厳密にいえば、(a)(α)であっても悪質なものであれば、例外的に他者加害性が肯定される場合がありうる、とみる余地がある。[1]
しかし、本節では、この点をわきにおいたまま、前述した差別的表現二分論という単純化された図式を軸にして話を進めることにしよう。

(2) 名誉侵害の成立要件をめぐって

差別的表現によって害されたものについては、たしかに"人間の尊厳"として説明することもできよう。[2] ただ、ここでは、個人攻撃的な差別的表現を念頭におきつつ、刑法各論的な言葉を使って、この場合の保護法益は――刑法学の少数説に留意しながら――名誉感情である、と論じておこう。少なくとも憲法論や民法論としては、外部的（社会的）名誉だけでなく名

誉感情までもが、憲法13条の法的保護の対象や、民法709条の不法行為の成立要件としての被侵害利益に属することになる、とみるべきであろう。なお、個人攻撃的でない差別的表現に対するマイナスの法的評価は、刑法（政策）論から憲法論さらに民法論へとレベルが移るにつれて、より成立しやすくなろう。

　さて、個人攻撃的な名誉侵害行為が憲法論レベルで表現の自由の逸脱となったり、民法論レベルで不法行為となったり、刑法論レベルで犯罪になったりするためには、被侵害者が自分の名誉を侵害されたことを知って精神的な不快や苦痛を感じたことが必要であろうか。この点に関しては、憲法論、民法論および刑法論の各レベルについて、必要説と不要説の区別を語りうる。刑法論レベルの（名誉毀損罪や侮辱罪という）犯罪の成立要件の話としていえば、不要説の答が返ってくるはずであり、しかも、このことは、侮辱罪の保護法益を——刑法学の少数説に従って——名誉感情としてとらえた場合でも妥当しよう（もっとも、名誉毀損罪や侮辱罪は親告罪とされているから、犯罪の訴追要件のことも考えれば、実質上は必要説とほぼ同じ結果になろう）。おそらく民法論レベルでも、形式的には不要説であるが実質的には必要説である、ということになろう。そして、憲法論としては必要説が採用されるべきであろう。この場では、まさに「当人の知らないことが人を傷つけることはありえない」、という言葉が援用されてよかろう。その上で、表現の自由などの人権を制限することを正当化（合憲視）しうるような感情侵害（他者加害）があったといえるためには、「明らかに耐え難いほどの精神的不快・苦痛の念を生じさせ」たことが必要である、と説かれるべきであろう。

3　差別的表現をめぐる問題状況の類型化的考察

（1）マスコミの法人性と公器性

　新聞社や放送局などのマスコミ機関は、普通は法人であるが、従来からの通説に従って、法人にも権利の性質の許す限り——必ずしも個人の場合と同じ程度にとはいえないが——人権の保障が及ぶ、と解すべきであろう。しかるに、最近では、マスコミを離れた個人の表現行為は人権に属するが、

マスコミという法人の行う表現行為は人権とはいえない（憲法上の権利といえるにとどまる）、とする見解も有力な形で打ち出されている[8]。しかし、人権を個人の尊厳の原理と結びつけてとらえるのは妥当だとしても、この原理と法人の権利とを機械的に不調和の関係にあるものとして位置づけるのは疑問である。たとえば、個人が法人という法的技術を利用して新聞社を設立し、経営者兼編集長として表現活動を行った場合、このような法人の表現行為は、その規模の大小を問わず、個人の尊厳（とくに自己実現）を促進するものである、とみることができよう。後述するように、マスコミ関係の表現行為については、そのおかれた問題状況の違いに応じて法的保障の程度の強弱の違いを指摘しうるが、しかし、表現主体が個人か法人かという点に対応させて保障の強弱を語るのは妥当でなかろう。

表現主体としてのマスコミの特性として重要なのは、その法人性よりも公器性（公共性）の方であろう。ただ、公器性は、各種のマスコミに一様に妥当するものではない。たとえば、テレビ放送の場合は新聞の場合よりも公器性が強いであろう[9]。そして、公器性は、表現の内容規制をある程度まで正当化するファクターとなる可能性があろう。そうだとすると、テレビ放送の場合は、それ以外の表現媒体の場合とはちがって、個人攻撃的でない差別的表現に対してまで法的規制を及ぼすことが——立法政策的当否はさておき——合憲とされる余地が出てこよう。

これは個人攻撃的でない差別的表現がマイナスの法的評価の対象になりうる場合の例であるが、以下の叙述では、差別的表現として断わりのない限り、個人攻撃的でない差別的表現の方を眼中におきたい。というのも、国家対私人という一般権力関係において合憲的に規制しうるような個人攻撃的な差別的表現であれば、一般権力関係以外の法的関係において、それをマイナスの法的評価の対象にしうるのは当然である、ということになるからである。

（２）　表現行為の人権性の有無・程度

表現の自由の優越的地位という考え方に照らしていえば、個人（や団体）がマスコミその他の表現場所提供者の助けを借りずにビラ配りその他の表現行為を行う場合、それは国家（しかも表現場所提供者や雇用者〔使用

者〕としての国家ではなく、一般権力関係において私人と向き合う国家）から侵害されないという強い憲法的保障を受けるはずである。このような状況におかれた表現行為については、完全人権として位置づけることができよう。これに対し、表現場所提供者によって事前もしくは事後に表現の自由が制限される可能性がある、という状況におかれた一般の人の表現行為については、半人権と呼ぶことができよう。ここで表現場所提供者は私人である場合が多いが、国家（公的機関）である場合もありうる。

さらにいえば、表現行為の中には、何ら法的保障を受けない非人権というべきものもある。すなわち、表現行為は、国家やその機関が行うものである場合は、原則的に人権として位置づけえない（この点、公務員たる国公立学校の教師の行う授業行為は、いわば例外的に人権としての性格を含みうる〔本書111頁なども参照〕。また、政治家の発言につき本書27頁参照）。というのも、国家やその機関は原則的に人権の主体となりえないからである。このような非人権としての表現行為の例としては、公的機関の出す報告書や広報などがあげられるが、かりに、そこに差別的表現が含まれていたとしても、それは、個人攻撃的なものでない限り、（国家賠償請求訴訟の文脈における）違法性を帯びることにはならないであろう。

以上のような完全人権・半人権・非人権という表現行為三分論においては、表現の自由が表現者の雇用されている場で雇用者などによって制限されることがある、という問題はわきにおいてきたが、この問題については、後に(4)で言及することにしよう。

(3) 表現場所提供者との関係

新聞やテレビなどのような、他人の管理・監督下にある適切な表現場所（ただしパブリック・フォーラムを除く）を利用して行われる個人の表現行為は、表現場所提供者に対して人権性をあまり主張できないものになる。ここにいう表現場所提供者は、私人である場合と公的機関である場合とが考えられるが、いずれにせよ、表現場所提供者が個人の表現行為に干渉しても、それが非合理的で恣意的なものでない限り、違法とはならないであろう。また、このような半人権としての表現行為は、表現場所提供者が公的機関である場合であっても、おそらく検閲禁止（憲法21条2項前段）の

対象とならないであろう。なお、新聞社などに対する反論文無償掲載請求権は、およそ人権性が認められないが、これに対して、マスコミと表現予定者との間には一種の契約関係が成立しているので、マスコミの側としても──暗黙の契約の中味の解釈の問題になるが──表現予定者の側の表現の自由をかなり尊重せざるをえなくなるのであり、その意味で、この場合の表現の自由は半人権として性格づけられてよかろう。

そこで、まずは、表現場所提供者が私人である場合について検討してみよう。Ａ氏が新聞の投書欄に投稿したところ、新聞社の側から、"投書は採用するが原稿の中に差別的表現が含まれているのでその部分を改訂した上で掲載したい"との回答があったとしよう。また、Ｂ氏がテレビのお笑い（バラエティ）番組の録画取りの際の発言の中で差別的表現を発したため、テレビ局はその部分を削除した上で放送したとしよう。これらの場合、Ａ氏やＢ氏は、マスコミ側の措置に対して表現の自由を主張して対抗しうる地位にあるとはいえまい。むしろ、マスコミ側こそ、表現の自由をより強く主張しうる立場にあるとみるべきであろう。すなわち、差別的表現の部分を改訂・削除した上で表現行為を行うことに──そのホンネの動機が何であれ──利益を感じるマスコミ側の表現の自由こそ尊重されるべきであろう。したがって、このような場合に、個人がマスコミ側を相手どって表現の自由の侵害を主張して損害賠償請求訴訟を提起しても、勝訴する可能性は少ないであろう。というのも、この場合、個人の表現行為はマスコミ機関の監督の下におかれるはずだからである。なお、法人の利益と個人の利益とが衝突する場合、後者を原則的に優位におくべきである、ということが一般論としていえたとしても、このことはマスコミにおける個人の表現行為という場面では必ずしも妥当しないであろう。

次に、対国家的な場合についてであるが、その机上の例としては、部外者であるＣ氏が公的機関の発行する広報誌上で文章を書いたり、公共施設である公民館の掲示板を利用して広告その他の表現行為を行ったりする事例などが想定できよう。なお、公民館の集会室などにおける一般住民の表現行為については、公民館側は公物管理権に基づいて表現規制を行うことはできないであろう。

また、公職選挙法に基づく政見放送や選挙広報における差別的表現の事前削除の事例（本書31頁参照）については、実質的には、表現場所提供者が国家である場合として位置づけることができよう。ただ、この場合、候補者の側に表現の自由がどの程度まで認められるかという原理的な問題よりも、候補者の表現行為を「そのまま放送」したり、「原文のまま掲載」したりすることを義務づけるなどの公職選挙法の規定（150条1項・169条2項など）の解釈の問題の方が、より重要となろう。

　さらに、国公立であれ私立であれ大学や高校の財政的援助を受けつつ、学生や生徒が自主的に編集・発行する定期刊行物（新聞など）の場合、学生や生徒は、大学や高校の当局に対してどの程度まで表現の自由を主張できるであろうか。[12]たとえば、大学・高校側は、原稿中に含まれていた差別的表現を事前に削除したり、定期刊行物で公表された差別的表現につき次号で"お詫び"を掲載しない限り財政的援助を打ち切るという方針をとったりすることは、法的に許されるであろうか。おそらく、前者はさておき後者は許されるであろう。

（4）　雇用者との関係

　個人の表現の自由がその雇用関係において制限されうるという場合、そこには広くは、たとえば上司の監督の下におかれている部下が仕事上の文章を自由に書けない、といった事例も射程に入ってくる可能性があるが、それは表現の自由の制限という枠組みでとらえるべきものではないので、ここでは度外視したい。

　さて、人権問題とはほとんど関係のない種類の仕事を職業とするD氏が、仕事を完全に離れた場で、差別的表現を内容として含むビラを配布したとしよう。この場合、D氏を雇っている雇用者としては、その表現行為が憲法21条の保護を受けるものである限り、その行為がどんなに反倫理的なものであろうと、それを理由にしてD氏に懲戒処分その他の不利益を課すことはできないであろう。この場合の表現行為は、完全人権に準じるものとして位置づけてよかろう。[13]これに対し、人権問題に深く関連する仕事を担当する職員E氏が同様のことをしたとしよう。この場合、雇用者は、職員が反倫理的な差別的表現行為を行い職場の信用を失墜させた（職務に支障

を生じさせた）として、職員に懲戒その他の不利益を課すことが法的に許されるであろうか。この点については、場合によっては許されるとみるべきであろう。

なお、高校の社会科教師が授業中にもしくは職務外で「〇〇民族は文化水準が低い」という発言をした場合、この教師は不利益処分の対象とされうるであろうか、という点については各自検討されたい。[14]

4 小　括

本節の要約をかねて、差別的表現のおかれた位置を浮き彫りにしてみよう。完全人権としての表現行為の場合は、差別的表現は、個人攻撃的でないものである限り、違法（不法）にならないのはもちろん、それどころか憲法21条によって保障を受ける（よって、このような差別的表現に対する法的規制は違憲になる）。これに対し、完全人権ならざる表現行為の場合は、差別的表現を発するという行為に出た者に対して、その行為を理由として公的もしくは私的な機関が何らかの不利益を課すことも、法的に許されることがありえ、しかも、このことは、差別的表現が個人攻撃的でないものであったとしても妥当する。まさに、優越的な表現行為としては憲法上保障されるような反倫理的な差別的表現が、必ずしも優越的とはいえない表現行為として発せられた場合には違法となりうるのである。

注

1) 例外的場合につき、内野正幸『差別的表現』（有斐閣、1990）160頁参照。
2) フレデリック・シャウワー（花見常幸訳）「人間の尊厳と言論の自由」創価法学24巻1号（1995）134頁。
3) 佐藤幸治『憲法［第3版］』（青林書院、1995）451頁。
4) ただ、民法723条では「名誉を回復するのに適当な処分」について定められているが、そこにいわれる「名誉」については、判例（最判昭45・12・18民集24巻13号2151頁）は、社会的名誉をさし名誉感情を含まない、としている。また、遠藤浩編『基本法コンメンタール債権各論II［第4版］』（日本評論社、2005）55頁は、民法710条・723条につき、「名誉棄損とは、人の社会的評価を低下させることをいう」、と説いている。しかし、これらのことは、民法709条についての本書の本文のよう

な説明を妨げるものではない。
5) 団藤重光編『注釈刑法(5)』(有斐閣、1968) 389頁〔福田平〕。
6) トマス・ネーゲル（永井均訳）『コウモリであるとはどのようなことか』（勁草書房、1989) 7頁。
7) 阪本昌成『憲法理論Ⅱ』（成文堂、1993) 171頁。
8) とくに長谷部恭男『憲法［第3版］』（新世社、2004) 104頁、同『憲法の理性』（東京大学出版会、2006) 80〜81頁。ただ、ここでは、いわば独自の「人権」概念が立論の前提にすえられている。
9) 放送の公共性については、たとえば、花田達朗『公共圏という名の社会空間』（木鐸社、1996) 128頁以下参照。
10) なお、「使用者としての政府」については、蟻川恒正「日本国憲法における公と私の境界」法律時報80巻6号（2008) 27頁以下を参照。
11) 芦部信喜編『憲法Ⅱ人権(1)』（有斐閣、1978) 27〜28頁〔芦部信喜〕、長尾一紘『日本国憲法［第3版］』（世界思想社、1997) 102頁など。ただし、洗剤パニック調査報告書公表事件についての東京地判昭54・3・12（判例時報919号23頁、39頁）は、行政広報活動は憲法21条の保障を受ける、とする立場をとった。
12) なお、アメリカ合衆国の関連判例につき、青柳幸一「学校が後援する生徒新聞の検閲と修正1条」ジュリスト943号（1989) 103頁以下参照。
13) 同様のことは、公務員による職場の同好者の文芸雑誌の発行（奥平康弘『表現の自由Ⅰ』〔有斐閣、1983〕366頁参照）についても妥当しよう。
14) ちなみに、授業についてはその内容が著しく不適切である場合には違法となりうる、と解すべきであろう（内野正幸『教育の権利と自由』〔有斐閣、1994〕74頁）。

第5節 ▶▶▶ 差別的表現と民事救済

1 アイヌ関係図書事件をきっかけに

　本節で差別的表現を扱う場合、人種差別撤廃条約（以下、「人種条約」と略すことがある）を中心にして考察するよう努めたい。ただ、あわせて「市民的及び政治的権利に関する国際規約」（以下、「B規約」などという）にも留意したい。

　また、差別的表現としては、特定の個人ではなく集団を侮辱するタイプのものを念頭におく。このような差別的表現に関しては、これまで、私の場合も含めて、刑事罰による規制の問題に関心が注がれる傾向にあった。[1] これに対して、差別的表現に対する民事救済は、二の次のものとして位置づけられてきた感が少しある。そこで、本節では、むしろ民事救済というテーマに重点をおきたい。

　きっかけになるのは、最近のアイヌ関係図書事件（アイヌ民族人格権裁判）[2]である。そこでは、「滅びゆく民族」などの記載に接して怒りを感じたアイヌの人たちによって、民事裁判が起こされた。第一審の札幌地判平14・6・27は、「民族的少数者としての人格権の侵害」は認められない、などと判断して、原告を敗訴させた。控訴を受けて札幌高判平18・3・23で控訴棄却となり、さらに最判平19・4・12で上告棄却となった（いずれも判例集など未登載）。ここでは、この裁判事件そのものに深入りするのは避けたい。

2 表現の自由と差別的表現

　表現の自由の重要性と差別的表現の有害性を両方考慮しながら、両者の間でどのような調和を図るか。ここでは補論的に少しだけ述べてみたい。

単純な図式にしていえば、差別的表現に関しては、他者権侵害のアプローチと客観法違反のアプローチが考えられる。前者のアプローチによると、差別的表現が禁止されるのは、それが他者の権利を侵害するからである、とされる。後者のアプローチによると、差別的表現が禁止されるのは、それが内容的に不正なものであるからである、とされる。かりに次のように主張する者がいるとしたら、それは、後者のアプローチをとっていたことになる。すなわち、差別的表現は道徳的に罪なことだから、「道徳の保護」（Ｂ規約19条３項(6)参照）を理由にしてそれを規制しても問題ない、という主張である。

しかし、私としては、できるだけ前者の他者権侵害のアプローチを採用すべきだと思う。その方が、自由への制限を正当化できるのは他者への加害を防止する必要がある場合である、という伝統的な考え方にマッチしているからである。このような他者加害防止の原理を前提として話を進めよう。

なお、法的構成につき一言述べよう。表現の自由という人権を制限することを正当化する対抗利益としての人格権については、人格権という人権である、と考えた方がわかりやすいであろうが、しかし、そう考える必然性はない。それは、民法上の人格権と考えれば十分であろう（表現の自由への制限を正当化する憲法13条の「公共の福祉」の内容をなすものは、必ずしも他者の人権とはいえないが、この場合、民法上の人格権が「公共の福祉」の内容をなす）。

さて、集団を侮辱するタイプの差別的表現の場合、差別的表現によって心を傷つけられるのは、たいてい特定個人ではなく不特定多数者である。だが、他者加害防止という場合の他者は、不特定多数者であってもかまわない。いいかえれば、不特定多数の他者の健康を害するおそれのある営業活動が規制されていいのと同じように、不特定多数の他者を害するおそれのある表現行為も規制されていい。たとえば、わいせつポスターの掲示の場合をイメージしていただきたい。

問題は、表現の自由が規制されることによるマイナスと、差別的表現が被害者にもたらす不利益とを、どのような形で天秤にかけるか、というこ

とである。その場合、刑罰も人権侵害の重さの一要素となる。すなわち、人権規制が刑罰つきのものかどうかも、比較考量の際に考慮すべきファクターとなる。なお、被害者が知らない（気づかない）状況の下で人格が傷つけられた場合も、他者加害といえるが（本書38頁参照）、このような状況も、被害の軽重に関する比較考量の場面で考慮することができよう。

3 差別的表現に対する民事救済の可能性

　民法の不法行為の領域では、「権利侵害から違法性へ」というスローガンが以前から語られてきた。しかし、そこでも依然として、いわば理論構成のレベルで「〔本人への〕権利侵害論か違法性論か」という枠組みを使うことができる。違法性論でいくと、人格権や精神的損害は、違法性とは別個の問題となる。これに対して、権利侵害論でいくと、人格権や精神的損害も権利侵害の文脈で現われうる。なお、「被害者との関係で違法」という理屈は、不法行為論の場面で成立しうるのであろうか。

　さて、民法上の人格権は、損害賠償請求では不要である（あえて持ち出さなくてもよい）が、それは差止請求では必要となる（ただ、厳密にいえば、裁判所が差止請求を認容するためには権利侵害を明示的に認定することが必要不可欠になる、という命題は成立しない）。その際、（個人でも組織でもなく）集団を主体とする人格権は成立しない、ということを確認したい。それでは、民族集団への侮辱によって（そこに所属する）個人の人格権は侵害されうるであろうか。このような問いに対しては、前述の比較考量論も念頭におきながら、「個人に及ぼされる害悪が重大であればイエス」と答えておきたい。

　ただ、前述のアイヌ関係図書事件のような場合、当面の訴訟戦術としては、人格権にこだわらず、差別的表現行為の違法性および（それに伴う）損害を主張・立証していくのも、有効な一案となろう。重要なことは、違法という裁判所の判定を得ることである。それと比べれば、損害額がどのように認定されるかは、いわば小さな問題である。また、出版差止請求など、損害賠償請求以外の救済方法の模索も、二の次の問題となろう（出版差止こそ請求の眼目である、という価値判断も理解できるが）。

4　国際人権条約における人種的憎悪の禁止

　人種的憎悪の扇動などの禁止に関しては、人種差別撤廃条約4条と国際人権B規約20条2項に注目する必要がある。前者は、その禁止を刑罰つきで要請している。これに対して後者すなわちB規約の方は、「差別の扇動となる人種的憎悪の唱道は、法律で禁止する」と定めるにとどまり、刑罰までは要請していない。日本は、双方の条約を批准するにあたって、人種条約の4条は留保するがB規約の20条2項は留保しない、という態度をとった。

　さて、人種条約2条1項では、「締約国は……あらゆる形態の人種差別を撤廃……する政策をすべての適当な方法により遅滞なくとることを約束する」と規定されており、さらに、その(d)では次のように述べられている。「各締約国は、……いかなる個人、集団又は団体による人種差別も禁止し終了させる。」はたして、ここでいう「人種差別」は、人種差別的表現を含むのであろうか。かりに、人種条約の1条や2条が総論で4条が各論だと考えれば、「含む」となりそうだが、反対論も十分成立しうる[3]。また、同様の議論は、「人種差別行為に対する実効的な救済及び保護」について定めた人種条約6条にいう「人種差別行為」は人種差別的表現を含むか、といった形でも設定できる。もしも2条（や6条）の場合について「含む」と考えることが許されるとしたら、人種差別的表現に対する民事上の禁止は、4条を留保して人種条約を締結した国にとっても、2条（や6条）でカバーできるものとなる。しかし、「含まない」と考えて話を進めよう。その場合、日本は、B規約20条2項を受け入れた以上は、人種的憎悪の扇動などを非刑罰的な仕方であれ法的に禁止すべきことになる。この点は、日本の国内実定法をなすわけである。

　なお、人種条約の4条では、「差別の扇動」と「人種的憎悪」が並列的に規定されている。これに対して、B規約の20条2項では、「差別の扇動となる人種的憎悪の唱道」というつなぎ方をしている。この違いは、それほど気にする必要ない、というべきか。いずれにせよ、ある表現行為が条約の禁止する「憎悪」といえるかどうかは、表現者の主観に即してではなく、表現を客観的にみて判断すべきであろう。

5　国際人権条約は国内法令の解釈基準となりうる[4]

　このような項目のタイトルを掲げたが、いくつかの注釈が必要である。

　第一に、「国際人権条約」とは、日本が加入（締結）した国際人権条約をさす。国際人権B規約がその例である。ただ、B規約などのような国際人権条約の個々の条文に対して関係国際機関が示した解釈も「国際人権条約」に含まれるか、については今後の検討課題としたい[5]。いずれにせよ、ヨーロッパ人権条約などは、ここにいう「国際人権条約」には含まれない。

　第二に、「国内法令」は、憲法を含まず、憲法より下の法律などをさす。その前提には、国際人権条約の国内法的効力は原則として憲法より下であるが法令より上である、という認識がある[6]。ここで「原則として」という留保をつけたのは、例外として「確立された国際法規」（憲法98条2項参照）は別である、という趣旨によるものである。すなわち、「確立された国際法規」は、条約化されたものかどうかを問わず憲法より優位し、また憲法の解釈基準ともなりうる。念のためいえば、人種的憎悪などを禁止したB規約20条2項は、「確立された国際法規」とはいえない。

　第三に、「解釈基準」とは、単なる参考資料よりも強い意味をもつ[7]。一般に、関連する外国法の諸規定などは、日本の法律を解釈する場合の参考資料となることがあるが、この場合、"外国法が日本法の解釈基準となった"とはいわない。したがって、ヨーロッパ人権条約も、参考資料になりえても「解釈基準」にはなりえない、とみるべきであろう[8]。

　以上、注釈が長くなったが、結論的には以下のことを確認したい。それは、冒頭で言及したアイヌ関係図書事件のような民事事件の場合、人種的憎悪などを禁止したB規約20条2項は民法709条や民法上の人格権を解釈・適用する際の基準となりうる、ということである。おそらく、B規約を持ち出した方が民法上の違法性を主張する説得力が高まるであろう[9]。そして、ある表現行為が法的に禁止されたものだとすると、禁止された行為による害を受けないことを内容とする私法上の利益も、より主張しやすくなるであろう。

注

1) 日本における従来の議論については、本章第3節の注4)に示した文献のほか、村上正直『人種差別撤廃条約と日本』(日本評論社、2005) 77〜124頁、233〜254頁などを参照。
2) 秀嶋ゆかり「アイヌ史資料集事件」国際人権14号 (2003) 122頁以下参照。
3) 本節の基礎をなす学会の学術総会の報告・シンポの場では、村上正直教授は、「含まない」と明言した。
4) ここで示す私見は、内野正幸「国際法と国内法(とくに憲法)の関係についての単なるメモ書き」国際人権11号 (2000) 5頁以下および同「日本国憲法下の人権保障と難民保護」法律時報75巻1号 (2003) 89頁以下の中で述べた見解を要約的に再言する意味合いを含んでいる。
5) なお、国際人権11号 (2000) 16頁以下においては、「国際人権条約の解釈——条約機関の意見・見解の法的意義」が特集されている。
6) なお、このような認識をふまえていえば、ある法令の規定がB規約などの国際人権条約に違反する場合には、その規定は合憲になるかどうかを問うまでもなく無効になる。この点は、法律に違反する政省令の規定が無効になるのと同じ理屈である。
7) 「法律解釈の基準」という言葉の意味については、かつて、内野正幸『憲法解釈の論理と体系』(日本評論社、1991) 129頁以下で検討したことがある。
8) 金子武嗣「ヨーロッパ人権条約と日本の国内判例」国際人権12号 (2001) 41頁以下の叙述についても、本文で示した私見に適合するものとして受けとめておきたい。
9) 脱線話ながら、いくつかの裁判事件の戦術で、憲法の規定を持ち出せば十分なのに、それと同趣旨のB規約の条文をも持ち出す、ということが行われているが、私は、このような"屋上屋"の手法には少し違和感を抱いている。

第6節 ▶▶▶ インターネットと表現の自由・名誉毀損

　インターネットを利用した最近の部落差別事件[1]について検討するための手がかりとして、ネットにかかわる法的な問題点を少し整理しておこう。

1　ネット規制をめぐる最近の動向

　ネットにおいては、「２ちゃんねる」などの電子掲示板や各種のホームページに、匿名性の中に隠れた誹謗中傷とか卑劣なものを含め、言いたい放題の書き込みが氾濫している（それはストレス社会の産物であろうか）。公衆トイレにおける落書きと似ている。しかも、このような書き込みは、いわば知的レベルの高い人たちによって行われることも時々あるようである。何とかならないものであろうか。それは多くの場合、道徳的是非（善悪）の問題になるが、それに加えて法的措置（民事上、刑事上）が検討されるべき場合もかなりある。

　まずは、プロバイダー法について述べておこう。有害情報などの規制を求める議論（2000年の「インターネット上の情報流通の適正確保に関する研究会」報告書や、それをめぐる意見公募手続など）を受けて、2001年にプロバイダー（責任制限）法が制定されたが、この法律は権利侵害情報への対応を図るにとどまるものであった。したがって、そこでは、特定の個人などが差別的発言などを通じて権利を侵害された場合に、裁判的救済を可能にさせる仕組みは何とか用意されていたことになる。といっても、その場合、差別的とはいえないような名誉毀損が念頭におかれる傾向にあった。

　2006年には、「インターネット上の違法・有害情報への対応に関する研究会」の最終報告書が作成発表された。この報告書では、青少年にとって有害な情報に対する規制に関する提言も含まれていたが、この提言部分に

ついては、2007年から法案化が準備されつつある。しかし、この報告書では、差別的なものを規制するという姿勢が表に出てきていない。なお、2007年12月には、通信と放送にかかわる九つの法律を情報通信法（仮称）に一本化し、ネット上の違法・有害情報を含め規制の対象とするという内容の提言が、総務省の「通信・放送の総合的な法体系に関する研究会」によって出された。

　我々が有害な情報に接するのは、ほとんどの場合、その情報を掲載するサイトのウェブ・アドレスからではなく、Googleなどの各種検索エンジンを通じてである。そこで、ネット利用者たる大衆から特定の有害情報を遮断したいと欲する者としては、各種の検索エンジンの運営者に対して、当該情報を掲載したサイトを検索エンジンで検索できないようにするよう求めたくなる可能性も出てくる（これは、ネット情報網そのものから当該サイトを削除することとは別のことである）。

　差別的発言といえば、むしろ、2002年に国会に提出された人権擁護法案こそ、「不当な差別的言動等」を禁止する条文を含むものとして、注目されてよかろう（禁止といっても犯罪として処罰するにいたっていないが）。

2　憲法上の人権としての「表現の自由」

　日本で憲法について深く勉強している人たちは、表現の自由を強調しすぎる傾向にあるのではないか、このような指摘に接することもある。たしかにそこでは、"表現の自由の優越的地位"という言葉が、有名なスローガンになっている。また、大まかにいって、日本は英独仏などのヨーロッパ諸国とは異なり、アメリカに似ていて、差別的発言が問題になる場面でも、表現の自由に多くの配慮を払いがちである。その当否はさておき、表現の自由は、反差別のメッセージを世の中に積極的に発信していくためにも大切なものである。また、表現の自由の本質は、"言論には言論で"という言葉で示されるが、ただ、いわば人格攻撃的な差別発言の場合は、この言葉は必ずしも適切でない面があろう（なお、本書23頁注15）や27～28頁も参照）。

　ネットとEメールの区別について少し述べよう。ネットの自由は「表現

の自由」に属し、何らかの制限を受けうる。他方、Eメールの場合、電話や手紙の場合と同様に、何よりも「通信の秘密」が妥当する（そこでの通信の自由について、それは「表現の自由」および「通信の秘密」のうちどちらに属するか、という点が議論されうるが）。なお、「通信の秘密」といえども絶対無制限のものではない。

　ここでは話をネットに限定しよう。ネットの場合、匿名で表現する自由もある。その際、表現主体たる発信者が自分のホームページ（ウェブサイト）を通じて匿名で発信しようとする場合、発信者とプロバイダー（ISP）の間は契約関係に立つ。また、発信者が電子掲示板への書き込みによって発信しようとする場合、前提として電子掲示板の管理運営者とプロバイダーの間に契約関係が成立する。発信者が非常に有害な情報を発信した場合、その場が自分のホームページであるときは、その場が電子掲示板であるときよりも、他人による削除をこうむりにくい（電子掲示板の管理運営者の方が、発信者によって自分の掲示板に掲載された有害な情報を削除しやすい立場にある）。いずれの場合でも、発信者の特定にかかわるIP (Internet Protocol) アドレスは、プロバイダーや電子掲示板管理者の知りうるところとなるが、そこでは発信者の特定に関する情報は保護される（「通信の秘密」[憲法21条2項後段、電気通信事業法4条1項]として）。もっとも、前述したプロバイダー法の4条は、発信者の特定のための裁判的請求について定めているが。なお、最近では、有害な情報を日本人が外国から発信したり、「Ｐ２Ｐファイル交換ソフト」（ピアツーピア）と呼ばれるものを通じて発信したりする事例も多いようであり、対応がむずかしくなっている。

3　名誉毀損

　名誉毀損の話に入る前に、プライバシーについて一言述べよう。ネットなどを通じて他人のプライバシーを侵害することは、それ自体として犯罪にならない。名誉毀損罪という言葉はあるが、プライバシー侵害罪という言葉はないのである。プライバシー侵害は、それを通じるなどして、被害者の社会的評価を低下させるおそれが出てくる事例があって、はじめて名誉毀損罪となる。ただ、実際には、このようなおそれの有無にこだわらず

に、悪質なプライバシー侵害を名誉毀損罪で処罰した事例も、まれながら存在するようである。他方、悪質なプライバシー侵害は、民法の分野では、違法になりやすく、その場合、損害賠償などを請求できるのであり、その事例も多い。

　そこで名誉毀損の話に移るが、まず、刑法は、その第34章で「名誉に対する罪」を扱っており、そこには名誉毀損罪と侮辱罪が規定されている。その一部を引用しよう。刑法230条によると、「公然と事実を摘示し、人の名誉を毀損した者は、その事実の有無にかかわらず、三年以下の懲役……に処する」とされる。法律の条文には書かれていないが、ある行為を名誉毀損罪として処罰するためには、それが被害者の社会的評価を低下させるおそれをもたらす、ということが必要である。この条文は、一般にそのように解釈されている。侮辱罪との違いはどこにあるかと聞かれたら、それは、被害者に対して、社会的評価を低下させるおそれのある事実を指摘しているかどうか、という点にあると答えることができる。単なる名誉感情の侵害では、どちらの犯罪も成立しない、と説かれる傾向にある。なお、実際には、侮辱罪が適用されることはあまりないといわれている。

　次に民法についてである。その709条は、"不法行為による損害賠償"について定めているので引用しよう。「故意又は過失によって他人の権利又は法律上保護される利益を侵害した者は、これによって生じた損害を賠償する責任を負う」。そして、その後の方の条文を見ると、「名誉侵害」や「名誉毀損」という言葉も出てくる。「名誉毀損」という言葉は、刑法の場合と大体同じ意味で使われるが、ただ民法709条の"不法行為"は、刑法上の犯罪になる場合だけでなく、主観的な名誉感情を侵害された場合や心の平穏をかき乱された場合などにも、それが重大なものであれば成立することがある。

　さて、部落差別発言を名誉毀損罪で処罰するのは、本来は筋違いのはずである。名誉毀損罪は、特定の個人や団体を対象とした場合に、被害者の社会的評価を低下させるおそれがあることを要件にして成立する。甲氏は部落出身者である、などと発言することは、甲氏の社会的評価を低下させるおそれをもたらすものではない（そうであってはならない）のであるから、

この場合、名誉毀損にはならないはずである。社会的評価を低下させるおそれのある甲氏に関する他の事実が指摘されてはじめて、名誉毀損が成立するわけである。

　まして、対象を特定せずに行われた部落差別発言は、ますます名誉毀損になりにくい。

　しかるに、2007年には、名古屋方面でネットを利用した悪質な部落差別発言事件が起こった。[2] 刑事告発を受けて名古屋地裁は名誉毀損罪で有罪とした。この点、刑法学者の間では異論も出てくる可能性があろう。かりに、悪質な言動の過程で住居不法侵入罪などを犯したり、悪質な言動が特定の人や特定企業への名誉毀損や脅迫などに当たる部分を含んでいたりすれば、そういうものとして処罰できるが。また、（刑法学界の少数説に従って）名誉感情の侵害を侮辱罪で処罰するのであれば、検討に値するかもしれない。本来なら、このような悪質な差別的言動を正面から処罰できるような法律が事前に制定されていてよかったはずであろう。[3] このような法律を事後に制定して、それを根拠にして、法律制定前に加害行為をした者を処罰することは、罪刑法定主義に照らして許されない（事後刑罰の禁止については、憲法39条が、「何人も、実行の時に適法であった行為……については、刑事上の責任を問はれない」と規定している）。

　なお、刑法ではなく民法に引き寄せていえば、損害賠償請求は被害者が起こすことができるが、その場合、誰が被害者なのかという問題もある。少なくとも、自分の家を写真にとられてネットで公表された人は、場合によって被害者の資格が十分あろう。ついでにいえば、民事上の訴権を（被害者である個人のかわりに）特定の団体に与えるという仕組みを定めた法律は、消費者団体に関しては制定されているが、被差別者団体に関しては検討する余地はないであろうか。

　ちなみに、2007年12月14日には、ネットの「2ちゃんねる」での悪質な発言が脅迫罪として東京地裁より有罪判決を受ける、という事例が起きている。そこでは、一般に「2ちゃんねる」での発言は、まじめなものとして受けとめるべきか、おふざけ半分として受けとめるべきか、という点も議論されている。この事例を離れて部落差別についていえば、おふざけ半

分だった、ということで悪質な発言を大目にみていいものになる、ということは決してありえない。

注

1) 松川修視「インターネットと人権」ヒューマンライツ233号（2007）2頁以下、田畑重志「ネット社会と部落差別」リベラシオン124号（2006）21頁以下など参照。また、小倉一志『サイバースペースと表現の自由』（尚学社、2007）191頁なども参照。
2) 山崎鈴子「新型『電子版・部落地名総鑑』」部落解放581号（2007）68頁以下など参照。
3) かつて私は、差別的表現処罰立法私案なるものを公表したことがある（『差別的表現』〔有斐閣、1990〕168頁）。それは、できのいいものとはいえないが、悪質な差別的発言に限って処罰できるように条文を工夫したつもりである。

第2章
プライバシーと個人情報

第1節 ▶▶▶ 日本の判決を手がかりに

1　有名でない裁判例を中心にして

　プライバシー（の権利）とは何か、について日本の判決を中心に検討しよう。この点、諸学説を整理・分類するのも有益であろうが、ここでは省略したい。

　さて、日本の裁判例・判例といえば、古くは、「宴のあと」事件についての東京地裁判決が有名であり、また、最近の最高裁判例としては、早大講演会名簿提出事件が思い起こされるが、この二つの事件については、後に、判例評釈風にとりあげることにしよう。

　ここでは、むしろ、有名でない裁判例に言及したい。それは、デモ参加者の肖像権が争われた事件についての大阪高判昭39・5・30（高刑集17巻4号384頁）である。この大阪高判は、「宴のあと」事件の東京地判より4か月前に下されたものである。それは、「プライバシーの権利」という言葉を使い、それを「私人が私生活に他から干渉されず、本質的に私的な出来事についてその承諾なしに公表されることから保護される権利」として理解している。これこそ、いわば私事干渉・公表排除権としてのプライバシー権の伝統的理解というにふさわしいものである。もっとも、日本でプライバシー権の伝統的理解といえば、「宴のあと」判決で示された「私生活をみだりに公開されないという法的保障ないし権利」という言葉こそ、ひんぱんに持ち出される。しかし、この「宴のあと」判決の言葉は、表現の自由との関係で問題になる私事公表排除権だけを視野に入れたものである。したがって、いやしくもプライバシー権の伝統的理解という説明をするのであれば、以上のような私事干渉排除権および私事公表排除権の双方を、そこに織り込む必要があろう。

関連して、成績証明書交付事件についての東京地判昭45・2・27（判例タイムズ251号298頁）にも言及しておこう。この事件では、中央大学法学部の事務長は、そこの元教授（民法）であるＡの求めに応じて元学生である原告の成績証明書を、いわば軽率にもＡに交付してしまった。そこで、原告は大学を相手どって損害賠償請求訴訟を起こしたが、敗訴した。

　判決は、一般論として以下のように述べた。「通常のプライバシーの権利とは『私生活をみだりに公開されない法的保障又は権利』を言うものであり、右の公開とは不特定又は多数人の知りうる状態に置くことを意味」する。しかるに、「本件成績証明書のＡに対する交付は、……公開と称することができない」。なお、このようなプライバシー権の狭いとらえ方は、「公表」ではなく「開示」を問題にする早大講演会名簿提出事件の最判によって克服されたことになろう。

　最高裁判例について確認しよう。といっても、この場では、その中から、法廷意見によってプライバシーが語られるにいたらなかったものをとりあげるにとどめる。

　第一に、違法デモ写真撮影事件（前述の大阪高判とは別の事件）についての最大判昭44・12・24（刑集23巻12号1625頁）は、憲法13条を引用しつつ、「個人の私生活上の自由の一つとして、何人も、その承諾なしに、みだりにその容ぼう・姿態を撮影されない自由を有する」、と述べた。第二に、前科照会事件についての最判昭56・4・14（民集35巻3号620頁）によると、「前科ある者も之をみだりに公開されないという法律上の保護に値する利益を有する」、とされる（そこでは憲法13条への言及さえ行われなかった）。第三に、長崎市教師誹謗事件についての最判平元・12・21（民集43巻12号2252頁）は、「ＸらはＹの本件配付行為〔Ｘらの氏名・住所・電話番号等を個別的に記載した本件ビラを大量に配付する行為〕に起因して私生活の平穏などの人格的利益を違法に侵害された」、と判示した。第四に、ノンフィクション「逆転」事件についての最判平6・2・8（民集48巻2号149頁）は、「前科等にかかわる事実の公表によって、新しく形成している社会生活の平穏を害されその更生を妨げられない利益」を認めた（なお、第三の最判と第四の最判では、ともに「生活の平穏」が語られているが、その意味は、そ

れぞれで微妙に異なるであろう。プライバシーの中核にかかわるのは、いわば心の平穏であろう。実際、「宴のあと」判決は、ある文脈で、「心の平穏を乱され」という言い方をしている〔本書64頁参照〕）。第五に、住基ネットについての最判平20・3・6（民集62巻3号665頁）によると、「〔憲法13条の規定する〕私生活上の自由の一つとして、何人も、個人に関する情報をみだりに第三者に開示又は公表されない自由を有する」、とされる[3]。

　ちなみに、外国人指紋押なつ拒否事件についての最判平7・12・15（刑集49巻10号842頁）においては、「採取された指紋の利用方法次第では個人の私生活あるいはプライバシーが侵害される危険性がある」、とされていたが、そこでは、指紋そのものが個人のプライバシー情報である、とは論じられていなかった。

　さて、早大講演会名簿提出事件の最判は、「プライバシーに係る情報として法的保護の対象となる」と述べるにあたり、次のような言い方をしている。すなわち、「本人が、自己が欲しない他者にはみだりに〔個人情報を〕開示されたくないと考えることは自然なことであ」る、と。ここでは、「自己が欲しない他者」という言葉に留意したい。

2　自己情報コントロール権にかかわる裁判例

　それについては、後に学校教育情報に関係する限りで言及するもののほか、以下の四つをあげるにとどめておこう。

　第一に、マンション購入者情報開示事件についての東京地判平2・8・29（判例集など未登載）である。この事件では、原告は、被告である東急百貨店からマンションの一室を購入した者であるが、購入申込書に記載した自分の勤務先の名称・電話番号を、マンション管理を予定している会社に開示されてしまった。そこで、原告は被告に対して損害賠償請求訴訟を提起した。

　本判決は、本件開示はプライバシーの侵害行為に当たるが正当な理由に基づくものゆえ違法性を欠く、と判断したが、一般論としては以下のように述べた。

　①　「プライバシーすなわち『他人に知られたくない私的事柄をみだり

に公表されないという利益』については、いわゆる人格権に包摂される一つの権利として、『他人がみだりに個人の私的事柄についての情報を取得することを許さず、また、他人が自己の知っている個人の私的事柄をみだりに第三者へ公表したり、利用することを許さず、もって人格的自律ないし私生活上の平穏を維持するという利益』の一環として、法的保護が与えられるべきである」。「ここにいう『公表』とは、必ずしも不特定又は多数人に対してなされる必要はなく、当該事柄を知られたくない特定の者に対して開示する行為をも含む」。

② 「プライバシーの権利は、……自己に関連する情報の伝播を、一定限度にコントロールすることをも保障することをその基本的属性とする」。

③ 「本件における原告の勤務先の名称及び電話番号は、……法的に保護された利益としてのプライバシーに属する」。

第二に、銀行顧客案内状郵送事件についての東京地判平3・3・28（判例時報1382号98頁）である。この事件では、東洋信託銀行は、建設会社「積水ハウス」と協力して開催する勉強会の案内状を顧客（預金者）に郵送したが、その際、建設会社の名の入った封筒に（銀行顧客情報に基づく）宛名ラベルをはったものを使った。原告は、案内状を郵送された者の一人であるが、銀行が顧客情報を外部に流したのはプライバシー権の侵害に当たるなどと主張して、損害賠償請求訴訟を提起した。

本判決は、以下のような一般論を述べつつも原告を敗訴させ、また、第二審の東京高判平4・2・3も、本判決を大幅に引用してそれを維持し、さらに、最判平7・6・6で上告棄却となった（ともに判例集など未登載）。「〔憲法13条の〕理念に照らすと、人が国家などにより他人に知られたくない個人の私的事柄をみだりに不特定または多数人に対して公表されることや……第三者に漏洩されることを許さないことが要請される」。「取引銀行は、……預金者の……私的な情報について秘密を守るべき義務を負うものであるから、……〔それを〕正当理由なく右守秘義務に反して不特定または多数人に公表し、または第三者に漏洩した場合には、原則として、債務不履行あるいは不法行為責任を負う」。「原告は、プライバシー権を情報をコントロールする権利であるとして、取引銀行は、その保有する個人情

報を漏洩〔し〕……てはならない守秘義務を負う旨主張する」が、「現行法上、前記説示の守秘義務を超えて右主張のように解すべき明白な根拠もない」。

第三に、「精神薄弱」記載抹消請求事件についての浦和地判平11・3・1（判例タイムズ1021号136頁）である。この事件では、憲法に直接基づいて行われた抹消請求が認容された。判決によると、「行政庁の公文書に記載された個人に関する情報が、誤りであって、その程度が社会的相当性を超え、そのため個人が社会的相当性を超えて精神的、経済的に損害を被るおそれのあるときには、その個人は、幸福追求権の一内容である人格権に基づいて、人格的自律を確保するために、当該行政庁に対しその情報の訂正ないし抹消を請求する権利が認められるべきである」、とされる。

第四に、内申書などの非開示処分の取消請求にかかわる大阪高判平11・11・25（判例集など未登載）である。この事件では、個人情報保護条例に基づき、内申書や指導要録の本人開示請求が行われた。判決によると、「憲法13条がプライバシー権を保障しているとしても、同条により具体的な情報開示請求権までが保障されているとはいえない。したがって、情報開示請求権は、本件条例によって創設的に認められた権利である」、とされる。そして、判決は、条例の定める非開示事由の解釈・適用の問題として事件を処理した。

注
1) それを分析したものとして、竹中勲「憲法上のプライヴァシーの権利と最高裁判所」『阿部照哉先生喜寿記念論文集』（成文堂、2007）31頁以下、田島泰彦ほか編著『表現の自由とプライバシー』（日本評論社、2006）の第2部や、升田純『現代社会におけるプライバシーの判例と法理』（青林書院、2009）なども参照。
2) たとえば、棟居快行『憲法学再論』（信山社、2001）277頁以下を参照。
3) なお、関連事件の裁判例については、内野正幸「住基ネットの住民票コードの差止め等の請求は認められるか」判例時報1984号164頁もある。
4) 森田明「内申書・指導要録の全面開示の是非」平成11年度重要判例解説23頁など参照。
5) なお、創設的権利については、楢﨑洋一郎「生徒の教育記録に対する権利の保障と制約について」（名古屋市立大学大学院）人間文化研究11号(2009)33頁も参照。

第2節 ▶▶▶ プライバシー権を扱った有名な2つの判決

1 「宴のあと」事件の東京地裁判決──東京地裁昭和39年9月28日判決（判例時報385号12頁）

（1） 事実の概要

Y_1（被告）は、小説「宴のあと」の作者・三島由紀夫であり、Y_2（被告）は、その出版社である。X（原告）は、小説の主人公のモデルとされた人物であり、事件当時有名であった元政治家である。小説においては、Xを想起させる人物が、その（元）妻であり料亭の女将であるAとの間で夫婦関係をもつなどする場面が描写されていた。小説は、雑誌連載を経て出版されたが、その際、Y_2は、「宴のあと」はモデル小説である、と繰り返し広告した。Xは、プライバシーを侵害されて精神的苦痛を感じた、と主張して、損害賠償と謝罪広告を求めて提訴した。

（2） 判旨──損害賠償請求のみ認容（確定）

（i） モデル小説の位置づけ

「モデル小説というものは必ずしも常に小説としての文芸的価値の面でのみ読者の興味を惹くとはかぎらず、モデルの知名度言葉を換えればモデルに対する社会の関心が高ければ高いだけ、モデル的興味（実話的もしくは裏話的興味）が読者の関心を唆る傾向にあることは否定できないところであり、このようなモデル小説は、味わうために読まれるばかりでなく知るために読まれる傾向が作者の意図とは別に否応なく生じるものである。」
「モデル小説の一般の読者にとって、当該モデル小説のどの叙述がフィクションであり、どの叙述が現実に生起した事象に依拠しているものであるかは必ずしも明らかではないところから、読者の脳裏にあるモデルに関する知識、印象から推して当該小説に描写されているような主人公の行動が

現実にあり得べきことと判断されるかぎり、そのあり得べきことに関する叙述が現実に生起した事象に依拠したものすなわちフィクションではなく実際にもあった事実と誤解される危険性は常に胚胎している」。「小説『宴のあと』が発表されたため、作者の本来の意図とは別に、そこに展開されている主人公『野口雄賢』の私生活における様々の出来事の叙述の全部もしくは一部が実際にXの身の上に起った事実ではないかと推測する読者によってXは好奇心の対象となり、いわれなくこれら読者の揣摩臆測の場に引き出されてしまうのであり、これによってXが心の平穏を乱され、精神的な苦痛を感じたとしてもまことに無理からぬものがある」。

(ii) プライバシーの権利とその法的救済成立要件

① 「いわゆるプライバシー権は私生活をみだりに公開されないという法的保障ないし権利として理解されるから、その侵害に対しては侵害行為の差し止めや精神的苦痛に因る損害賠償請求権が認められるべきものであり、民法709条はこのような侵害行為もなお不法行為として評価されるべきことを規定しているものと解釈するのが正当である。」

② 「プライバシーの侵害に対し法的な救済が与えられるためには、公開された内容が(イ)私生活上の事実または私生活上の事実らしく受け取られるおそれのあることがらであること、(ロ)一般人の感受性を基準にして当該私人の立場に立った場合公開を欲しないであろうと認められることがらであること、換言すれば一般人の感覚を基準として公開されることによって心理的な負担、不安を覚えるであろうと認められることがらであること、(ハ)一般の人々に未だ知られていないことがらであることを必要とし、このような公開によって当該私人が実際に不快、不安の念を覚えたことを必要とするが、公開されたところが当該私人の名誉、信用というような他の法益を侵害するものであることを要しない」。

(iii) プライバシーと表現の自由の関係

「言論、表現等は他の法益すなわち名誉、信用などを侵害しないかぎりでその自由が保障されているものである。このことはプライバシーとの関係でも同様であるが、ただ公共の秩序、利害に直接関係のある事柄の場合とか社会的に著名な存在である場合には、ことがらの公的性格から一定の

合理的な限界内で私生活の側面でも報道、論評等が許されるにとどま」る。
「このことは文芸という形での表現等の場合でも同様であ」る。
　（3）　解　説
　本件は、プライバシーという言葉を普及させた有名な事件である（なお、この事件では名誉侵害も問題になりうるが、その点はX側の主張も含め裁判上言及されなかった）。もっとも、判決の全文を読むと、モデルとされた人物のプライバシーの扱いを含めモデル小説の位置づけをめぐる問題の検討に、かなりの比重をおいている（判旨(i)など参照。この点についての解説は省略する）。それは、私生活上の事実らしく受けとられやすい事柄の公表にかかわる問題を重視したものになっている。このことを確認した上で、本題に入ろう。
　本判決によれば、プライバシー権は人格権に属し、「私生活をみだりに公開されないという法的保障ないし権利」として理解される。これは、プライバシー権の古典的定義として知られている。プライバシー概念については、従来から今日にいたるまで、論者によって、いろいろな定義ないし理解が試みられてきたが、ここでは立ち入るのを避けたい。ただ一言いえば、現在の最有力学説は自己情報コントロール権説であり[2]、その場合、プライバシー侵害は、情報の公開・公表の場面だけでなく、情報の収集や管理などの場面でも起こりうる。
　本判決の中で最も重視されてきた部分は、判旨(ii)②であり、あるいは判旨(ii)(iii)である。判旨(ii)②の冒頭にいう「法的な救済」に関しては、損害賠償請求と差止請求を無差別に扱っていいか、という問題もあるが、それはわきにおこう。判旨(ii)に関しては、そこで示された規範命題の守備範囲について議論がありうる（なお、判旨(iii)では「報道、論評等」という言葉が使われている）。すなわち、「公開」は、不特定多数の人に対するものに限られるか、それとも特定人への伝達を含むか、という点については、前者に答えるとして、それでは、判旨は、モデル小説を念頭においたものとして読まれるべきであろうか。それともマスコミ報道などにも及びうるであろうか。いずれにせよ、判旨(ii)は、その後の数々の裁判事件に多かれ少なかれ影響を与えてきた。このことを確認した上で、あまり知られていない東

京高裁平成6年2月8日判決（判例時報1493号84頁、いわば読書歴暴露事件）における以下の判示も大いに注目されていい、と述べておきたい。

「私人についての情報の公表ないしは暴露は、常に当該私人のプライバシーを侵害する不法行為となるものではなく、それが不法行為となるためには、当該情報が、公表された時点において真に私的事項といえるものであり、その公表により当該私人が困惑を来すような内容のものであり、かつまた、当該情報の公表が、通常の感情、感覚を有する者からみて、不快、憤り若しくは腹立たしさを感じるようなものである場合であることを要するものというべきである。そして、右のような場合であっても、当該情報が合法的に取得されたものであるうえ、それを公表するにつき正当な公の利益があって、右情報に報道価値があるといえるときには、右情報の公表は違法性を欠き、不法行為とならないものと解するのが、プライバシーの保護と報道の自由との合理的調整を図るために、相当というべきである。」

この東京高裁の判示は、本判決の判旨(ii)(iii)を少し修正したものになっている。たとえば、判旨(ii)②における"未知のこと"という要件は、"公表後数年経過したものでもかまわない"という趣旨を含むものに改められている。

判旨(iii)などに関連して、公の利益をめぐる問題について一言だけ述べておこう。その際思い起こされるのは、公共の利害に関する場合の名誉毀損の特例を定めた刑法230条の2の規定である。もっとも、プライバシーの場合は、名誉の場合とはちがって、真実性の証明などに基づく免責は認められないはずである、といわれるかもしれない。しかし、ある事柄の公表がプライバシーと名誉を同時に侵害する、という事例も考えられる。また、真実性の証明をめぐる問題はさておき、公の利益にかかわるプライバシー侵害の判断基準について、刑法230条の2の規定を意識した裁判例も見受けられる。[3]

本判決は、名誉・信用とプライバシーの違いの問題も意識しているが、それは、謝罪広告の適否などにかかわってくる。なお、プライバシーを侵害された者による承諾は、民法上の不法行為の成否（違法性阻却事由など）の問題として処理すればよかろう。

最後に、本判決の"判旨"欄で省略した箇所について三点ほど述べておこう。第一に、判決は、プライバシーの法的利益性を認めた直後に、その権利性を承認しているが、少なくとも本件の解決のためには、法的利益性を認めれば十分であった、と思われる。第二に、判決は、「個人の尊厳」や「幸福の追求」という言葉を使っているが、憲法13条に明示的に言及するにいたっていない。そこで認められたのは、民法（不法行為）上のプライバシー利益であって、憲法上の人権としてのプライバシー権ではないであろう。第三に、判決では、プライバシーの侵害による「精神的な不安、負担ひいては苦痛」というものが重視されている（なお、この言い回しについては前述の東京高判による修正にも留意したい）。

2　早大講演会名簿提出事件の最高裁判決[4]——最高裁平成15年9月12日第二小法廷判決（民集57巻8号973頁）

（1）事　実

　被告Y大学（早稲田大学：被控訴人・被上告人）は、来日する江沢民氏（当時は中国の国家主席）を招いて、平成10（1998）年11月28日に学内講演会を開催することを計画し実施した。Y大学は、計画の段階で、警備にあたる警視庁と打合せを行い、講演会参加者名簿を事前に警視庁に提出することにした。この名簿には、参加希望学生に各自の学籍番号、氏名、住所および電話番号を記載させた。その際、名簿を警視庁に提出するということを学生に伝えなかった。そこで、参加した学生（当時）の有志は、Y大学が参加者の同意を得ずに名簿を警察に提出したのはプライバシーの侵害である、と主張して、不法行為に基づく損害賠償を請求する訴訟を起こした。

　訴訟は、甲乙二つのものが起こされた。甲訴訟は、3名の学生Xらを原告（控訴人・上告人）とするものである。その3名は、講演中に大声で叫ぶなどしたため逮捕されるとともにY大学から処分を受けた者である。甲訴訟では、名簿提出行為のほかに、この点にかかわるY大学の対応も問題にされた。甲訴訟における損害賠償請求は、第一審の東京地判平13・10・17や第二審（原審）の東京高判平14・7・17（ともに判例集など未登載）に

よって敗訴とされた。この甲訴訟の上告審が本判決である。

乙訴訟は、6名の学生を原告とするものである。そこでは、もっぱら名簿提出行為の違法性が主張された。第一審の東京地判平13・4・11（判例時報1752号3頁）は、損害賠償請求を棄却した。そこでは、名簿提出はプライバシーの侵害に当たるが、正当な理由に基づくものであって違法性が阻却される、と判断された。これに対して、第二審の東京高判平14・1・16（判例時報1772号17頁）は、違法なプライバシー侵害を認めた（1人につき慰謝料1万円）。なお、この判決は、本件最高裁判決と同じ日に上告がしりぞけられて確定した。

(2) 争　　点

個人情報の警察への無断提出は、どのような事情があれば違法なプライバシー侵害とならないか。

(3) 判　　旨

本件最高裁判決は、甲訴訟に関するものであり、学生側敗訴の原判決を破棄し、審理を東京高裁に差し戻した。それは、3名の裁判官の多数意見に基づくものである。そこには、2名の裁判官の反対意見がつけられていた。法廷意見（多数意見）を引用することから始めよう。

「〔ⅰ〕本件個人情報は、早稲田大学が重要な外国国賓講演会への出席希望者をあらかじめ把握するため、学生に提供を求めたものであるところ、学籍番号、氏名、住所及び電話番号は、早稲田大学が個人識別等を行うための単純な情報であって、その限りにおいては、秘匿されるべき必要性が必ずしも高いものではない。また、本件講演会に参加を申し込んだ学生であることも同断である。しかし、このような個人情報についても、本人が、自己が欲しない他者にはみだりにこれを開示されたくないと考えることは自然なことであり、そのことへの期待は保護されるべきものであるから、本件個人情報は、Xらのプライバシーに係る情報として法的保護の対象となるというべきである。

〔ⅱ〕このようなプライバシーに係る情報は、取扱い方によっては、個人の人格的な権利利益を損なうおそれのあるものであるから、慎重に取り扱われる必要がある。本件講演会の主催者として参加者を募る際にXらの

本件個人情報を収集した早稲田大学は、Ｘらの意思に基づかずにみだりにこれを他者に開示することは許されないというべきであるところ、同大学が本件個人情報を警察に開示することをあらかじめ明示した上で本件講演会参加希望者に本件名簿へ記入させるなどして開示について承諾を求めることは容易であったものと考えられ、それが困難であった特別の事情がうかがわれない本件においては、本件個人情報を開示することについてＸらの同意を得る手続を執ることなく、Ｘらに無断で本件個人情報を警察に開示した同大学の行為は、Ｘらが任意に提供したプライバシーに係る情報の適切な管理についての合理的な期待を裏切るものであり、Ｘらのプライバシーを侵害するものとして不法行為を構成するというべきである。原判決の説示する本件個人情報の秘匿性の程度、開示による具体的な不利益の不存在、開示の目的の正当性と必要性などの事情は、上記結論を左右するに足りない。」

（4）　反対意見

「本件個人情報は、プライバシーに係る情報であっても、専ら個人の内面にかかわるものなど他者に対して完全に秘匿されるべき性質のものではなく、Ｘらが社会生活を送る必要上自ら明らかにした情報や単純な個人識別情報であって、その性質上、他者に知られたくないと感じる程度が低いものである。また、本件名簿は、本件講演会の参加者を具体的に把握し、本件講演会の管理運営を円滑に行うために作成されたものである。

他方、本件講演会は、国賓である中華人民共和国国家主席の講演会であり、その警備の必要性は極めて高いものであったのであるから、その警備を担当する警視庁からの要請に応じて早稲田大学が本件名簿の写しを警視庁に交付したことには、正当な理由があったというべきである。また、早稲田大学が本件個人情報を開示した相手方や開示の方法等をみても、それらは、本件講演会の主催者として講演者の警護等に万全を期すという目的に沿うものであり、上記開示によってＸらに実質的な不利益が生じたこともうかがわれない。

これらの事情を考慮すると、早稲田大学が本件個人情報を警察に開示したことは、あらかじめＸらの同意を得る手続を執らなかった点で配慮を欠

く面があったとしても、社会通念上許容される限度を逸脱した違法な行為であるとまでいうことはできず、Xらに対する不法行為を構成するものと認めることはできない。」

（5）解　説

話をプライバシーの問題に限定しよう。

(a)　プライバシーの侵害を初めて明確に認めた裁判例として有名なのは、「宴のあと」事件に関する東京地判昭39・9・28（前掲）である。以下、下級審については省略し、最高裁について述べよう。プライバシーに相当する法的利益は、早い時期から次の諸判決などによって承認されてきた。それは、違法デモ写真撮影事件に関する最大判昭44・12・24、前科照会事件に関する最判昭56・4・14や、「逆転」実名公表事件に関する最判平6・2・8である（いずれも前掲）。のみならず、最近では、最高裁は「プライバシー」を明確に認知するにいたっている。それは、外国人指紋押なつ拒否事件に関する最判平7・12・15（前掲）や、「石に泳ぐ魚」出版差止事件に関する最判平14・9・24（判例時報1802号60頁）においてである。

(b)　言葉の問題について確認しておこう。第一に、甲乙両訴訟の諸裁判においては、"プライバシーを侵害するが違法でない"という言い方が出てくる。この言い方に違和感を抱く人は、"プライバシーに介入するものであるが違法な侵害ではない"といいかえていただきたい。第二に、プライバシー（の権利）は、伝統的には、"私生活（秘密）をみだりに公開されない権利"として理解されてきたが、最近では"自己情報をコントロールする権利"としてそれを定義する学説が、きわめて有力である。かりに、伝統的見解にいう「公開」は特定人への開示をも含む、とみることが許されるとしたら、本件のプライバシー問題も伝統的見解に基づいて処理することができる。たしかに、氏名や住所などは"自己情報"に属する、という言い方はわかりやすい。しかし、自己情報コントロール権説が本領を発揮するのは、自己情報開示・訂正の場面においてである。したがって、ここでは自己情報コントロール権にこだわる必要はない。

(c)　本判決の重要な意義は、プライバシーの違法な侵害を事件の具体的事情に即して認定した、という点にある。判旨の引用部分を少数意見と読

み比べると、論争点が浮かび上がってくる。本判決は、ある行為がプライバシーを侵害し不法行為となるかどうか、を判断するにあたり、いくつかの事情を考慮している。判決によると、「本件個人情報の秘匿性の程度、開示による具体的な不利益の不存在、開示の目的の正当性と必要性などの事情は、〔プライバシーの違法な侵害という〕上記結論を左右するに足りない」、とされる。この文章は、"これらの事情は考慮しなくてもよい"という趣旨に読まれるおそれもある。しかし、それは"これらの事情を考慮しても、なおかつ……"と読まれるべきであろう。

　事情ということで本判決が重視しているのは、「〔Y〕大学が本件個人情報を警察に開示することをあらかじめ明示した上で本件講演会参加希望者に本件名簿へ記入させるなどして開示について承諾を求めることは容易であった」、という点である。ただ、この点がどの程度の重みをもっているかは、微妙である。かりに事案を変えて考えてみよう。大学は警察に提出しない予定で参加者名簿に個人情報を記載させたが、講演の直前になって警察から名簿提出を依頼されたため、個人情報開示について各人の承諾を求めるのが容易でなかった、と仮定しよう。このような場合には、本件最高裁判決の立場からすると、プライバシー権の違法な侵害は成立しないことになるのであろうか。

　なお、警察への名簿提出が事前に学生たちに告知されていた、としよう。この場合でも依然として、講演会に参加したい者は自分のプライバシーを少し放棄せざるをえなくなるのであるから、プライバシー（や集会参加の自由）に対する侵害をめぐる問題は残ることになろう。

　ちなみに、名簿の提出先が警察であったということは、プライバシーの違法な侵害を認定するためのファクターとして、どの程度の重要性をもつのであろうか。名簿提出によって自分のプライバシーを違法に侵害されたと感じるかどうかは、個人差が多かろうが、提出先が警察である場合は、それ以外の場合に比べて個人が不安や焦燥を感じる度合いが強くなろう。念のためいえば、講演会参加者の中にプライバシーの違法な侵害を感じない者がかなり含まれていたとしても、それは、本判決の正当性を失わせるものではない。

(d) 憲法13条(その後段の幸福追求権条項や前段の個人尊重条項)は、憲法学説上、プライバシー(の権利)の根拠条文として重視される傾向にある。ところが、本判決は、プライバシーを語るにあたって憲法13条に言及していない(なお、乙訴訟の高裁判決は、憲法13条を引用しながら「プライバシーの権利」を承認していた)。思うに、そもそも本件訴訟は、不法行為に基づく損害賠償請求の訴訟である。ここではプライバシーの法的利益はあえて人権と考えなくても私権として構成すればたりる。したがって、プライバシーという人権が民法709条をクッションにして私人間に適用された、というまわり道の思考法をとる必要もない。

注

1) 本件に関しては、五十嵐清・マスコミ判例百選〔第2版〕122～123頁、松本昌悦・憲法判例百選Ⅰ〔第4版〕138～139頁、および阪本昌成・憲法の基本判例〔第2版〕33～37頁、ならびにそれらの末尾に引用された文献のほかに、村上孝止『プライバシーvsマスメディア——事例が語る新しい人権』(学陽書房、1996)、棟居快行『人権論の新構成』(信山社、1992)第3章、阪本昌成『プライヴァシー権論』(日本評論社、1986)(とくにその結章)など。
2) さしあたって、竹中勲「プライヴァシーの権利」大石眞・石川健治編『憲法の争点』(有斐閣、2008)98頁参照。
3) 村上・前掲注1) 49～50頁など参照。
4) 乙訴訟に関して、小山剛・法学教室273号121頁、林田清明・北大法学論集54巻2号77頁(および同82頁上段所掲の諸文献)など。

第3節 ▶▶▶ プライバシー権の再構成に向けて

1 私的事柄保持権としてのプライバシー権とその位置づけ

　プライバシー権については、他人から見られたり聞かれたり接触されたりすると本人が困惑を感じるのが合理的であるような（他人が見たり聞いたり接触したりするのを本人がいやがるような）私的事柄を保持する権利としてとらえることができよう（この場合、「他人」が不特定多数者であるか特定人であるか、また本人と一定の人間関係をもった者であるか赤の他人であるかによって、困惑の感じ方に強弱の違いが出てきうる）。ここで「困惑」とは、「宴のあと」判決にいわれる「心理的な負担、不安」に相当するものである。そこで、私流のプライバシー権のとらえ方は、困惑説と呼ぶこともできよう。[1] ともあれ、このようなプライバシー権は、便宜上、私的事柄保持権と略称できよう。

　この場合の「私的」という言葉については、いわば社会学的意義に理解されるべきであろう。つまり、私企業を含め職場は公的な空間であり家庭などが私的な空間である、といわれる場合の「私的」である。[2] したがって、職務上の秘密については、プライバシーとは別個のものとしておさえた方がよかろう。また、無断写真撮影や盗聴などの形で人間の生活空間への侵入が行われた場合であっても、それが公的な空間である場合は、プライバシー権とは別個の権利・利益を侵害するものとしてとらえられるべきであろう。要するに、プライバシー権は、公事ではなく私事のみにかかわるものである、ということになろう。[3] もちろん、公的な場所で私事があばかれるなどすれば、プライバシー権の侵害になる。

　さて、プライバシー権はどのような種類の自由に属するのであろうか。まず、かりに精神活動の自由という言葉を使うと、そこにはプライバシー

権は収まりにくくなるが、精神的自由という言葉でいけば、その中には、思想、宗教や表現の自由だけでなく名誉権やプライバシー権も含まれる、ということが可能になろう。次に、私事への干渉の中には、身体検査のように身体的自由への制限を伴うものもあるが、この場合でも、プライバシー権は身体的自由の一環をなす、とみる必要はあるまい。というのも、プライバシー権および身体的自由という別個の二つの権利を侵害された、と考えることができるからである。さらに、私事への干渉は、自分の家などの所有権や管理権を内容とする一種の経済的自由に対する侵害を伴っていることもあるが、その場合でも、私事干渉排除権は、所有権や管理権に還元されない、プライバシー権としての独自の部分を含んでいるはずである。そうすると、プライバシー権は身体的自由や財産権としての側面をもたないことになる。

さて、ここで、私的事柄を自己所有的なものと他人所有的なものとに区別する枠組みを提示しておきたい。前者は、自分の状態そのものや自分で所有もしくは管理しているものをさすが、これに対して、後者すなわち他人所有的な私的事柄とは、おもに行政機関などが保管している個人情報をさす。

2　自己情報コントロール権説の再検討に向けて

ここでは、プライバシー権について日本の諸学説の中から自己情報コントロール権説をとりあげることにしたい。とりあえず、次の二点を指摘しておこう。

第一に、かりにプライバシー権を自己情報コントロール権的な発想でとらえるとしても、他人所有的な私的事柄に関しては、プライバシー権とは別個に、アイデンティティ権というものを設定する必要があろう。ここでアイデンティティ権とは、自分を示すものの真正さを保持する権利のことである。そこには、ひとつには、自分の横顔が変容された形で紹介されることのないよう求める権利が含まれる。だが、行政機関が大量に保管している個人情報にかかわる文脈では、自己情報訂正請求権が重要となる。また、自己情報の登録の有無やその内容を教えてもらう権利も、アイデンテ

ィティ権に含ませる余地があろう。他方、このような文脈におけるプライバシー権としては、自己情報が外にもれたり目的外で利用されたりしないよう求める権利のほか、自己情報の廃棄を求める権利というものを想定できる。なお、念のためいうが、自分のアイデンティティを示す事柄を知らせない権利は、プライバシー権の方に属する。

　第二に、これらの権利については、民法上もしくは憲法上において直接成立する権利と、特別の法令の規定をまって成立する権利とを区別すべきである。民法上もしくは憲法上の権利侵害があったといえるためには、いわば具体的な損害の発生が必要であろう。実際、元日本兵「逃亡」抹消請求事件の第一・第二審判決[6]は、私のいうアイデンティティ権に関して、このような立場をとっていた。したがって、たとえば単に間違った自己情報が登録されていたというだけでは、特別の法令上の規定がない限り、裁判所で権利救済を勝ちとることはできないであろう。また、プライバシー権に関連させていえば、行政機関などが適法に獲得した私的情報を長く保存し続けたり保存の有無を知らせなかったりすると、何となく不安を感じる人もいるであろうが、このこと自体は憲法13条違反を成立させるものではないであろう。もっとも、損害の発生といっても、そこには精神的な損害も含まれるのであり、たとえば、行政機関が適法に取得した私的情報を目的外で不当に利用、開示などした場合についても、損害の発生を認めてよい場合が多かろう。また、損害賠償請求の文脈では、「逃亡」抹消請求事件に示されるような自己情報訂正請求の文脈と比べて、損害の発生について甘くとらえてよい、とみる余地もあろう。いずれにせよ、損害の発生をプライバシー権侵害の要件として位置づけたとしても、そこに十分な限定をつけたことにならないといえるのであるが。

3　自己情報の意味について

　自己情報コントロール権説を日本で初めて提唱した佐藤幸治の1970年の論文においては、「情報」という言葉は、かなり広い意味に解されていた。すなわち、そこでは、「物理的にまたはより巧妙な方法で自己の生活の場および自己の選ぶ活動領域に侵入」されることまでもが、「自己について

の『情報』の取得にかかわる場合」としてとらえられていた[7]。そこでは、伝統的なプライバシー権は、私事干渉排除権を含め、自己情報コントロール権に完全に包み込まれることになる。たしかに、これは、すぐれた説明法であるが、しかし、情報という言葉の通常の意味から少しずれるところがある、とみる余地もあろう。情報とは、むしろ、生の現実そのものではなく、それを言葉や写真にするなどの形で、いわば加工したもののことをいう、と定義することもできそうである。その場合、プライバシー権は、入浴姿をのぞき見されない権利や、自分が宿泊している部屋にみだりに侵入されない権利などに示されるように、自己情報コントロール権からはみでる部分を含んでいる、ということになる[8]。

　自己情報とか私的事柄の中身については、ここでは、肖像や氏名の場合をとりあげてみよう。

　まず、肖像は、原則的に自己情報に含まれるといってよいが、プライバシー権との関係でいえば、肖像権の侵害は、公的生活にかかわるものとしても、アイデンティティの変容や無断利用を内容とするものとしても生じうるのであり、プライバシー権の侵害に完全に吸収されるわけではない、とみるべきであろう。

　次に、氏名も自己情報に含まれ、それについてもプライバシー権が成立しうる[9]。一種の思考実験になるが、人は誰でも、外出中は電車に乗っているときなども含め、自分の氏名を記した名札をつけていなければならない、という趣旨の法律ができたと仮定すると、このことがよく理解できよう。こんな法律は、プライバシー権を侵害し憲法13条違反になる。そうだとすると、匿名性に対する権利こそプライバシー権の重要な一環をなす、というべきであろう。なお、氏名については、間違った呼び方や表示をされないことなどを内容とするアイデンティティ権も成立しうる[10]。

4　コントロールという言葉の意味に関して

　コントロール権については、次の二つを区別することができよう。ひとつは、いわば消極的なコントロール権であり、それは、私事の干渉や公表などの排除という不作為を求める権利をさす。もうひとつは、いわば積極

的なコントロール権であり、それは、他人所有的な個人情報に関して（本人への）開示、訂正、廃棄などの作為を求める権利をさす。

　自己情報コントロール権説の見せ場は、おもに、他人所有的な個人情報が問題になっている場面で出てくるであろう。そこで、この場面を考えてみよう。そもそも、コントロールという言葉は、管理という言葉にやや近く、強い響きをもっているように感じられる。管理といえば、集められた個人情報を管理する主体は、行政機関その他、自分とは別の所である。そうだとすると、行政機関などの他人情報管理権こそを重視すべきであろう。また、その背後には、情報を記した物などに対する所有権もあるはずである。さらに、情報の管理権者は、同時に、他人情報が流出したりなどしないようにそれを厳重に管理する義務を負っている。これは、場合により、契約上の義務として構成することもできよう。いずれにせよ、情報管理主体の法的地位に注目すべきなのである。それに比べると、いわゆる自己情報コントロール権者は、情報物を自分で物理的に掌握していないということもあって、地位のより弱いものになりそうである。そうであるならば、他人所有的な私的事柄に関する限り、自己情報コントロール権という大げさな言葉のかわりに、自己情報チェック権という控え目な言葉を使った方がよかろう。

5　小　括

　要するに、プライバシー権は、アイデンティティ権や身体的自由を含まないものであるが、それは、自己所有的な私的事柄に対する、いわば自己決定権的な強いコントロール権を内容とする私事干渉排除権と、他人所有的な私的事柄に対する、いわばチェック権的な弱いコントロール権とからなり、後者は私事公表排除権などを内容とする、と説明できよう。

　ここではあわせて、裁判実務的な感覚から、プライバシー権に「憲法上の」という形容句をつけうる場合を限定的にとらえるべし、ということを述べておきたい。すなわち、まず、憲法上のプライバシー権の私人間適用ということが語られることがあるが、他人から自分のプライバシーを侵害された場合は、民法上の利益や権利を持ち出せば十分なはずであり、いっ

たん憲法13条に登場してもらった上で民法に戻るという回り道をする必要はないであろう。次に、元日本兵事件（本書75頁、79頁〔注6〕参照）にも示されるように、私人の国家に対する権利であれば当然に憲法上のプライバシー権になるわけではないのであり、私法上の人格権などの発想を公法的関係にも及ぼすことによって事件を処理することも可能であろう。要するに、憲法をむやみに持ち出す前に私権的発想（より広くは不法行為を含めた民法の発想）を大切に、ということになる。法律学の王様は憲法か民法か、という問いに対しては、それはリーガル・マインドの基礎を提供する民法である、と答えておきたい。憲法学者は、ときには、自らこのような控え目な態度をとることも必要だと思う。[11][12]

いずれにせよ、憲法上のプライバシー権（の侵害）という概念は、厳密に法律学的な意味のものとして[13]控え目な形で用いられるべきであろう。[14]

注

1) なお、プライバシー権に関する自己イメージコントロール権説（棟居快行『人権論の新構成』〔信山社、1992〕189頁以下）についても、場面の異なる自分の役割イメージどうしが混合されると本人は強い困惑を感じるはずである、という点を重視するものとして位置づけることができよう（さらに、本書82頁〔そこでの注15〕に対応する引用文〕も参照）。ちなみに、役割イメージという発想は、プライバシーを「自己の特定の定義のあり方」として理解する社会学説（片桐雅隆『プライバシーの社会学』〔世界思想社、1996〕193頁）とも合致し（さらに本書の次注も参照）、大いに納得できるが、ただ、この発想を実定法解釈学にどこまで取り込めるかについては、なお検討を要しよう。

2) なお、仲正昌樹『「プライバシー」の哲学』（ソフトバンク、2007）205頁によると、「プライバシー空間」とは、「基本的に、一人の人間が、ある場面では公的に与えられた役割を演じ、別の場面でその役割から相対的・一般的に解き放たれるという"だけ"の話である」、とされる。

3) Cf. Shaw, Liberté de ⟨secret⟩, Sci. crim. dr. pén. comp. 1950, pp. 171 et s., p. 174f.

4) Mendoza, Le droit au respect de l'intimité, Rev. int'l. dr. pén. 1961, p. 320.

5) ここでは、それ以外の学説（阪本昌成『プライヴァシー権論』〔日本評論社、1986〕4頁など）は、とりあげる余裕はない。（なお、プライバシーと自己情報コントロール権を別個の概念としてとらえる最近の学説として、田島泰彦ほか編著

『表現の自由とプライバシー』〔日本評論社、2006〕31頁、34頁〔山野目章夫〕など参照。）

6）　東京地判昭59・10・30判時1137号29頁、東京高判昭63・3・24判時1268号15頁。
7）　佐藤幸治『現代国家と人権』（有斐閣、2008）271頁。
8）　この点、芦部信喜『憲法学Ⅱ人権総論』（有斐閣、1994）370〜371頁の紹介するウェスティン説も参考になる。
9）　なお、森島昭夫「プライバシーの私法的保護」法学セミナー404号（1988）55頁第一段参照。
10）　アイデンティティ権の中には、氏名を正確に呼称される人格的な利益（最判昭63・2・16民集42巻2号27頁参照）も含まれる。
11）　なお、Luchaire, Les fondements constitutionnels de droit civil, Rev. trim. dr. civ. 1982, p. 248 によると、憲法学は民法学などに対して「つまらない優越性の感情や風味」をもつべきでない、とされる。
12）　もっとも、私は、従来から、憲法13条の幸福追求権条項につき一般的自由説を主張してきており、それによると憲法13条を持ち出しうる場面が増えてくる。この点は、人格的利益説でカバーできない単なる自由が国家により制限を受けた場合に、それが違憲（憲法13条違反）になる余地を理屈の上で認めようとする趣旨である。他方、法律実務上は、違憲になる可能性がなくても違法になる可能性があれば十分である、という命題が成立しやすい。憲法をむやみに持ち出すべからず、という本文での主張は、この命題に対応するものである。
13）　これは、私のいう厳格憲法解釈論の発想のひとつの現われであるが、それについては、内野正幸『憲法解釈の論理と体系』（日本評論社、1991）（とくに第1章）参照。
14）　このような私見の一適用としては、内野正幸「プライバシー権論と住民基本台帳番号制」ジュリスト1092号（1996）30頁以下参照。

第4節 ▶▶▶ プライバシー権論の一断面──フランスの場合

1 序 説

（1） 個人主義をめぐって

法技術的考察に入る前に、原理的考察からスタートしよう。

自由な社会の条件の重要なひとつとしては、個人のプライバシーの確立があげられる。プライバシーは、論者によっては、「民主主義への移行を可能にさせる条件」という文脈で語られることもあるが、やはり、何よりも自由主義や個人主義の条件としてとらえられるべきであろう[1][2]。といっても、個人主義は、普遍的に妥当すべき価値であるとはいいきれないのであり[3]、少なくともプライバシー尊重の要請の強さなどは、国・地域や民族の文化によって違ってきてよかろう。

いずれにせよ、文化としての個人主義を考えようとする場合、その前提として、個人への着目ということが必要である。ここにいう個人とは、生物的存在としての個人であるよりも、むしろ精神的存在としての個人である[4]。このような個人への着目は、第一に、歴史認識のレベルでは、次の①・②の形で語りうる。①は、思想史的事実としてであり、それは、典型的にはルネッサンス期における「個人の発見」をさす。②は、社会史的事実としてであり、それは、近代ヨーロッパなどでみられた、封建的共同体による束縛からの個人の解放を意味する。第二に、個人への着目は、方法論のレベルでも語りうる。この場合、おもに社会学の分野で、方法論的個人主義という言葉が使われる。それは、社会学にとっては、個人の集合としての社会を観察し分析するための道具立てとしての意味をもつ。しかし、憲法学にとっては、方法論的個人主義は、規範的正当化の意味をもちうる。つまり、"国家あっての個人"ではなく"個人あっての国家"であるとい

第4節　プライバシー権論の一断面——フランスの場合　81

う説き方が、プライバシーを始めとする個人の人権を尊重すべしという主張を導くのに役に立つ、ということである。ただ、話のレベルはさておき、"国家が個人をつくった"という一面も指摘しうる。

いずれにせよ、従来から、憲法学界では、"個人"とか"国家"という実体的概念を設定した上で、それを準拠点にして人権論を組み立てていく、といった傾向が強い。これに対しては、人々の間の関係や相互作用を軸にすえた、いわば関係志向の人権論の可能性を探ってみることもできる。実際、すぐ後にふれるように、プライバシーの権利（プライバシー権）は、人間関係を抜きにしては有効に語りがたいものであるが、あらためて考えてみると、同様のことは、人権一般についていえるはずである。ただ、本節を執筆している私は、依然として、いわば実体志向の個人主義的人権観という伝統的発想の呪縛から脱出できていない。

（2）　プライバシー権論の動向

個人主義とか人権尊重主義といっても、その確立された当初から、プライバシー権が重要なものとして認識されてきたわけではない。プライバシー権は、むしろ現代になってアメリカ合衆国の法学界で主張され、その後諸外国に広まった、いわば新しい人権なのである。この権利が重視されるようになってきた背景については、ゲゼルシャフト（利益社会）化や情報社会化などをあげることができるが、学者によっては、それが「社会に〔個人が〕飲み込まれることに対する個人の反発」としてとらえられることもある。

今日にいたるまでプライバシー権についての議論は、とくにアメリカで盛んに行われており、日本でもそれの紹介・検討がなされている。本節では、むしろ、「私生活」という言葉を軸にこの問題を論じる傾向にあるフランスに目を向けてみたい。プライバシー権という言葉は、アメリカでは自己決定権などを含めた広い意味で使われる傾向にあるが、日本では、いわば私的秘密保持権を軸にした、より狭い意味で使われるのが普通である。ただ、一部には、「個人が他者から自己の欲しない刺激によって心の静穏を乱されない利益」を広義のプライバシーに含めて理解する立場もある（なお、心の平穏につき、本書60頁なども参照）。

なお、プライバシーについては、いろいろな学問的視点から考察することが可能である[14]。たとえば、社会心理学的には、次のように説くこともできる。すなわち、プライバシーは、本人との人間関係的な距離が近い家族や、それが遠い赤の他人に対してよりも、その中間にある友人・知人や同僚に対しての方が、より強く意識されやすいのであり、いずれにせよ、プライバシー権については、どのような私的事柄について成立するかという点と合わせて、誰との関係で成立するかという点も重視する必要がある、ということである。あるいは次のように論じられることもある。「個人の私生活に侵入されたり、秘密にしておきたいことを公表されたりすると、その人が演じている社会的役割とその人の現実のアイデンティティとの間によくみられる分裂状態が明るみに出されることによって、その人の心のバランスがこわされ、さらには人格の発展が妨げられるにいたることがある[15]。」しかし、ここでは、このような社会心理学的考察に立ち入るのは避け、法律学的な考察を中心にすえたい[16]。

日本国憲法には、合衆国やフランスの憲法の場合と同様、プライバシー権という言葉は出てこないが[17]、現在では、プライバシー権は、個人の尊重や幸福追求権を規定した憲法13条によって保障される、と解釈されている。他方、民法についていうと、日本では、709条の不法行為の規定や民法上の人格権によってプライバシーの保護を図ることができるが、フランスでは、1970年に導入された民法9条に「私生活を尊重される権利」（いわば私生活尊重権）が規定されている。これが一応プライバシー権のフランス版ということになるが[18]、そこではあわせて、「秘密 le secret」とか「内密 l'intimité」という言葉も使われている[19]。ただ、この言葉は、業務上の秘密だとか手紙の秘密（に対する権利）といった形でも使えるものである。さしあたっては、狭義のプライバシーは、おもに私生活および秘密という二つの言葉が重なり合ったところに成立するものである、ということができよう[20]。

以下では、フランスのプライバシー権論の若干の側面を拾い上げるが[21]、ただ、プライバシーの刑法的規制の話などは扱わないことにする[22]。

2 フランス人権論の一断面（私生活尊重権についての予備的考察）
（1） 私生活尊重権の歴史的文脈

人権という言葉は、1789年の人権宣言を引き合いに出すまでもなく、憲法サイドのものである。これに対し、人格権は民法学で語られてきたものである[23]。それでは、私生活尊重権は人格権の一部をなすものであろうか。この点については、否定説もみられるが[24]、肯定説の方が、より一般的であると思われる。というわけで、私生活尊重権は、一方で、人権のひとつとして、他方で、人格権のひとつとして、それぞれ位置づけられることになる。とりあえず、人権の方をみていこう。

戦前以来の人権などの教科書においては、人権のカタログの中で「住居の不可侵」といった項目があげられてきた[25]。それは、当時の視点からはさておき今日の目でみると、私生活上の秘密の保護にかかわる人権として位置づけうる[26]。住居の不可侵を扱った教科書類は、公的機関による住居侵入だけをとりあげる傾向にある。ただ、次のように説くものもある。「何人も個人の住居にその人の同意なしに侵入することはできない。公的機関でさえ原則として……そこに侵入することはできない。[27]」ここには、"私人はもちろんのこと"という含みがあることになる。また、1970年代以降の人権の教科書においては、民法9条の定める私生活尊重権が、それが基本的に私権であろうとおかまいなしに、さりげなく引用されたりしている。

（2） 幸福追求権の相当物は人権の教科書などに見出せないであろうか

フランスでは、憲法に幸福追求権条項をおく必要性は感じられないはずである。というのも、第一に、そこでは具体的事件に対する憲法の人権規定の適用という発想は弱いし、また、第二に、憲法院が法律の合憲性審査をする場合の拠り所は、「1789年人権宣言、1946年憲法前文、共和国の諸法律によって承認された基本原則……」という形で表現されるものにほかならないからである。ただ、学説上は、次のように説かれることもある。「人権宣言1条によれば、『人は自由なものとして生まれ生存する』とされている。したがって、人が自分に適していると考える生活を営む自由をもつ、ということを主張するためには、他の条文は必要ない[28]。」また、「明示的に禁止されてないふるまいの全体をカバーする」ものとして、「明確に

規定されてない諸自由」という概念が語られることもある。[29]

　それでは、日本で幸福追求権条項から導かれるとされる個々の人権については、どうであろうか。最近のフランスの人権の教科書では普通、私生活の保護とか私生活の自由を扱った項目が出てくる。[30]また、人権教科書などのうち相当数のものは、生命に関する権利とか自己決定権といった項目を立てて、その中で堕胎などの問題にふれている。[31]ただ、項目の立て方とか概念の整理の仕方は、教科書によって少しずつ違っている。たとえば、「私生活の自由」の中に「私生活の内密の保護に対する権利」などとともに「生活様式の自由な選択」を含ませるものや、[32](いわば広義の)「私生活の保護」を「厳密な意味での私生活の保護」、「住居の不可侵」、「通信の秘密」および個人情報保護という四つの項目に分けるもの、[33]などがある。

（3）「個体の自由 la liberté individuelle」について

　フランスの人権関係の文献を読んでいると、ときに単数形の la liberté individuelle という奇妙な言葉に出くわす。これを直訳風に個人的自由としてしまうとまずいわけである。この言葉は、その由来にも関係するであろうが、元来、身体の自由（とくに刑事手続的拘束からの自由）を意味する。[34]それは、1958年に制定された現行憲法66条にも出てくる。[35]この言葉の理解の仕方は、学説によってずれがある。[36]最近では、憲法院は、この言葉を、安全、私生活の秘密の保護や住居の不可侵を含む非常に広い意味のものとしてとらえられてきている。ある論者にいわせると、「それは、公権力のあらゆる行きすぎた侵入から個人を個人たる資格で保護するものである」[37]、ということになる。そこで、私としては、原語のニュアンスを少し生かしつつ、「個体の自由」という変な訳語をあてておきたい。

3　フランスにおける私生活保護論の歴史的展開

（1）　表現の自由（とくに出版法制）と私生活保護

　1819年の出版法の制定過程において、政治家のロワイエ・コラールは、公的生活の場合とはちがって私生活は壁で仕切られるべきである、という趣旨の発言をしたが、[38]この点に由来して、今日のフランスでは、「私生活の壁」という言葉がスローガン的に語られたりしている。出版法制史上に

おいて私生活保護規定が初めて登場したのは、1868年法においてである。そこには、私生活上の事実を定期刊行物に公表することを禁止する条項が含まれていた[39]。しかし、それは、本格的な出版法制である1881年法には受け継がれなかった。その後1944年に、この法律は私生活保護の趣旨を含むものに改正された。

ここでの問題は、しばしば二つの憲法的価値の衝突といった枠組みで説明されている。すなわち、表現の自由もしくは情報に対する権利と、有名人や公人などの私生活の保護を受ける権利との衝突である[40]。

（２）　民法９条の私生活尊重権とその周辺

1970年法によって導入された民法９条は、以下のように規定している。「（１項）すべての人は、その私生活を尊重される権利をもつ。（２項）裁判官は、損害賠償とは別に、私生活の内密への攻撃をさせないようにしまたは中止させるのに適当な、係争物供託［命令］、差押その他あらゆる措置をとることができる。……」この条文の１項は、次のようにうたうヨーロッパ人権条約８条１項の強い影響の下に成立したものである。「すべての人は、その私生活、家族生活、住居および通信を尊重される権利をもつ。」（なお、私生活尊重権は人権である、と論じられる場合、フランスがこの条約を批准したことが、その根拠として持ち出される傾向にある。）ここでは、民法の場合とちがって、「住居」、「通信」などの言葉も出てくるが、それらも、民法にいう「私生活」に含まれる、と位置づけられている。なお、民法９条２項は、プライバシーを侵害する表現行為の差止を求める訴えを厳しい要件の下に認める、という趣旨を含むものである。

民法上の私生活尊重権は、以前から判例や学説によって認められてきたものを新たに明文化したものといえる。それは私生活の秘密を守る権利だけでなく私生活の自由をも含む、と解されている。よく引用される定義によると、それは、「そっとしておいてもらう権利[41]」だとか、「外部の干渉を最小限に押さえつつ、好きなように自分の生活を自由に営む個人の権利[42]」としてとらえられる。また、次のように説かれることもある。「〔私生活の保護は、〕個人や家族の生活の平和と静穏を、そしてその帰結として〔生活の〕自由を保護することをめざしている。[43]」ここではさらに、「私生活の内

容」のひとつとして「匿名性の尊重」をあげる憲法学説[44]にも注目しておきたい。[45]「私生活」という言葉の定義は、いろいろ試みられたりしているが、いずれにせよ、それと公的生活との明確な区別は困難である、と説かれる傾向にある。

（3）　肖像権について

時期的には話がやや前後するが、フランスにおける私生活保護論の歴史を考える場合にかなり重要な位置を占めるものとして、肖像権というものがある。それは、おもに、同意なしにみだりに顔や姿の写真を撮影されたり公表されたりしない権利である。公表の場合は、前述した表現の自由の問題ともなるが、肖像権の侵害は、無断撮影が行われただけでも成立しうる。

私生活保護論の出発点になった裁判事件は、まさに肖像権に関するものだったのである。それは、1858年7月16日のセーヌ民事裁判所の判決である。[46]そこでは、「何人も、家族の明示的な同意なしに、寝台にいる死者の肖像画を書いて公表することはできない」のであり、「〔このような肖像の〕再生に反対する権利は絶対的なものである」、などと述べられていた。その後、写真の無断公表などに関する民事判決は、数多く出されている。[47]なお、肖像権の侵害が刑事裁判になったケースもいくつかある。[48]

それでは、肖像権は私生活尊重権に吸収されるであろうか。この点については、肯定説もあるが、否定説の方が有力なように感じられる。それによると、肖像権は、私生活の場面のものだけでなく公的生活の場面のものもカバーするのであり、その意味で私生活尊重権をはみでる部分を含んでいる、とされる。[49]なお、この発想でいくと、通信の尊重とか手紙の秘密に対する権利は私生活尊重権に吸収されるか、という問題についても、同じように答える余地が出てきそうである。実際、私生活に関係のない仕事の手紙であっても、私生活にかかわる手紙と同じように秘密性が認められる、と説かれたりもしている。[50]やはり、通信の秘密に対する権利と私生活尊重権とは、別個のものということになろう。[51]

（4）　憲法院判決の動向

テーマに関連する種々の判決の中から、重要なものを二つ紹介しよう。[52]

第一は、自動車検問に関する1977年1月12日の判決である。それによると、司法警察吏などに自動車検問に関する広汎な権限を与える法律の条文は、「個体の自由の基礎にある本質的原理を侵害し、したがって憲法に適合しないものである」、とされる。「自動車は、しばしば私生活やその内密の延長物なのである」から、こういう問題も重視する必要があろう。第二は、自動車のビデオ監視などに関する1995年1月18日の判決である。そこでは、「私生活尊重権を無視することは、個体の自由を侵害するという性質をもちうる」、と述べられている。

それでは、憲法院は私生活尊重権に憲法的価値を認めたといえるであろうか。ある学説は、この1995年判決をもってそれを肯定したものとしてとらえている。念のためいえば、これは、憲法の人権規定の私人間適用とはレベルの違う話である。また、1970年法が民法9条に私生活尊重権を導入したこと自体は、それに憲法的価値が与えられたことを意味するものではない。

（5） 1978年1月16日の個人情報保護法と自己情報コントロール権

この法律は、個人情報に対するアクセス権や訂正権などを認める条文を含むものであるが、その1条では、情報処理は「人間のアイデンティティや……私生活……を侵害するものであってはならない」と述べられている。このことは、学説にも影響を及ぼしているといえる。たとえば、私生活上の秘密に干渉されない権利よりも自己情報をコントロールする可能性を重視すべきである、とする学説も出ている。また、「私生活の内密の保護」の要素のひとつとして、私生活尊重権などと並んで「〔ファイルにおける〕私的情報のコントロール」をあげる学説もみられる。

このアクセス権などに関しては、その基礎をなすものは「人間のアイデンティティ」であり「その人格」であるが、この法律はさらに「私生活尊重権をとくに考慮した」、と説明されたりもしている。だが、ここでは、秘密の保護とアイデンティティの保護を区別する次のような説に注目したい。「〔このアクセス権などは、〕部分的には、違法な調査と公表に対する私生活の秘密の保護を目的としている。……この権利は、同時に、……個人のアイデンティティの保護をも目的としている。実際、アイデンティティ

に対する人権、すなわち自分が第三者の目からみて変容されているとき真の人格を回復させることができるというすべての人の権利が存在する。しかし、真正さに対する権利とも呼べるこの権利は、法律上の規定がなければ認められえないような、あまりにも内容不確定なものである。」[62)63)] ただ、私生活保護論の場面でいわれるアイデンティティ権は、つねに自己情報訂正権の含みをもたされてきたわけではない。それは、あるいは住所や年齢などをみだりに公表されない権利として[64)]、あるいは国籍や氏名に対する権利として[65)]、とらえられることもあった。なお、「人格の真正さ」を私生活保護の一要素として位置づける学説[66)]もある。

（６）　フランスのプライバシー権論についての雑感

　思いつくままに述べてみよう。フランスで私生活保護論が盛んになった背景は、おもに二つある。ひとつは、俗受けをねらうジャーナリズムであり、もうひとつは、ハイテク社会の到来である。この点は、日本やアメリカなどの場合と共通している。アメリカといえば、プロッサーの四類型論が有名である。それによれば、プライバシー権の侵害は、第一に私事に侵入されることにより、第二に私事を公開されることにより、第三に誤った印象を生み出されることにより、そして第四に個人を表示するものを無断利用されることにより、引き起こされるとされる。[67)] フランスでも、この四類型を想い起こさせるような議論に出くわしたりする。もっとも、日本のプライバシー権論では、四類型のうち後の方の二つは、切り捨てられる傾向にあるが。そのほかにフランスでよく議論されていることといえば、死者の人格権は認められるかという点、職業活動上の秘密は私生活上の秘密に含まれるかという点、日本の戸籍に少し近いフランスの身分証書と私生活上の秘密との関係、財産権がらみの話、裁判やその前後の過程におけるプライバシーの扱い、電話傍受など[68)]、いろいろある。なお、「忘却に対する権利」という言葉に時々出くわすが、それは、ひとつには、古い時期の自分の情報を保存したままにしたり外に出したりすることのないよう行政機関などに求めるという利益をさすもののようである。[69)]

第 4 節　プライバシー権論の一断面──フランスの場合　89

注

1) D・E・アプター（内山秀夫訳）『近代化の政治学　下』（未来社、1968）547頁。
2) コリン・J・ベネット（土屋彰久訳）『プライバシー保護と行政の対応』（文真堂、1994）34頁によると、「情報のプライバシーは、民主主義それ自体の前提条件ではなく、その特殊な一形態、すなわち個人主義的で非共同体主義的で所有権重視でおそらくは市場理念に基づく民主主義理念の前提条件である」、とされる。なお、民主主義という言葉は多義的であるが、私としては、民主主義を決定手続だけにかかわる原理としてとらえておきたい（内野正幸『民主制の欠点』〔日本評論社、2005〕15頁参照）。このような意味での民主主義と自由主義との区別については、同「民主主義・自由主義・社会主義のシンボル性」法と民主主義291号（1994）40頁以下参照。
3) 内野正幸『人権のオモテとウラ──不利な立場の人々の視点』（明石書店、1992）19〜20頁、47〜48頁参照。
4) ルイ・デュモン（渡辺公三・浅野房一訳）『個人主義論考』（言叢社、1993）97〜98頁参照。
5) 方法論的個人主義という言葉が憲法学界で使われることは少ない（その例としては阪本昌成『憲法理論II』〔成文堂、1993〕17頁）。なお、個人主義的国家観につき、岩間昭道「非常事態と法」小林直樹先生還暦記念『現代国家と憲法の原理』（有斐閣、1983）287頁参照。
6) 樋口陽一『近代国民国家の憲法構造』（東京大学出版会、1994）75頁、91頁。なお、エミール・デュルケム（宮島喬・川喜多喬訳）『社会学講義』（みすず書房、1974）93頁にも、次のような叙述がみられる。「個人はある意味で国家の所産そのものであり、国家の活動とは本質的に個人を解放するものである」。
7) 樋口陽一編『ホーンブック憲法』（北樹出版、1993）147頁〔石川健治〕においては、「孤立した理性的人間のあり方よりも、自己を形成する社会的相互作用の場」に目を向けた人権論の可能性が示唆されている。また、佐々木允臣『もう一つの人権論』（信山社、1995）によると、「わが国の人権論の展開においては専ら人権の主体──個人であれ集団であれ──とその要求に関心が払われ、人権の諸主体間で形成される公的な意味空間がそれに相応しい程の重要性を与えられてきていないのではないか」（178頁）、と論じられており、そこでは、「『権利の純粋に個人主義的な構造からコミュニケーティヴに構成された構造への移行』に重点をおいて人権を理論的に再構成しようとする試み」（189頁）がなされている。
8) Mendoza, Le droit au respect de l'intimité, Rev. int'l. dr. pén., 1961, p. 319.
9) たとえば、阪本昌成『プライヴァシーの権利』（成文堂、1982）、同『プライヴァシー権論』（日本評論社、1986）参照。
10) 自己決定権とは、個人のライフ・スタイルを始め自分のことを自分で決める権

利のことを意味する（とりあえず内野正幸『憲法解釈の論理と体系』〔日本評論社、1991〕315頁以下参照）。それは、堕胎や尊厳死など医療にかかわる問題をひとつのきっかけとして比較的最近になって活発に議論されるようになった一種の新しい人権である、ともいえる。しかし、自己決定権そのものは、そういう言葉でいわれてこなかったにせよ、古くから認められてきた人権に属しよう。実際、たとえばトックヴィルは、19世紀中葉に、「自分の運命を自分の思うように決める……権利」を主張していた（A. de Tocqueville, L'Ancien Régime et la Révolution〔1856〕, dans: Œuvres complétes, t.II〔1952〕, p. 62）。ともあれ、「人間は、他の人間にとっていかに不合理で野蛮に見えるとしても、自分の望むように生きる権利を有している」（P・K・ファイヤアーベント（村上陽一郎・村上公子訳）『自由人のための知』〔新曜社、1982〕2頁）、ということが確認されるべきであろう。

11) たとえば、小竹聡「アメリカ合衆国における憲法上のプライバシーの権利について(1)(2)」早稲田大学大学院法研論集58号77頁、62号103頁（1991～1992）参照。

12) なお、自己決定権と狭義のプライバシー権とは、別個のものであるが、ひとつの事柄が双方の権利によって保護されることはある（たとえば同性愛行為の場合）。ちなみに、道徳的とはいえないような人間の行為や状態に対しても、自己決定権や狭義のプライバシー権による憲法上の保護が原則的に及ぼされるべきであるが、ただ、社会の道徳に著しく反する場合については、例外が認められるべきであろう（松井茂記「自己決定権」長谷部恭男編著『リーディングズ憲法』〔日本評論社、1995〕70頁、内野・前掲注10) 336頁以下参照。なお、いわゆる人格的利益説に基づき反道徳的行為に対し自己決定権としての憲法的保護を本来的に否定する立場と、いわゆる一般的自由説に基づき反道徳的行為の自由をいったん語った上で、それの制約原理としての「公共の福祉」の中に「道徳」を含ませる立場とを比較した場合、どちらが、より自己決定権尊重主義的である〔より道徳尊重主義的でない〕かについては、一概にはいえないであろう）。

13) 伊藤正己『裁判官と学者の間』（有斐閣、1993）232頁。なお、樋口陽一ほか『〔注解〕憲法I』（青林書院、1994）281頁〔佐藤幸治〕参照。ちなみに、フランスの私生活保護論の場面では、この点の議論は少ないようであるが、ただ、私の気づいたことを一言述べよう。わいせつな広告ちらしを家庭に郵送されて不快を感じた者の提起した裁判事件（Trib. Seine, 1 juil. 1896, Gaz. Pal. 1896. 2.98）などについて、ある論者は、人格権の一環をなす「私生活を築き上げる自由」の問題として位置づけている（Perreau, Des droits de la personnalité, Rev. trim. dr. civ., 1909, p. 507f.）。

14) 非法律学的考察に対する広い目配りを含むものとして、阪本昌成「プライヴァシー概念再訪」伊藤満先生喜寿記念『比較公法学の諸問題』（八千代出版、1990）185頁以下参照（なお、興味深いことに、同・192頁では、「プライヴァシーの本質

は、万人の潜在的または顕在的にもっている軽微な反社会性・反道徳性を互いに許容するという点にある」、と述べられている)。

15) A. Roux, La protection de la vie privée dans les rapports entre l'État et les particuliers (1983), p. 1.
16) なお、シンボリック相互作用論などの成果を採り入れた憲法学説として、棟居快行『人権論の新展開』(信山社、1992) 173頁以下参照。
17) なお、日本国憲法の制定過程の初期の段階においては、GHQ側 (1945年12月6日付ラウエル文書) により、人権条項の中に「プライバシーの権利」を盛り込むよう求める提案がなされる一幕もあったが (高柳賢三ほか編著『日本国憲法制定の過程Ⅰ』〔有斐閣、1972〕8〜9頁参照)、それは、マッカーサー草案も含め、その後の制定過程の議論でかえりみられることなく終わった。
18) 世界人権宣言の12条には、「何人も、自己の私事、家庭、住居若しくは通信に対して、ほしいままに干渉され……ることはない。……」と規定されているが、ここにいう「私事」、英語版にいう privacy は、フランス語版では la vie privée となっている。
19) なお、l'intimité は le secret よりも強い言葉である旨指摘されることもあるが (P. Kayser, La protection de la vie privée (2éd, 1990), p. 270.)、この二つの言葉は、必ずしも明確に使い分けられているわけでもないようである。
20) 「秘密に対する権利」の重要性を指摘した初期の論文としては、Shaw, Liberté de 〈secret〉, Sci. crim. dr. pén. comp., 1950, pp. 171 et s. また、「私生活の内密 (の尊重) に対する権利」という言葉を使うものとして、Gulphe, Les tribunaux français gardiens de l'intimité de la vie privée, R. jur. pol. ind. coop., 1982, p. 558, p. 560.
21) なお、日本における関連研究としては、皆川治廣『プライバシー権の保護と限界論』(北樹出版、2000) のほか、大石泰彦の一連の論文 (とくに「フランスにおける私生活の保護」青山法学論集32巻2号〔1990〕49頁以下)、等々がある。
22) 森下忠「私生活の秘密侵害罪 (三・完)」判例時報687号 (1973) 9頁以下参照。
23) 高橋康之「人格権の比較法的研究・フランス」比較法研究24号 (1963) 50頁参照。
24) Nerson, La protection de la vie privée en droit positif français, Rev. int'l. dr. comparé, 1971, p. 740. なお、J. Carbonnier, Droit civil, t.1 (18éd, 1992), p. 121.
25) 大石眞「憲法35条解釈の再構成」法学論叢136巻4=5=6号 (1995) 183頁以下など参照。
26) M. Duverger, Éléments de droit public (8éd, 1977), p. 174, S. Tsiklitiras, La protection effeclive des libertés publiques par le juge judiciaire en droit français (1991), p. 156, n. 3.

27) L. Duguit, Traité de droit constitutionnel, t. 5 (1925), p. 60.
28) F. Luchaire, La protection constitutionnelle des droits et des libertés (1987), p. 89.
29) J. Rivero, Les libertés publiques, t. 1 (6éd, 1991), p. 186.
30) なお、上村貞美『現代フランス人権論』(成文堂、2005) 第7章を参照。
31) なお、古典的な人権教科書であるG. Burdeau, Les libertés publiques (2éd, 1961), p. 144 においては、私生活保護に相当する人権は、「内密の自由」という章立ての中で扱われていた。
32) J. Roche, Libertés publiques (7éd, 1984), p. 72 et s.
33) J. Morange, Libertés publiques (1985), p. 143 et s.
34) Cf. C.-A. Colliard, Libertés publiques (7éd, 1989), p. 128.
35) おもに拘禁手続にかかわる場合については、「言葉の厳密で刑事法的な意味での la liberté individuelle」といわれることもある (Lapie, Les aspects contemporains des atteites à la vie privée, Revue des travaux de l'Académiedes sciences morales et politiques, 1973－Ⅰ, p. 39.)。なお、ある論者によると、「la liberté individuelle は、法によって規定された場合以外は逮捕・拘禁されない権利に還元されるものではない」、とされる (H. Coulon, Une réforme indispensable de la liberté individuelle (1901), p. 9.)。
36) Cf. L. Favoreu et L. Phillip, Les grandes décisions du Conseil constitutionnel (4éd, 1986), p. 359.
37) Wachsmann, La liberté dans la jurisprudence du Conseil constitutionnel, Rev. sci. crim. 1988, p. 6f.
38) Cf. Royer-Collard, De la liberté de la presse (1949), p. 24; J. Ravanas, La protection des personnes contre la realisation et la publication de leur image (1978), p.133. 1919年5月26日の出版法の20条には、名誉侵害者は免責を図るため、公務に関する事実の場合を除き非難した事実の真実性を証明することはできない、という趣旨の規定がおかれていたが、それの原案の審議の際に、彼は、「私生活の真実性を話すことは許されない。……ここに私生活は壁で仕切られた」などと発言した。なお、ロワイエ・コラールは、出版・宗教・教育の自由を主張したり理性主権を唱えたりした人物であるが、この点については、cf. e.g. Nesmes-Desmarets, Les doctrines politiques de Royer-Collard (1908)、樋口雄人「ロワイエ・コラールの憲法思想」憲法政治学研究会編『現代憲法への問いかけ』(成蹊堂、1999) 94頁以下、中谷猛『トクヴィルとデモクラシー』(御茶の水書房、1974) 60～64頁。
39) Cf. Kayser, supra note 19, p. 156, n. 16, p. 269.
40) 一例としてJ. Malherbe, La vie privée et le droit moderne (1968), p. 8.
41) Carbonnier, supra note 24, p. 128.

42) 1970年5月15日のパリ控訴院の判決の言葉（D. 1970, p. 466, p. 468）。なお、これはスウェーデンのある学説を採用したものである。
43) Kayser, *supra note* 19, p. 82.
44) J. Robert et J. Duffar, Libertés publiques et droits de l'homme（4éd, 1988）, p. 299.
45) なお、J. M.Auby et R. Ducos-Ader, Droit de l'information（1976）, p. 417 によると、「内密」の概念には身体に関する自己決定権なども含まれる、とされるが、「私生活」ならぬ「内密」についての話としては、やや理解に苦しむところである。
46) D. 1858-Ⅲ-p. 62.
47) たとえば、大家重夫『肖像権』（新日本法規出版、1979）165頁以下、ジュラール・レジエ（山野目章夫訳）「肖像権の保護」G・レジエ＝G・リープ『フランス私法講演集』（中央大学出版部、1995）41頁以下参照。なお、従来の一連の判決において、自分の写真に対して本人がもつ（無断公表されては困るという主張などに示される）法的利益が、写真に対する（絶対的な）所有権として表現される傾向にあった（*cf*. e. g. J. Ravanas, La protection des personnes contre le realisation et le publication de leur image（1978）, p. 414f.）。これは、一種の比喩的表現としてなら納得できよう。しかし、「自分の写真に対する個人の権利は、所有権としても債権としても分析されえないものである。」（ibid., p. 418.）
48) 一例として、パリ違軽裁判所の1971年5月18日の判決（Gaz. Pal. 1972-Ⅰ,J. p. 60）にふれておこう。これは、フランス東南部にあるサントロペの海水浴場でトップレス姿でいた女性を無断撮影した者が起訴されたものであるが、判決は、本件海水浴場は「私的な場所」（無断撮影罪の構成要件をなす）に当たらない、とした。
49) E. g. Decocq, Rapport sur le secret de la vie privée en droit français, Travaux de l'Association Henri Capitant, t. 25（1974）, p. 483; Nerson, La protection de la vie privée en droit positif français, R. I. D. C. 1971, p. 760.
50) Metzger, Le secret des lettres-missives, Rev. trim. dr. civ. 1979, p. 305.
51) Rubellin-Devichi, Lettre missive, Encyclopédie Dalloz, civil t. 4（1973）, p. 8.
52) ここで言及しえない諸判決については、*cf*. e.g. Pellet, Les conditions constitutionnelles d'une réforme de la loi 〈informatique et libertés〉, R. D. P., 1995, p. 364 et s.
53) Recueil des décisions du Conseil constitutionnel, 1974, p. 33.
54) Favoreu, Le Conseil constitutionnel et la protection de la libert à individuelle et de la vie privée, Études offertes à Pierre Kayser, t. 1（1979）, p. 414.
55) 判決文は、R. D. P., 1995, p. 598 et s.にも掲載されている。
56) Luchaire, La vidéosurveillance et la fouille des voitures devant le Conseil constitutionnel, R. D. P., 1995, p. 590.

57) Luchaire, Les fondements constitutionnels de droit civil, Rev. trim. dr. civ., 1982, p. 252; Pellet, *supra note* 52, p. 366.
58) 多賀谷一照「フランスのプライバシー保護立法と運用の実態」ジュリスト742号（1981）248頁など参照。
59) Roux, *supra note* 15, p. 141.
60) J. Piel, Droit public 1（1984）, p. 103.
61) Maisl, La loi du 6 janivier 1978 relative à l'informatique, aux fichiers et aux libertés et le décret du 17 juillet 1978, R. D. P., 1979, p. 638f.
62) Kayser, *supra note* 19, p. 368.
63) なお、刑法的文脈において私生活の保護と人物の真正さの区別を語るものとして、Anonym, Vie priveé, Dalloz Répertoire de droit pénal et de procédure pénale 2éd, t. V（1995）p. 9.
64) Morange, *supra note* 33, p. 145.
65) Luchaire, *supra note* 57, p. 254f.
66) Robert et Duffar, *supra note* 44, p. 297.
67) Prosser, Privacy, 48 Calif. L.Rev. 383（1960）.
68) 上村・前掲注30）第2章、皆川・前掲注21）第7章、小木曽綾・只木誠「フランスの電信・電話傍受法制」法学新報101巻11=12号（1995）81頁参照。
69) Robert et Duffar, *supra note* 44, p. 288, p. 297.

第5節 ▶▶▶ **教育情報の開示**

1 情報開示をめぐって

　情報開示という言葉は、情報公開の同義語として使われる場合とそうでない場合とがあるが、いずれにせよ、この二つの言葉は広狭さまざまな意味で使いうる。ここでは、情報開示（＝広義の情報公開）は、自己情報開示（個人情報の本人開示）と狭義の情報公開からなる、と説明しておきたい。そして、単に情報公開という場合は、原則として狭義の情報公開をさす、ということにしておきたい。

　今日、情報開示請求権の中で最も件数の多いのは教育情報の分野である、といわれているが[1]、教育情報の場合は、内申書、指導要録、入試成績などの自己情報の開示の占める比重が大きい、という特色をもっている（そのほかに、特定の問題生徒に関して学校側が作る上申書や〔照会への〕回答書なども、自己情報開示の対象となりうる）。また、つい最近では、たとえば、大学生が自分の小学校時代の指導要録に「親子ともども問題をひき起こす」と書かれたことを不服として、それの訂正を教育委員会に求める、という事件も起きている[2]。まさに、情報開示のすぐ横には情報訂正という問題も控えているのである。

　さて、教育情報の開示というテーマについては、最近、数多くのことが論じられてきている[3]。このテーマを扱う以上、それをめぐる地方自治体の動き（とくに教育委員会の決定、審査会の答申）や裁判例を紹介・分析することが求められることになろうが、ただ、この点については立ち入る余裕はない。また、教育情報の開示という言葉を広くとらえると、そこには、少年院などの矯正教育に関する情報の開示や、大学図書館の図書を閲覧する一般市民の権利、等々の学問的にあまり議論されてこなかった諸問題も

入ってくるが、本節でも、それらをとりあげる余裕はない。

　以下、前半（2・3）では、教育情報の問題を意識しながら、情報開示にかかわる総論的なテーマを検討したい。そして、後半（4・5）では、各論的テーマとして教育情報の開示の問題を扱いたい。といっても、その一側面をなす教育評価情報の本人開示の問題などがとりあげられるにとどまる。

2　情報開示と情報提供

　情報開示とは、厳密な意味では、請求があったときに請求者の権利に基づいて義務として開示させる場合をさす。このような情報開示と区別すべきものとして、情報提供というものがある。それは、情報をもっている者や作成しうる者が情報を任意的に、もしくは自ら進んで出す場合をさす。ここで"任意的"という場合、"恩恵的"という意味合いを含んでいることもあろうが、必ずしもそう受けとる必要はあるまい。なお、請求を受けた側が、既存の公文書を開示するかわりに、請求の趣旨をくみとって新たに作成した資料（すなわち加工情報）を示すことがあるとしたら、それは情報提供に属する。

　ともあれ、地方自治体の実務においては、情報公開よりも情報提供の方が「圧倒的に多い」、といわれている。「せっかく、自治体の情報公開の窓口に市民たちが、姿を見せたとしても、その要求を聞いてみると、すでに発表されている県の案内や広報資料、または白書など〔の情報提供〕で用が済み、条例にもとづいた公開手続をふまなくともすんだ」、というわけである[4]。

　さて、情報を知らせるスタイルには、一方で、請求を前提とする場合としない場合の区別、他方で、情報を示すことが義務的な場合と任意的な場合の区別が、それぞれ考えられる[5]。この二種類の区別を組み合わせると、(A)請求→義務的、(B)請求→任意的、(C)非請求→義務的、および(D)非請求→任意的、という四つの場合が出てくる（しかも、この四つは、情報公開と自己情報開示のそれぞれについて考えうる）。たとえば、"教育情報を示すことに積極的になるべきだ"といわれる場合についても、それが(A)〜(D)のうち

いずれの趣旨で語られているのかを明確にする必要があろう。ここで情報提供は、典型的には(D)をさし、場合により(B)を含む、と考えることができよう。

たしかに、情報提供よりも情報開示（請求権）の方が大切だといってよかろう。学校情報の開示について権利性が強調される[6]のも、もっともなことである。ただ、情報提供もかなり重要な役割をもっているということも含め、情報開示請求権の意義と限界については、慎重に見定めることが必要であろう。

また、請求権については、その存否の問題に比べて、その行使のしやすさの問題は学説上あまり重視されてこなかったきらいがある。しかし、同じ請求権といっても、たとえば自宅から２時間以上もかかる県庁まで何度か足を運んではじめて請求権を活用できるというのと、自分の通っている学校の事務室の窓口で簡単に請求権を活用できるというのでは、実際上、大きな違いがある。

条例の中には、普通の開示と並んで“簡易開示”という制度を設けているものもある。ただ、簡易開示の制度そのものは、普通の開示制度と比べて格段と“簡易に”利用できるものになっているわけではない。というのも、普通の開示の制度の場合は、文書による請求──認否の判定──後日開示となっているのが、簡易開示の制度の場合、口頭による請求──即日開示となっている、という違いがあるにとどまるからである。簡易開示の制度は、請求や開示の場所を県庁ではなく各地域の学校とするシステムと結びついて、いわば超簡易開示という形のものになって、はじめて格段と利用しやすいものになるのである。実際、神奈川県などでは、高校入試を始めとする諸試験の成績について、本人の請求に基づく義務的開示という仕組みがとられているが、それは、まさに(超)簡易開示のスタイルをとっており、現実の請求件数のきわめて多いものになっている。[7]

なお、ここで扱われているのは、情報開示を実際に行う場所はどこなのか、というレベルの話であって、それは、情報開示の決定を下す実施機関はどこなのか、という問題とは別個の話である。後者の問題に関しては、教育情報開示の実施機関は、あくまでも教育委員会なのであるから、「学

校へ〔開示を〕直接請求したり、学校が独自で判断して請求者に回答することはすべきではない」[8]とする意見もみられる。しかし、「公開等の可否や範囲についての判断は最終的には校長を含む教師集団〔職員会議〕に委ねられるべきであろう」[9]、という主張の方が傾聴に値しよう。

3　情報公開制度の限界

　情報公開制度の趣旨は、もともと、一般市民が行政などの実態に少しでも迫れるようにし、そのことを通じて行政などに対する一般市民の監視や批判を可能にさせる、というところにあったはずである。しかし、各地の条例の定める"公文書"開示請求という制度には本来的な限界がいろいろある。その中でも、とりわけ以下の諸点を指摘しておきたい。

　第一に、市民が"こういうことを知りたい"という場合、どのような種類の"公文書"を開示請求すればいいのか、すぐにはわからないことがある。公文書の種類や内容などについての一定の基礎知識をもつ市民であれば、開示請求が容易であろうが、それをもたない市民にとっては情報公開請求はやや利用しにくいものになろう。たとえば、住んでいる地区の公立小中学校で知能検査が（どの学年で）実施されているのか、などの点を市民が知りたいと思った場合、どのようなスタイルの公文書開示請求をすればよいのだろうか。おそらく、知能検査が実施された日の学校日誌の開示を請求したり、知能検査の実施を決定ないし確認した職員会議の議事録の開示を請求したり、知能検査用紙を業者から購入したことを示す出納簿の開示を請求したりすることが考えられよう。いずれにせよ、公文書開示請求を受けた窓口の担当者が、請求者に対して、上手な請求の仕方をアドバイスするなどして請求者にどこまで好意的に対応するか、ということが問われることになろう。もっとも、行政機関から新たにわかりやすくまとめ直した加工情報を提供してもらうということは、市民にとって便利であるが、その反面、行政の側の主観的な情報操作が介在するなどのおそれにも留意する必要があろう。[10]

　第二に、かりに、一般市民に情報公開制度をきちんと活用させることができたとしても、依然として実態に迫れない面がかなり残る。そもそも、

情報公開制度は、いわば文書的な情報を公開するものであって、学校や教師・生徒の様子などの実態を公開するものではない。

　もう少しいえば、まずは、実態の中には、法社会学的調査の対象になりこそすれ公文書化するになじまないようなものもかなりある。たとえば、公立学校が保管している教育関係文書の開示請求が教育委員会事務局の担当部署に対して行われた場合、請求の認否を決定するにあたり強い発言権をもっているのは教育長、担当課長、学校長などのうち誰なのか、という点に関する情報がそれである。

　次に、公文書の中には、きれいごとを書き立てたり実態をあまり反映させなかったりする"作文"のようなものも、かなり含まれているであろう。まさに、開示されたものは単なる"作文"であった、ということもありえた。実際、「情報公開で明らかになったのは、体罰の実態というよりは、それを正確に記録、報告しようとしない実態だった[11]」、とする指摘もなされている。

　さらに、統計資料などが公文書化されている場合であっても、請求が認められて開示された公文書が請求者の問題関心からみて「資料として意味をなさない[12]」、という場合もある。

　なお、情報公開制度ができあがると、「公開が予定される文書は簡略化する」、という傾向も出てくるといわれたりもしてきたが[13]、実際、たとえば職員会議録について、開示用と非開示用という二重帳簿制がとられることもあるようである[14]（もっとも、従来から、職員会議録は、審議経過を省略して決定事項だけを書く、といったタイプのものがかなり多い、といわれているが）。

　ちなみに、実態といえば、「学校をめぐる仕組みの多く」は、「『根拠法令のない教育制度』によって構成され、運用されて」おり[15]、その例としては、校長会という団体にも目が向けられてよかろう[16]。だが、校長会に関する情報を得ようと思っても、情報公開制度はあまり使い物にならないであろう。

　ともあれ、一部の関係者の間では周知であるが一般の人々には知られていないようなことが、（公）文書的な情報になっていないことも、わりと

多いのである。

そうだとすると、むしろ、マスコミ記者が、取材源秘匿を条件に関係者から取材して得た情報の方が、――ときに不正確になることもあるとはいえ――実態に肉迫したものである場合も多かろう。

以上は、かなり一般論的な話であるが、なお、こと教育情報の開示に関しては、次のような問題点も指摘されている。

すなわち、現行の情報公開条例においては「生徒・親の学校・教師に対する関係は一般市民と教育行政の関係に還元され、教育関係は脱落する」[17]、ということである。

4　教育情報の本人開示をめぐって

自己情報開示請求権については、憲法学説上は、自己情報コントロール権の一環として憲法13条により保障される、と説かれる傾向にある。しかし、私見によれば、それは憲法上の強い人権とはいえないであろう[18]。また、不開示によって本人が損害を受ける具体的なおそれがある場合などを別にすれば、自己情報開示請求権は、私法上の人格権としても成立しがたいであろう（自己情報訂正請求権であれば、より成立しやすいが）。もちろん、自己情報開示請求権とその限界について法令や条例に明文の規定があれば、その規定（の適切な解釈）によって問題に対応していけばよかろう。ただ、より原理的なレベルの議論としては、"憲法上の人権とその制約"という枠組みは、この場で有効に使えるとは必ずしもいえないであろう。

むしろ、自己情報開示請求権は、せいぜい、開示を求める本人の側の利益と、開示を拒否しようとする行政などの側の利益との間でバランスを図った上でその成立の可否を判断することが求められるような性質のものにとどまる、とみるべきであろう。開示を求める側の利益は、自分の知らない情報を示してほしいという場合と、自分の知っている情報が正確に記録されているかどうかを確認したいという場合とで少し違ってきうるし、また、記録されているであろう自己情報の内容に疑問がある場合とそうでない場合とで分けて考える余地もあろう。いずれにせよ、より検討に値するのは、開示を拒否しようとする側の利益の方である。とくに以下の四つが

その候補となりうる。

　第一に、最も正当化しやすいものとして、生徒の自己情報が同時に生徒を評価する教師にとっての自己情報としての意味をもつ場合における教師側の自己情報保持の利益があげられる。それは、とくに教務手帳（エンマ帳）を生徒に開示しない理由として援用できるが[19]、このような利益は、それ以外の情報不開示についても、持ち出す余地があろう。

　第二に、事務的負担が増大することやスムーズな仕事の遂行の妨げになることを避けたい、という利益が考えられる[20]。

　第三に、内申書や指導要録などに関しては、本人に開示すると評価の公正さが妨げられるおそれがある、といわれることもあるが、その当否はさておき、少なくとも大学の入試や各種の資格試験などの詳細な採点結果の本人非開示については、この種の論法は適用しないであろう。なお、かりに、自己情報開示請求権が憲法上の人権だとしたら、このような非開示は、人権を制約する正当な事由を見出せず、よって違憲の人権侵害である、ということになってしまうおそれがあろう。

　第四に、知能検査の結果などを生徒本人に開示する場合については、子どもに対するパターナリスティックな教育的配慮という利益があげられるべきであろう（子どもの権利条約がその３条１項などで規定する「子どもの最善の利益」をこの場で援用するかどうかはさておき）。

　以下、この第四の点について、もう少し述べておこう。

　たとえば、生徒の側から、自分の知能指数（学校で行われた知能検査の結果）を教えてほしい、と請求された場合、学校側は必ずそれに応じなければならないのであろうか。そうはいえないであろう。とりわけ、「開示によって自分のＩＱ〔知能指数〕が低いことを知って学習意欲を失う[21]」おそれがありうる、ということにも留意すべきであろう。のみならず、「知能検査についての教師の不用意な発言が、危うく親子心中を招きかけた実例」がある[22]、との指摘もなされている。これに対しては、知能検査の結果に関しては、「親や本人に検査の限界をふまえた説明つきで結果通知を行うべきである[23]」、と主張する論者もいる。しかし、教師がどんなに「説明」を尽しても、結果を通知された側にもたらされる印象や影響は予想しがたい

ものになるおそれがあろう（また、知能指数を示す数字だけが後々まで強く印象づけられて残ってしまう、ということも考えられよう）。なお、東京都目黒区のある答申によると、知能テストの成績は、「〔開示された本人が〕自己嫌悪に陥ったり、学習意欲を失ったりする」おそれがあるので非開示とすべきである、とされる。[24]

いずれにせよ、教育情報の本人開示については、"数値化された評価は開示、文章による評価は非開示"とは一概にはいえないであろう。

ところが、開示積極論者の中には、以下のように述べる人たちもいる。「内申書をふくめた教育上の個人情報一般は、当該情報の本人たる子ども〔あるいはその親〕に開示」すべきである。[25]「本人に伝達されない適正評価という不条理を解消すべきである。[26]」これらの主張は、"本人側の請求の有無にかかわらず本人に開示すべきである"、という趣旨にも受けとれるが、かりにそうだとすると、疑問の余地もあろう。"自己情報を知りたい"という権利が保障されるべきだとすれば、あわせて"自己情報なんか知りたくない"という権利も保障されるべきなのである。

"本人が開示請求していない場合でも本人に開示すべきである"という考え方は、パターナリズムの原理から正当化できないのはもちろん、子どもの自己決定権の原理からも正当化できないであろう。

もっとも、本人にイヤな思いをさせるというマイナス面よりもプラスの教育的価値が上回っていると判断される場合は、本人の請求の有無にかかわらず成績評価を本人にみせるべきである、という理屈は成立するが。なお、生徒への教育効果や、採点に対する生徒本人の批判可能性を重視するなら、試験の点数を開示することよりも、答案のどの部分がどのような理由で減点されたか、といったことなどを具体的に本人に示すことの方が重要であろう。

たしかに、「人は自分を知り、自分に失望しながら成長するのだろう」[27]、という言葉は名文句である。しかし、だからといって、本人の「失望」をより少なくするための教育的配慮は一切不要である、ということにはならないであろう。

5 指導要録について

 知能テストといえば、その結果は従来、指導要録に記載されることが多かった。そこで指導要録について少しみていくことにしよう。

 指導要録とは、児童・生徒の学校生活上の出欠、成績などの記録の原本であり、各学校に長期間にわたって保管されているものである。それは、卒業証明書の発行など対外的な証明のための資料として使われたり、転校先における教育・指導のための参考資料として利用されたりなどしている。

 指導要録の開示の問題を考えるための一視点として重要なのは、それらが将来開示されうることを前提として作成されたものかどうか、ということである。一般的にいえば、開示を予想せずに作った文書をのちになって"開示せよ"というのは、信義誠実の原則からみて問題があるであろう。このことは、情報公開についてはさておき、自己情報開示については妥当するであろう。

 ここでは、とりわけ以下のような指摘を引用しておきたい。「教師はこれまで、自分の書いたことが開示されることなど予想もしないで指導要録の記入を行ってきたということは、心理的には大きな意味をもつ。『本人や保護者が見るということなら、所見欄などもっと別な書き方をしていたのに』とか、『記入の際の非開示という大前提を変更するなんて騙し討ちみたいなものだ』といった抵抗感が学校現場にはある」[28]。

 というわけで、指導要録を義務的開示の対象にしようとするなら、あらかじめ指導要録の制度を、非開示を前提としたものから開示可能性を前提としたものへと変更しておく必要があろう（後述する1991年の制度改正をもって「変更」とみる余地があろう）。かりに、不開示慣行という慣習法が最近になって失効した[29]、と主張するのであれば、理屈の上では、失効の前後で取扱いを変え、失効した時期以後に作成された指導要録に限って開示の対象とするのが筋であろう（もっとも、実際に失効の時期を見定めるのは容易ではないが）。

 なお、指導要録開示に対する消極論者は、その根拠のひとつとして"開示は指導要録の記載の形骸化を招きやすい"ということをあげてきたが、それに対する積極論者の反批判の中には、「むしろ形骸化が望ましい[30]」と

する意見もみられる。ただ、この意見が妥当だとしても、依然として、次のように問う余地は残されているであろう。"形骸化させることなく露骨に書かれたものがあった場合、それを本人に見せたとき、本人を傷つけるおそれはないのか"、と。

実際、小中学校の指導要録については、1991年に制度改正が行われた[31]。種々の改正点のうち本節の見地からみて注目されるのは、おもに以下の三つである。

第一に、「所見」欄などには、「児童生徒の長所を取り上げることが基本となる」ような記入を行う、ということにした。旧型の指導要録では、問題の多い児童生徒などの場合にマイナス評価を書き込むこともかなり行われており、だからこそ、それは捜査機関や裁判所などによっても時々利用されるところとなってきたのであるが、このような事例は今後は少なくなるであろう。

第二に、以前の「標準検査の記録」の欄はなくなり、他の諸欄とともに「指導上参考となる諸事項」という広い欄に統合された。そこでは、「知能、学力等について標準化された検査の結果」がその欄に記入される可能性は明示的に残された。

第三に、指導要録の保管期間は、「学籍に関する記録」については従来通り20年間とされたが、「指導に関する記録」については20年間から5年間へと短縮された（学校教育法施行規則28条2項参照）。ただ、今日でも、旧型の（知能テストの結果や"悪い"所見の記入が含まれていることのより多い）指導要録の本人開示の現実的可能性が大幅に残されている。というのも、保存期間短縮（5年化）の規定は、「小学校については平成4年4月1日以降に作成された指導要録及びその写しから、中学校については平成3年4月1日以降に第1学年に入学した生徒に係る指導要録及びその写しからそれぞれ適用」する、とされているからである[32]。

なお、（旧）文部省の担当者の説明によると、「〔改正作業に際しては〕指導要録の児童生徒及び保護者への開示問題についても検討されたが、これについては、その他の教育にかかわる個人情報の開示問題と深くかかわっているので、別途検討を要する課題とされた[33]」、と述べられている。しか

し、おそらく、今回の改正は、かなりの程度において「教育情報の本人開示〔の可能性〕を念頭におくもの」とみてよかろう。

さて、公文書公開請求条例に基づき小学校児童の指導要録を本人(当時は中学生)が開示請求した事案につき、最判平15・11・11(判例時報1846号3頁)がある。それによると、指導要録に記載された諸事項の中でも、「評価者の観察力、洞察力、理解力等の主観的要素に左右され得る」情報については、それを開示しなくても条例規定に違反しない、とされる。その際、このような情報を開示する仕組みにした場合には、「指導要録の記載内容が形がい化、空洞化し、適切な指導、教育を行うための基礎資料とならなくなり、継続的かつ適切な指導、教育を困難にするおそれが生ずる」、とも述べられていた。私としても、指導要録の「所見」欄を「非開示としても、違法とはいえないであろう」、といっていいと思う。ただ、この判決は、1991年の制度改正より前の時期の指導要録にかかわるものであり、その射程については慎重に見定める必要がある、という趣旨の指摘にも留意したい。

6 教育政策論として

教育情報の開示については、憲法や人権に深くかかわる重大問題とみる人もいるであろうが、むしろ、「まずもって教育問題である」、ということもできよう。そして、開示請求権に関するルール作りは、何よりも教育政策論的見地から行われるべきであろう。その場合、教育自己情報に関しては、パターナリズムその他の見地からする慎重な留保(例外)を設けた上で、原則的開示の姿勢で検討されるべきであろう。

その際、次のような主張が参考になるであろう。「成績以外の行動評価や記述欄は少なくとも簡単化していくことが公開のためには必要だと思う」、「学校おける個人情報記録、教育評価記録の現状を見直し、必要な改廃を実施して、本人開示に踏み切るべきだと考える」。

さらに、教育情報公開を含めた形でいえば、政策論としては、国公立だけでなく私立の場合についても、学校に対して生徒や親などの関係者が教育情報の開示を請求する権利をもっている、という制度が整備されてよか

ろう。その際、「学校教育の内容・運営に直接かかわる情報に対する親の知る権利」[41]という視点[42]も考慮されるべきであろう。なお、より一般的には、"多元的な社会関係のそれぞれにおける利害関係人への情報開示"という枠組みを打ち出す最近の学説[43]も、この文脈で援用することができよう。

注

1） 神野武美『情報公開』（花伝社、1996）244頁、清水英夫・奥津茂樹「情報公開市民運動」堀部政男編『〔ジュリスト増刊〕情報公開・個人情報保護』（有斐閣、1994）130頁、磯部和男「川崎市の個人情報保護制度」同書277頁など参照。ただし、大阪府、東京都および福岡県のそれぞれにおける自己情報開示請求の状況に関する同書143頁、272頁および275頁の叙述をも参照。

2） 朝日新開1997年7月2日の夕刊。

3） 本節の諸注で示した諸文献のほかに、公法学サイドの文献に絞ってごく例示的にいえば、以下のようなものがある。佐藤司「教育と情報公開・個人情報保護」星野安三郎先生古稀記念『平和と民主教育の憲法論』（勁草書房、1992）281頁以下、平松毅「教育情報開示の判断基準」（関西学院大）法と政治48巻1号（1997）291頁以下、竹中勲「調査書(内申書)の本人開示請求権」産大法学25巻2号（1991）25頁以下。

4） 前田利郎『みんなの「情報公開」へ』（ぎょうせい、1985）98～99頁。

5） 情報公開に際して、（都道府県の）情報公開条例は、請求に基づく義務的開示の対象となる公文書を、条例制定後に作成・取得されたものなどに限定する傾向がある（そのうちいくつかの条例では、条例制定前の公文書を、請求に基づく任意的開示の対象として扱っている）。そのおもな理由としては、条例制定前の公文書を――開示請求に容易に応じられるように――整理するには多大な労力が必要である、という点があげられる（兼子仁ほか編著『情報公開・個人情報保護条例運用事典』〔悠々社、1991〕49頁参照）。ただ、副次的理由としては、「条例施行前の情報は、情報開示制度を前提とせずに作成又は取得されたものであるから〔義務的開示の〕対象とすべきではない」、という点があげられうる（東京都情報公開課のご好意により私自身が"情報提供"していただいた内部資料によると、条例制定の審議過程において、ここに引用したような意見がみられた、とされる）。

なお、東京都の個人情報保護条例（1990年制定）は、個人情報の記録が1984年10月以降のものが同年9月以前のものかによって、義務的開示か任意的開示かという違いを設けている（磯部・前掲注1）『ジュリスト増刊』271頁参照）。

6） たとえば、「〔討論〕学校現場の教育法問題」日本教育法学会年報24号（1995）167～168頁における山口明子発言を参照。

7) 藤田和雄「情報への権利の具体的展開」日本教育行政学会年報19号（1993）11頁など参照。
8) 糟谷正彦「情報公開法（条例）と学校」下村哲夫編『〔教職研修総合特集〕学校裁量と規制緩和読本』（教育開発研究所、1997）113頁。
9) 安達和志「情報化社会と教育法」永井憲一教授還暦記念『憲法と教育』（エイデル研究所、1991）318頁。
10) 「シンポジウム・情報法制」公法研究60号（1998）における多賀谷一照の発言を参照。他方、阿部泰隆『論争・提案情報公開』（日本評論社、1997）144頁、150頁などでは、加工情報（加工文書）の作成についての提案が示されている。
11) 清水・奥津・前掲注1）130頁。
12) 「〔討論〕情報への権利と教育参加」日本教育法学会年報21号（1992）140頁における原口正敏発言。
13) 同上137頁における永田裕之発言。
14) 永田裕之「情報公開と学校」月刊ホームルーム1985年10月増刊号62頁、尾崎俊雄「教育情報の公開と学校・教育行政」月刊生徒指導1995年4月号129頁など参照。
15) 下村哲夫「根拠法令のない教育制度」季刊教育法110号（1997）130頁。
16) 藤原文雄「校長会」浦野東洋一・坂田仰編著『入門日本の教育』（ダイヤモンド社、1997）212頁以下参照。
17) 坂本秀夫『教育情報公開の研究』（学陽書房、1997）293頁。
18) プライバシーの権利についての自己情報コントロール権説は疑問である、とする私見については、本章第3節を参照されたい。
19) 前掲注12)「討論」137〜138頁における兼子仁の発言を参照。
20) ただし、たとえば棟居快行ほか『基本的人権の事件簿』（有斐閣、1997）154頁〔赤坂正浩〕によると、「教師の職業上のリスク」は非開示を正当化するものではない、とされる。
21) 梶田叡一「教育情報の開示請求にどう対応するか」都市問題84巻4号（1993）37頁。
22) 下村哲夫「教育情報自己開示晴求」前掲注1）『ジュリスト増刊』258頁。
23) 市川須美子「教育自己情報開示請求」前掲注1）『ジュリスト増刊』256頁。
24) 浦野東洋一『学校経営管理論』（エイデル研究所、1990）113頁参照。
25) 奥平康弘「内申書裁判と教育裁量」法律時報53巻8号（1981）72頁。
26) 市川・前掲注23）256頁。
27) 棟居快行『憲法フィールドノート〔第3版〕』（日本評論社、2006）64頁。
28) 梶田・前掲注21）34頁。
29) 市川・前掲注23）256頁。
30) 市川須美子「行政機関の事務・事業に関する情報――(1)教育情報」法学教室201

号（1997）27頁。
31) とりわけ、近藤信司・福島忠彦編『平成3年改訂指導要録の解説』（ぎょうせい、1991）参照。
32) 同上391頁参照。
33) 同上37頁、227頁。
34) 笹田栄司「教育情報の開示」春日市個人情報保護審議会専門研究会編『「知る権利」・「知られない権利」』（信山社、1996）85頁。
35) 米沢広一『憲法と教育15講［改訂版］』（北樹出版、2008）98頁。
36) なお、教育記録の不開示事由該当性について詳細に検討したものとして、楢﨑洋一郎「生徒の教育記録の開示について」（名古屋市立大学大学院）人間文化研究9号（2008）53頁以下参照。あわせて、同「開示積極説と開示消極説の論拠について」同誌10号（2008）107頁以下における綿密な整理も参照に値する。
37) 野村武司「小学校児童指導要録の本人開示」平成15年度重要判例解説、市川須美子『学校教育裁判と教育法』（三省堂、2007）214頁など。
38) 下村・前掲注22）259頁。なお、中嶋哲彦『生徒個人情報への権利に関する研究』（風間書房、2000）340頁によると、「一般の個人情報とは別に生徒個人情報にふさわしい制度構想が教育界内部から提出される必要がある」、とされる。また、森田明「内申書・指導要録の全面開示の是非」平成11年度重要判例解説24頁によると、「教育関係の論理と市民的自由の論理の差異と相互の関係を今一度明らかにする」必要がある、とされる。
39) 永田・前掲注14）60頁。
40) 浦野・前掲注24）120頁。
41) 米沢広一「教育個人情報の保護(下)」法学教室193号（1996）119頁参照（ただし教育自己情報についての立言）。
42) 今橋盛勝「学校教育と親の知る権利」季刊教育法50号（1983）110頁（傍点は今橋による）。
43) 棟居快行「個人情報保護」公法研究60号（1998）64頁。

第3章

教育の権利・自由

第1節 ▶▶▶ 教育の自由

1 はじめに

ここでの言葉の使い方について最初に一言だけ述べておこう。教育の自由について説明しようとすると、"教育"や"教師"という言葉がよく登場するが、それらは"学校教育"や"学校の教師"という意味に受けとっていただきたい。しかも、"学校"として念頭におかれているのは、おもに公教育機関であり、しかも、大学などの高等教育機関ではなく、小中高等学校に示される下級教育機関である（なお、学校教育法1条における「学校」の定義は別の話である）。大学などの場合は、教育の自由を肯定すべきことについて、特段の争いがみられない。というわけで、教育を受ける者としては、子ども（児童・生徒）を念頭におきたい。

2 教師の教える自由など

教育の自由といわれる場合、教師の教授する（＝教える）自由がかなり重視されることもあった（また、教科書検定訴訟においては、教科書執筆の自由も念頭におかれることがあった）。このような教える自由は、判例上も、多かれ少なかれ肯定されてきた。すなわち、杉本判決として知られる第二次教科書検定訴訟第一審判決（東京地判昭45・7・17判例時報604号29頁）にあっては広汎なものとして、であり、また、旭川学力テスト事件に関する最大判昭51・5・21（刑集30巻5号615頁）にあっては大幅な制限つきで、である。その際、媒介項としては、憲法23条の「学問の自由」に含まれる"教授する自由"は下級教育機関にも及ぶ、という命題が使われた。

教育権の所在という論点の下で、国民教育権説、折衷説および国家教育権説の対立が語られることもあるが、この場合、教師の教える自由の範囲

は、国民教育権説から国家教育権説へ移行するにつれて、より狭くなる。また、具体的な授業や教育課程の編成に関する権限・役割の分配は、個々の教師、学科主任、学校、地方自治体の教育委員会、文部科学省などの間で行われることになるが、そこでの分配のあり方は、教師の教える自由の範囲や教育権の所在のとらえ方いかんにかかわってくる。

原則論をいえば、「国が、子どもの学習権の保障という見地から、教育内容につき大綱的事項を定め、教師の包括的な教育の自由を一定程度枠づけることがあっても許されるはずである。」[1]

教師が授業を行う場合、学習指導要領に従ったり（検定済み）教科書を使用したりすることを義務づけられるか。この点は、伝習館高校訴訟（最判平2・1・18判例時報1337号3頁）などで話題になったが、詳論は避けたい[2]。なお、教科書や副教材の採択をめぐる問題についても、論じる余裕はない。

教師の教育の自由については、自由の範囲の広狭とは別に、その法的性質について人権説と職務権限説の対立がある。後説によれば、教師の教育の自由は、公務員もしくは私学被用者としての教師の職務権限における自由や裁量の問題である、とされる。ただ、人権や職務権限という指摘は、認識の整理にとどまるのか、何らかの法的帰結を帰結させる含みをもつのか、ということも気になる。思うに、教師の教育の自由は、人権としての側面と職務権限としての側面を合わせもつ、とする併存説が妥当であろう。すなわち、教師は、雇用者などから（科目名、授業日時、受講対象者などを含め）一定の職務を割り当てられた者であり、雇用者および教育行政当局に従属せざるをえない（いわば従属者としての）地位にある。そこで、教師の教育の自由は、具体的な教育活動などにかかわって職務命令や不利益な措置を受けない、という点では人権としてとらえられるべきであろう（もっとも、憲法論ならぬ実定法律論としては、裁判的救済の必要を主張するための論理的前提として、人権性を指摘する必然性はないが）。

なお、教師が授業などの場で子どもの人権を侵害するとき、ここでの教師は人権侵害主体ではあっても人権享有主体ではない、という指摘もありうる。しかし、このような文脈でも、教師は、いわば従属者としては、依

然として人権享有主体であり、そこでは教師の人権が子どもの人権の見地から制限を受けるにとどまる。また、教師が公務員である場合には、教育という公務を遂行することは公権力の行使であっても人権として位置づけることはできない、という指摘もありうる。たしかに、公務の遂行は原則として人権性をもちえないが、しかし、教育については、それが（いわば聖職に少し似た）特殊な性質をもっていることや、教師が従属者として法的利益を侵害されやすい立場にあることにかんがみ、いわば例外的に人権性が肯定されてよかろう。

さて、「教育の自由」という言葉は、親の教育の自由や私学教育の自由を当然に含んでいる。このうち親の教育の自由に関しては、前述の旭川学力テスト最大判では、次のように述べられていた。「親の教育の自由は、主として家庭教育等学校外における教育や学校選択の自由にあらわれる」、と。

また、先に教師の教育の自由の法的性質について述べたとき、私学としては、「公の性質」（教育基本法8条）をもつ公教育機関たる学校をイメージしていたが、広く私学教育の自由という場合、それ以外の学校をも視野に取り込むこともできる。関連しては、通常の学校に適応しづらいような子どもを対象とした独自の教育事業を営む自由なども、話題になりうる。その場合、教育の自由は、当該教育事業に正規の「学校」としての資格を付与してもらうことを求める請求権を含むものではない。

要するに、教育の自由の主体としては、親、私立学校、（国公立学校か私学かを問わず）教師、および教科書執筆者が考えられる。これに対し、教育を受ける側の子どもは、教育の自由の主体としては登場してこない。教育の自由（教育する自由）は、教育を受ける側の自由を含まないのであり、むしろ、教育を受ける側の自由と衝突し、それによって制限を受けることもある。なお、このように述べると、教育を行う側と受ける側を単純に区別する発想は疑問である、と指摘されるかもしれないが、教育学的にはさておき法学的には、このような発想を土台におかざるをえない。

ちなみに、教育行政機関などの公権力との関係における学校の自治や自主性も、主張され推進されるべき事柄であろうが（たとえば東京都立七生

養護学校での性教育に対する最近の公権力の介入を想起せよ)、それは、用語法の問題としていえば、「教育の自由」とは別の話であろう。しかるに、「教育の自由」という言葉は、国民の教育権や「教育の自主性」とほぼ同義で、学校教育分野における公権力不介入の要請という意味で使われることもある。実際、前述の杉本判決では、「国家教育権に対する概念として国民の教育の自由」という言い方がなされていた。

3 「教育を受ける権利の自由権的側面」と「親の教育の自由」

「教育を受ける権利の自由権的側面」という言葉は、"教育の自由"の同義語またはその一内容として理解されることもありえた。しかし、それは"教育の自由"とは原則的に別個のものとみるべきであろう。教育の自由は、教育する側の自由をさす。これに対して、「教育を受ける権利の自由権的側面」は、教育を受ける側の自由をさし、以下の四つからなる。①停退学を受けない権利、②妨げられずに教育を受ける自由、③就学や出席を拒む権利、および④著しく不適切な内容の教育からの自由である。なお、国家的介入を伴った教育を受けない自由（ないし国家的介入を伴わない教育を受ける権利）という主張も想定しうるが、しかし、これは国民の教育権の主張に帰するものであり、ここでは教育を受ける権利の自由権的側面の一類型としてそれを位置づけるのは避けたい。また、教育を受ける権利の自由権的側面の周辺には、学校で教師から自分の名誉・プライバシーなどの人格的利益や思想・良心を侵害されない、という子どもの権利もある。

親の教育の自由[4]という場合、そこでカバーできるのは、家庭教育の自由や、わが子を私塾に通わせる自由や、学校の教育関連措置に関する個人の不参加などの不作為請求であって、作為請求を含まないであろう。それは、学校教育に対する親の要求権を全般的に含むものではなかろう（このような親の要求権は、重視されてよく、また教師の教える自由とも衝突しうるものであるが）。この点、民法（820条）上の親権者の監護教育権（ないし憲法13条後段の幸福追求権条項から導く余地のある親の教育権・養育権）が作為請求を含みうるのとは、事情が異なるであろう。そうだとしても、親の教育の自由は、子どもの教育を受ける権利の自由権的側面と重なり合う部分を含

みそうである。なお、学校教育を受ける子どもの権利（やその自由権的側面）に対応しては、わが子に学校教育を受けさせる親の権利（やその自由権的側面）を語ることができるが、このような親の権利は、その自由権的側面を別とすれば、親の教育の自由には含まれないであろう。他方、学校選択の自由は、親の教育の自由に含まれよう。

もっとも、以上のような説明に対しては、不作為請求と作為請求の区別にこだわるのは妥当でない、という批判も大いにありうる。

4 教育の自由の名宛人

教育の自由という場合、誰に対して（誰との関係で）もっている自由なのか、という問いかけも必要になる。この問いかけには、学校の国公立・私立の別を問わず"原則的に公権力に対して"と答えることができる。ここで公権力という場合、国家（中央政府）のほかに地方自治体（教育委員会を含む）も包含される。なお、各地の教育委員会や学校は、国家（文部科学省）レベルの教育課程基準とは異なった独自の教育課程基準を（どの程度まで）設定することができるか、という問題もあるが、これは教育権の所在や教育の地方分権にかかわるテーマであっても、教育の自由という項目のカバーすることではない。

なお、公権力という場合、そこに国公立学校の校長などは含まれるのか、という問題もある。また、教師が子どもに懲罰を課す場合など、それは公権力の行使といえないか、という問題もある。

教育の自由の中には、いわば例外的に、公権力からの自由とはいえないものも含まれうる。私学当局との関係で教師が教育の自由を主張する場合や、私学の行う教育の一部分に対して、親の側から異議申立てをしたりする場合がそれである。

5 制度的自由としての教育の自由

かなり以前から次のような指摘が行われてきた。「教育の問題においては、憲法上の基本権一般に共通の国家と国民個人の対置にとどまらず、両者の中間項として、教育制度＝学校というものの介在が不可欠になる」。

それをヒントにしていえば、教育の自由といわれるものも、教育制度というレールの上での自由である、ということになろう。といっても、教育の自由は全面的に制度的自由（本書4頁、16頁〔注6〕参照）に属する、とはいえない。少なくとも、親がわが子を教育する自由や、正規の学校制度とは異なった場面（私塾など）における教育の自由は、自然的自由として理解されるべきであろう。このことを留保した上で、制度的自由としての教育の自由を考える素材として、以下の二点を述べておこう。

　第一に、学校の教科書をめぐる自由をとりあげよう。教科書に関しては、検定制度、採択制度および使用義務の制度を通じて自由が大幅に制限されている。この三つの制度は、一体のものとして把握して合憲かどうかの検討がなされるべきである。[7] 私見によれば、これらの制度は、高校段階のものに関しては、廃止されてよかろう。それはさておき、ここでは、これらの制度そのものは違憲とまではいえない、と仮定しておこう。その場合、教科書執筆・出版の自由といわれるものも、一般の本（大学のテキストを含む）を執筆・出版する自由とちがって、出版予定物に対して公定の教科書としての資格を付与するよう国家に求める権利として位置づけられうるにしても、それは自然的自由ではない、ということになろう。[8] このことを前提として、教科書執筆・出版などの自由の範囲の広狭につき議論が行われるべきであろう。なお、教師の教育の自由は職務権限としての側面をもつ、という前述の考え方は、制度的自由としての教育の自由という発想に、よりよく適合するものである。

　第二に、私立学校の自由についてである。ここにいう私立学校は、いわば正規の私立学校であり、そこには予備校や私塾などは含まれない。正規の学校としては、学校教育法1条にいわれる「学校」（いわゆる1条校）に相当するものが念頭におかれる（ただ、憲法解釈論の上で言及される私立学校がその範囲を学校教育法1条によって規定されたものになる、とみるのは筋違いであり、この点につき留保が必要である）。この場合、私立学校での教育は、公教育の一環をなす。そうである以上、私立学校の自由は制度的自由である。そこで憲法解釈論についてであるが、まずは、私立学校での義務教育を有償にしても、地域の公立学校で無償義務教育を受ける権利が保障

されている限り、憲法26条2項後段（義務教育無償条項）に違反したことにならない、と解される。だとすると、有償義務教育を行う私立学校を設置・運営することは憲法上許容される、という命題が導かれる。次に、それでは、義務教育段階であるかどうかを問わず、およそ私立学校を設置・運営することは憲法上の人権といえるか、という問題Qが出てくる。この問題を検討するにあたって、私立大学や宗教系私立学校は、それぞれ憲法23条（学問の自由）や20条1項前段（信教の自由）を根拠にして設立・運営の自由が保障されると解釈できるので、わきにおくことにしよう。そこで、非宗教系の小中高の私立学校が話題になる。思うに、前述の問題Qは、公教育の位置づけの見定め方いかんにもかかわっており、簡単に答えうることではなかろう。その際、有償義務教育を行う私立学校を法律で禁止することも憲法上許容されるか、という思考実験的な問いかけなどを行う必要も出てこよう。それはさておき、思いつきの結論を示せば、私立学校の設立・運営の自由は、その広狭いかんはさておき、何よりも憲法22条1項の「職業（選択）の自由」や、23条などから導かれうる「教育の自由」によって根拠づけられる人権である、とみるべきであろう。

6 「教育の自由化」論

付言的ながら、「教育の自由化」論について一言だけ述べよう。「教育の自由化」という言葉が、1980年代ごろから使われたりしている。それは、臨時教育審議会などを舞台にして、おもに新保守主義の側から主張されてきたものである。そのおもな内容は、学校教育制度の多様化・柔軟化（法的規制の緩和）や学校の民営化（私学化）の推進である。このような「教育の自由化」の主張は、民間の自由な意思や活力を重視する発想を、学校教育の分野に及ぼしたものといえる。「教育の自由」に関するこれまでの学説などの流れは、それを精神的自由に引き寄せてとらえる傾向にあったが、これに対し、「教育の自由化」論は、経済的自由の発想を学校教育に持ち込もうとする色彩を含んでいる。

注

1) 市川正人『ケースメソッド憲法［第2版］』（日本評論社、2009）230頁。
2) 本文で示した最判によると、高等学校学習指導要領は法規性を有する、とされる。しかし、かりに、そうだとしても、学習指導要領の個々の部分の法的拘束力の有無は、別個の問題となろう（村元宏行「教育行政と教師の教育の自由」永井憲一編著『憲法と教育人権』〔日本評論社、2006〕89頁参照）。
3) なお、浦部法穂『憲法学教室［全訂第2版］』（日本評論社、2006）197頁によると、「教育を行う学校の教師は、教育を受ける子どもやその親との関係では、まさに公権力そのものなのである」、とされる。
4) 親の教育する自由の憲法上の根拠づけについては、有力説たる13条説のほかに諸説がある。とりわけ、原田一明「教育の自由と教育公務員の中立性」比較憲法学研究20号（2008）71頁を参照。なお、そこでは、原田自身の見解としては、「保障範囲が限定された狭義の親の教育の自由は、より具体的には、公教育に対する拒否権として、思想・良心あるいは宗教的自由の観点から導かれるべきではないか」、と述べられている。そのほかに、広沢明「『教育の自由』論」日本教育法学会編『［講座教育法1］教育法学の課題と21世紀の展望』（三省堂、2001）127頁によると、「親の教育の自由は、……憲法上の根拠条文としては、憲法13条（幸福追求権）及び26条（教育を受ける権利）の二つをあげることができる」、とされる。

　ちなみに、親の教育の自由をめぐるアメリカの事情につき、中川律「合衆国の公教育における政府権限の限界」憲法理論研究会編『憲法学の最先端』（敬文堂、2009）123～125頁も参照。
5) 学校選択の自由にかかわっては、公立小中学校の間での選択を推進しようとする動きが気になるが、さしあたり本書140頁参照。
6) 長谷川正安「日本国憲法と教育」永井憲一編『教育権』（三省堂、1977）14頁。
7) 「〈シンポジウム〉最高裁と教科書裁判」法律時報64巻1号（1992）19頁における内野正幸発言を参照。さらに本書129頁参照。なお、三つの制度につき概説したものとしては、米沢広一『憲法と教育15講［改訂版］』（北樹出版、2008）108頁以下参照。
8) 教育の自由を制度に引き寄せて理解するとともに、教科書検定をいわゆる特許とみる古い見解を再評価するものとして、小島慎司「教育の自由」安西文雄ほか『憲法学の現代的論点［第2版］』（有斐閣、2009）421頁以下を参照。
9) そのように解するためには、憲法26条1項の定める「教育を受ける権利」を実現する手段として同条2項後段をとらえる、という解釈手法をとればよかろう。この場合、国民は、公立学校での無償義務教育を受ける権利を保障されるが、同時に、この権利を行使せずに私立学校での有償義務教育を受ける権利を行使することもできる、という話になろう（国立大学法人付属学校での義務教育の位置づけについて

は留保したい)。なお、高校に通うことも「教育を受ける権利」として憲法上保障されるが、ただ、それは無償の高校教育を受ける権利を含まない(このような権利は、立法や行政の政策によって実現されうるにとどまる)。

10)　横田守弘「憲法上の『私立学校の自由』について」西南学院大学法学論集26巻1・2号(1993)256頁参照。

11)　なお、木下智史ほか編『事例研究憲法』(日本評論社、2008)40頁〔山元一〕によると、私立学校は営利を目的としないので営業の自由の主体ではない、とされる。たしかに、学校法人は営利法人とは異なり、文字通りの営業を行うことを旨とするものではない。しかし、このことは、私立学校を設置・運営する自由の主要な根拠を憲法22条1項の「職業(選択)の自由」条項に求めることの妨げにならないであろう。ちなみに、佐藤幸治『現代国家と司法権』(有斐閣、1988)182頁によると、「私立学校は、憲法論的には……21条の『結社』の一つとみるべきもので」ある、とされる。

12)　くわしくは、季刊教育法57号(1985)〔総特集……臨教審の中身を問う〕所収の堀尾、中村などの各論文のほかに、横田守弘「『教育の自由』と公教育」『上田勝美先生還暦記念』(晃洋書房、1995)187頁以下など参照。

第2節 ▶▶▶ 教科書検定訴訟の判決

――教科書検定について合憲であるが裁量権逸脱の違法があるとした家永第三次訴訟最高裁判決[1]
最高裁平9・8・29第三小法廷判決、一部上告棄却、一部破棄自判、判例時報1623号49頁、民集51巻7号2921頁

1 事　実

　X（原告・控訴人・上告人）は日本史の研究者（家永三郎）である。Xは、以前から高校用教科書『新日本史』の執筆・改訂に従事してきたが、その中で教科書検定の違憲・違法性を主張して、三度にわたり訴えを起こした。

　第一次訴訟は、昭和40年に起こされた国家賠償請求訴訟であり、第二次訴訟は、昭和42年に起こされた検定不合格処分取消訴訟（行政訴訟）である。これに対して、本件第三次訴訟は、昭和50年代の後半における新たな検定強化の動向を背景にして、昭和59年に提起された国家賠償請求訴訟である。

　三度にわたる訴訟におけるX（家永）側の主張は、三つの段階をもっていた。第一に、現行の教科書検定制度そのものが憲法（21条、23条、26条など）および（旧）教育基本法10条（「不当な支配」条項）に違反する。第二に、かりにそういえなかったとしても、本件における教科書検定処分（検定制度の適用）は、憲法および教基法に違反する。第三に、かりに憲法・教基法に反しないとしても、本件検定は、文部大臣の裁量権の範囲をこえ、またはそれを濫用したものとして違法である。このような三つの段階は、教基法論をわきにおいて大まかにいえば、それぞれ制度違憲、適用違憲および裁量権という三つの問題になる。なお、それとは別に、憲法レベル、教基法レベルおよび裁量権レベルという分け方も可能である。

　背景的事実として、第一次訴訟や第二次訴訟に関する諸判決の示した実体法的判断について、ごく簡単に述べておこう。第二次訴訟の方から先にいおう。第一審の杉本判決（東京地判昭45・7・17〔前掲〕）は、教育権の所在に関し国民の教育権説を表明するとともに、当該事件における検定を

違憲・違法とした。これに対し、控訴審の畔上判決（東京高判昭50・12・20行集26巻12号1446頁）は、裁量権レベルで当該検定は違法であるとしつつ、憲法判断を回避した。他方、第一次訴訟についていえば、第一審の高津判決（東京地判昭49・7・16判例時報751号47頁）や控訴審の鈴木判決（東京高判昭61・3・19判例時報1188号1頁）は、国家の教育権説の立場から検定を合憲・合法と判断した。ただ、高津判決は、一部の検定について裁量権の逸脱による違法を認めていた。このような第一次訴訟の場面で重要な最高裁判決（最判平5・3・16判例時報1456号62頁）が登場したが、そこでは、憲法レベルや教基法レベルで検定が是認されただけでなく、裁量権レベルでも家永側の全面敗訴となった。

　以上を前おきとして、本件事実のいわば本論に入ろう。X（家永）側は、（当時の）文部省・文部大臣〔以下"（当時の）"を省略〕による以下のような行為を不服とし、そのような違憲・違法な行為により精神的苦痛を受けたとして、Y（国）に対し慰謝料200万円の賠償を求めて提訴した。すなわち、おもに、文部大臣が、昭和55年度の新規検定申請の際に「草莽隊」と「南京事件」の各原稿記述に対し、また、昭和58年度の改訂検定申請の際に「朝鮮人民の反日抵抗」、「日本軍の残虐行為（南京及び華北等）」、「七三一部隊」および「沖縄戦」の各原稿記述に対し、それぞれ修正意見を付したこと（検定処分）が不服とされた。あわせて、文部大臣が、昭和55年度の新規検定の際に「親鸞」と「日本の侵略」の各原稿記述に改善意見を付したことや、昭和57年に正誤訂正申請を受理しなかったことも不服の対象とされた。ここで、修正意見は、それに応じることを検定合格の条件とするものであるのに対し、改善意見は、それに応じればより良い教科書となる、と助言・指導するにとどまるものである。

　本件第一審の加藤判決（東京地判平元・10・3判例タイムズ709号63頁）は、教育権の所在の問題について折衷説をとった上で、X側による憲法・教基法違反の主張をしりぞけたが、ただ、裁量権レベルでは、前述した数々の修正意見のうち1か所（「草莽隊」に関するもの）についてだけ、検定の違法性を認めた。

　本件控訴審の川上判決（東京高判平5・10・20判例時報1473号3頁）は、

前述した第一次訴訟最高裁判決を大幅に引用しつつ、X側による憲法・教基法違反の主張をしりぞけた。裁量権レベルでは、「草莽隊」に加えて、「南京事件」や「日本軍の残虐行為（南京）」に関する修正意見について、検定の違法性を認めた。

なお、文部大臣が改善意見を付したことや正誤訂正申請を受理しなかったことについては、第一審も控訴審もX側の賠償請求を認めなかった。

控訴審判決に対する上告は、もっぱらX側から行われた。上告理由としては、本件検定が憲法26条、21条、23条などに違反する、という点があげられていた。

以下、2（判旨）と3（評釈）に入るが、あらかじめ、その際、各裁判官の個別意見の紹介やそれへのコメントは、紙数の関係上原則的に省略する、ということを断わっておきたい。

2 判旨（一部上告棄却、一部破棄自判）

（1） 憲法26条違反などについて

(a)「憲法上、親は、子供に対する自然的関係により家庭教育等において子女に対する教育の自由を有し、教師は、高等学校以下の普通教育の場においても、授業等の具体的内容及び方法においてある程度の裁量が認められるという意味において、一定の範囲における教授の自由が認められ、私学教育の自由も限られた範囲において認められるが、それ以外の領域においては、一般に社会公共的な問題について国民全体の意思を組織的に決定、実現すべき立場にある国は、国政の一部として広く適切な教育政策を樹立、実施すべく、また、し得る者として、あるいは子供自身の利益の擁護のため、あるいは子供の成長に対する社会公共の利益と関心にこたえるため、必要かつ相当と認められる範囲において、教育内容についてもこれを決定する権能を有するというべきである。もとより、国政上の意思決定は、様々な政治的要因によって左右されるものであるから、本来人間の内面的価値に関する文化的な営みとして、党派的な政治的観念や利害によって支配されるべきでない教育にそのような政治的影響が深く入り込む危険があり、それゆえ、教育内容に対する右のごとき国家的介入についてはで

きるだけ抑制的であることが要請されるし、殊に個人の基本的自由を認め、その人格の独立を国政上尊重すべきものとしている憲法の下においては、子供が自由かつ独立の人格として成長することを妨げるような国家的介入、例えば、誤った知識や一方的な観念を子供に植え付けるような内容の教育を施すことを強制するようなことは、憲法26条、13条の規定上からも許されないが、これらのことは、子供の教育内容に対する国の正当な理由に基づく合理的な決定権能を否定する理由とはならない。教育基本法10条は、教育に対する行政権力の不当、不要の介入は排除されるべきことをいうものであるが、これは教育行政が許容される目的のために必要かつ合理的と認められる規制を施すことを禁止する趣旨ではないと解すべきものである。」

(b)「普通教育の場においては、児童、生徒の側にはいまだ授業の内容を批判する十分な能力は備わっていないこと、学校、教師を選択する余地も乏しく教育の機会均等を図る必要があることなどから、教育内容が正確かつ中立・公正で、地域、学校のいかんにかかわらず全国的に一定の水準であることが要請されるのであって、このことは、もとより程度の差はあるが、基本的には高等学校の場合においても小学校、中学校の場合と異ならない。このような児童、生徒に対する教育の内容が、その心身の発達段階に応じたものでなければならないことも明らかである。そして、……本件検定の審査が、右の各要請を実現するために行われるものであることは、その内容から明らかであり、その基準も、右目的のため必要かつ合理的な範囲を超えているものということはいえず、子供が自由かつ独立の人格として成長することを妨げるような内容を含むものではない。また、右のような検定を経た教科書を使用することが、教師の授業等における前記のような裁量を奪うものでもない。」

(c)「本件検定は、憲法26条、13条、教育基本法10条の規定に違反するものではな」い。

(2) 憲法21条違反について

(a)「憲法21条2項にいう検閲とは、行政権が主体となって、思想内容等の表現物を対象とし、その全部又は一部の発表の禁止を目的として、対

象とされる一定の表現物につき網羅的一般的に、発表前にその内容を審査した上、不適当と認めるものの発表を禁止することを、その特質として備えるものを指すと解すべきところ……、本件検定は、……一般図書としての発行を何ら妨げるものではなく、発表禁止目的や発表前の審査などの特質がないから、検閲には当たらず、憲法21条2項前段の規定に違反するものではない。」

(b)「普通教育の場においては、教育の中立・公正、一定水準の確保等の要請があり、これを実現するためには、これらの観点に照らして不適切と認められる図書の教科書としての発行、使用等を禁止する必要があること、その制限も、右の観点からして不適切と認められる内容を含む図書についてのみ、教科書という特殊な形態において発行することを禁ずるものにすぎないことなどを考慮すると、教科書の検定による表現の自由の制限は、合理的で必要やむを得ない限度のものというべきである。したがって、本件検定は、憲法21条1項の規定に違反するものではな」い。

（3） 憲法23条違反について

「教科書は、教科課程の構成に応じて組織、配列された教科の主たる教材として、普通教育の場において使用される児童、生徒用の図書であって、学術研究の結果の発表を目的とするものではなく、本件検定は、申請図書に記述された研究結果が、たとい執筆者が正当と信じるものであったとしても、いまだ学界において支持を得ていないとき、あるいは当該教科課程で取り上げるにふさわしい内容と認められないときなど旧検定基準の各条件に違反する場合に、教科書の形態における研究結果の発表を制限するにすぎない。このような本件検定〔は〕学問の自由を保障した憲法23条の規定に違反しない」。

（4） 法治主義違反について

「学校教育法51条によって高等学校に準用される同法21条1項は、文部大臣が検定権限を有すること、学校においては検定を経た教科書を使用する義務があることを定めたものであり、検定の主体、効果を規定したものとして、本件検定の根拠規定とみることができる。」「旧検定規則、旧検定基準は、右の関係法律から明らかな教科書の要件を審査の内容及び基準と

して具体化したものにすぎず、文部大臣が、学校教育法88条の規定に基づいて、右審査の内容及び基準並びに検定の施行細則である検定の手続を定めたことが、法律の委任を欠くとまではいえない。したがって、本件検定が憲法13条、41条、73条6号の規定に違反するとの論旨は、その前提を欠き、失当である」。

（5）　適正手続違反について

「行政処分について、憲法31条による法定手続の保障が及ぶと解すべき場合があるにしても、行政手続は、行政目的に応じて多種多様であるから、行政処分の相手方に事前の告知、弁解、防御の機会を与えるかどうかは、行政処分により制限を受ける権利利益の内容、性質、制限の程度、行政処分により達成しようとする公益の内容、程度、緊急性等を総合較量して決定されるべきものであって、常に必ずそのような機会を与えることを必要とするものではない。……検定の公正を保つために、文部大臣の諮問機関として、教育的、学術的な専門家である教育職員、学識経験者等を委員とする検定審議会が設置され、文部大臣の合否の決定は同審議会の答申に基づいて行われるのであり（旧検定規則9条）、文部大臣が合格の条件として修正意見を付した場合には、それに対する意見申立ての制度があり（同規則10条）、不合格の決定を行う場合には、不合格理由は事前に申請者に通知すべきものとされ、それに対する反論聴取の制度もあり（同規則11条）、検定意見の告知は、文部大臣の補助機関である教科書調査官が申請者側に口頭で申請原稿の具体的な欠陥個所等を例示的に摘示しながら補足説明を加え、申請者側の質問に答える運用がされ、その際には、速記、録音機等の使用も許されていて、申請者は右の説明応答を考慮した上で、不合格図書を同一年度ないし翌年度に再申請することが可能であることなど原審の確定した事実関係を総合勘案すると、………〔処分理由が文書で明確に示されていない、検定の審査手続が公開されていない、などの〕事情があったとしても、そのことのゆえをもって直ちに、本件検定が憲法31条の法意に反するということはできない。」

（6）　国際人権規約B規約19条違反について

「表現の自由を保障した……規約19条の規定も、公共の福祉による合理

的でやむを得ない限度の制限を否定する趣旨ではないことは、同条の文言から明らかである。本件検定が表現の自由を保障した憲法21条の規定に違反するものでないことは前記のとおりであるから、本件検定が……規約19条の規定に違反するとの論旨は採用することができない。」

（7）　適用違憲について

「教科書の検定が、教育に対する不当な介入を意図する目的の下に、検定制度の目的、趣旨を逸脱して行われるようなことがあれば、適用上の違憲の問題も生じ得るが、原審の認定によれば、本件検定処分等を通じてそのような運用がされたとは認められないというのであるから、所論違憲の主張は、前提を欠く。」

（8）　裁量権濫用の判断基準の誤りについて

(a)「文部大臣が検定審議会の答申に基づいて行う合否の判定、合格の判定に付する条件の有無及び内容等の審査、判断は、申請図書について、内容が学問的に正確であるか、中立・公正であるか、教科の目標等を達成する上で適切であるが、児童、生徒の心身の発達段階に適応しているか、などの様々な観点から多角的に行われるもので、学術的、教育的な専門技術的判断であるから、事柄の性質上、文部大臣の合理的な裁量にゆだねられるものであるが、合否の判定、合格の判定に付する条件の有無及び内容等についての検定審議会の判断の過程に、原稿の記述内容又は欠陥の指摘の根拠となるべき検定当時の学説状況、教育状況についての認識や、旧検定基準に違反するとの評価等に看過し難い過誤があって、文部大臣の判断がこれに依拠してされたと認められる場合には、右判断は、裁量権の範囲を逸脱したものとして、国家賠償法上違法となると解するのが相当である。」

(b)「これに対して、改善意見は、検定の合否に直接の影響を及ぼすものではなく、文部大臣の助言、指導の性質を有するものと考えられるから、教科書の執筆者又は出版社がその意に反してこれに服さざるを得なくなるなどの特段の事情がない限り、その意見の当不当にかかわらず、原則として、違法の問題が生ずることはないというべきである。」

（9）「七三一部隊」の記述に対する修正意見について

「本件検定当時において、七三一部隊の実態を明らかにした公刊物の中には、作家やジャーナリストといった専門の歴史研究家以外のものが多く含まれており、また、七三一部隊の全容が必ずしも解明されていたとはいえない面があるにしても、関東軍の中に細菌戦を行うことを目的とした『七三一部隊』と称する軍隊が存在し、生体実験をして多数の中国人等を殺害したとの大筋は、既に本件検定当時の学界において否定するものはないほどに定説化していたものというべきであり、これに本件検定時までには終戦から既に38年も経過していることをも併せ考えれば、文部大臣が、七三一部隊に関する事柄を教科書に記述することは時期尚早として、原稿記述を全部削除する必要がある旨の修正意見を付したことには、その判断の過程に、検定当時の学説状況の認識及び旧検定基準に違反するとの評価に看過し難い過誤があり、裁量権の範囲を逸脱した違法があるというべきである。」

（10）正誤訂正申請の不受理について

「正誤訂正申請の手続は、教科書の記載に、誤記、誤植に類した明白な誤りがある場合にこれを改めるためのものであると解するのが相当である。……歴史的事実についての認識いかんによっては誤りといえるか否かについての見解が分かれ得る事柄……〔にかかわる〕……本件の正誤訂正申請は、その制度の趣旨になじまないものというべきであり、本件の正誤訂正申請を要件を満たしていないとして受理しなかったことに違法はないものというべきである。」

3 評 釈

（1）まだ議論すべきことはある

教科書裁判に関しては、法律的な（とくに憲法上の）議論は、ほぼ出尽した感がある。とくに本判決は、総論レベルにおいては、4年余り前に同じ第三小法廷で下された第一次訴訟最高裁判決を受け継いだものになっている。よって、本判決の示した主要な諸判断に対して逐一評釈を施しても、これまでの議論のむし返しになってしまうおそれがある。そこで、本節で

は、第一次最判と比べた場合の本判決の特徴を浮き立たせることや、教科書裁判に対する私のややユニークな切り込み方を示すこと、などに重点をおいて叙述を進めていきたい。なお、本判決の特徴ないし新判断のひとつとしては、改善意見は原則として違法にならないとする判旨(8)(b)もあげられるが、それについてのコメントは省略したい。

(2) 第一次最判より家永側に少し近い?

本判決は、第一次最判と比較した場合、それより家永側に少し近いものであるかのようにも感じられる。

このことは何よりも、次の点に現われている。すなわち、本判決は、裁量権濫用の判断基準という総論レベルにおいては、第一次最判と同様に、検定意見(修正意見)に「看過し難い過誤」があった場合には違法になる、とする立場をとりつつも〔判旨(8)(a)〕、各論レベルにおいては、本判決は、新たに1か所「七三一」部隊について修正意見を違法と判断した〔判旨(9)〕。これに対し、第一次最判は裁判官の全員一致の意見で、裁量権レベルの違法の主張をしりぞけていた(なお、第一次最判は、かっこ書きで、「各検定意見の中には、その内容が細部にわたり過ぎるものが若干含まれている」、と述べるにとどまっていた)。

これは、まさに家永側の一部勝訴を示すものである。関連しては、各論レベルならぬ総論レベルにおける本判決と第一次最判との微妙な違いとして、以下の二点を指摘しておこう。

第一に、本判決と第一次最判は、ともに最高裁学力テスト判決(最大判昭51・5・21〔前掲〕)の示した「教育権の所在」論を原則的に受け継いでいる。ただ、本判決の方が、最高裁学力テスト判決の自由主義的側面をより忠実に再現させている。すなわち、判旨(1)(a)の中ごろの「教育に……政治的影響が深く入り込む危険」を指摘した部分は、最高裁学力テスト判決を引用するにあたり第一次最判が省いた箇所なのであり、それは、本判決によって、いわば復活させられたことになる。

第二は、適用(運用)違憲についてである。第一次最判は、「本件各検定処分において検定関係法令が憲法又は教育基本法の趣旨に反して適用、運用されたとはいえないとした原審の判断は、……正当として是認するこ

とができ」る、と述べるにとどまっていた。これに対し、本判決は、より立ち入って、判旨（7）に示したような述べ方をした。これは、本件の第一審判決や控訴審判決が似たようなことを述べているのを意識したものであろう。教科書裁判をめぐる従来の議論において、検定が裁量権レベルで違法になるが適用違憲にはならない、といえるのはどのような場合か、という問題は必ずしも明らかにされてこなかったが、本件訴訟においては、この問題に対する解答が示されたといってよい（その当否はさておき）。

なお、これまでの最高裁の判決文の書き方の傾向に照らしていえば、本判決の判旨の総論的部分は、もっと簡単に、"本件検定は憲法21条などに反しないことは当裁判所の判例の趣旨に徴して明らかである"といった短い文章で済ませることもできたはずである。にもかかわらず本判決がそうしなかったのは、前述のように、第一次最判と少しニュアンスの違うことを述べようとしたからであろう。ちなみに、憲法論などに関する家永側の主張に対してかなりていねいに答えようとする本判決の態度は、判旨（6）にも現われている。そこでは、国際人権規約違反の主張に対し、上告理由に当たらないとする、いわば却下的処理ではなく、規約に反しないとする、いわば棄却的処理がなされている。

（3）　教科書検定の憲法適否をめぐって

教科書検定は憲法（21、22、26条など）に違反しないか。このような問いかけQ_1の下に従来いろいろ議論が行われてきた。しかし、私見によれば、そもそもこのような問いかけ自体が再検討されるべきであろう。というのも、Q_1は、額面通り受けとれば、教科書使用義務の有無を問わない性質のものだからである。教科書問題の核心は、文部省による検定そのものよりも、むしろ、検定に合格した教科書を使用しなければならないという仕組みにあるといえる。そうだとすると、問いかけ方としては、学校での使用を義務づけられている教科書を文部省が検定するのは憲法に違反しないか、というQ_2こそ設定されるべきであろう。

本判決は、Q_1かQ_2かという問題意識の下に読み直してみると、Q_2の問いかけをしていることになろう。というのも、本判決は、検定済み教科書使用義務について2度にわたって言及ないし確認しているからである

(判旨欄では引用を省略したが、判旨(1)および(2)のそれぞれの手前の箇所)。

さて、教科書使用義務を伴わない教科書検定は憲法に違反しないか、という問いかけQ_1を発してみよう。この場合、思考実験的に、検定教科書を使用するも、検定を経ないいわば自由教科書を使用するも、何ら教科書を使用しないも教育現場の自由にゆだねられる、という仮定的状況が想定されることになる。ここでは、教科書制度全体に占める検定の比重がより小さいものとなろう。そして、検定は、違憲と判定されにくいものとなろう。さらにいえば、この場合、たとえ思想審査的色彩の強い検定であっても21条2項の「検閲」に当たるとはいいにくい、ということにもなろう。

ともあれ、教科書使用義務とワンセットになった検定制度であってはじめて、検定の厳しさなどの運用実態を条件にして違憲と判定しうるものとなる、とみるべきであろう。

なお、教科書検定については、最近、一部で、いわば政府言論アプローチが唱えられている（本書155頁参照）。それを参考にしていえば、検定教科書は、文部省著作教科書ほどではないにしても、政府言論としての性質をもっており、また、教科書使用義務についても、囚われの聴衆（生徒）による政府言論（教科書による教育）の受領として位置づけ直せる。そして、検定教科書の発行自体は、文部省著作発行と同様、違憲になりにくいのであり、むしろ、生徒への教科書の押しつけの方こそ憲法問題を引き起こしやすい、ということになる。このような政府言論アプローチは、検定の性質をいわゆる特許とみる説とも親近性をもっているが、私見の立場からも注目に値するものである。

（4）　裁量権論と司法審査のあり方

本判決が「七三一部隊」に関して違法判断を下したのは、裁判官の3対2という多数意見によるものであった。また、「朝鮮人民の反日抵抗」および「日本軍の残虐行為」についての各原稿記述に対する検定については、2人の裁判官が違法とする反対意見を述べていた。ここでは、各裁判官の価値判断の違いが、判決の多数意見や個別意見に反映しているようにも感じられる。そこで、本判決（の諸意見）が「看過し難い過誤」基準によって検定が違法かどうかを判断したことについては、裁判官による再検定で

はないか、と学説によって批判されることもあった。かりに、このような批判が成立するとしたら、それは、本件の第一審判決や控訴審判決についても妥当しそうである。ただ、前述した高津判決が、裁判官自ら歴史学者的にふるまっており、裁判官による再検定ではないか、と学説上きびしく批判されたのと比較すると、本件第三次訴訟の各判決は、そう批判される余地の少ないものになっている。というのも、本判決などは、高津判決とは異なり、検定当時の歴史学界の状況等について具体的な審査・判断を及ぼすにとどまっているからである。

それにしても、「看過し難い過誤」基準は、文部省側の裁量の幅を広くとりすぎているなどの点で、疑問の残るものである。

なお、個々の検定が適法かどうかについての裁判所の具体的な判断が、かりに裁判官による再検定のような色彩を帯びるものであったとしても、それは必ずしも司法権の限界をこえたことにならない。ただ、その際、「法令の適用によって解決するに適さない……学術上に関する争は、……裁判を受けうべき事柄ではない」とした最判昭41・2・8（民集20巻2号196頁）の存在にも留意する必要があろう。その延長線上には、たとえば「二つ以上の研究の先後の評価ないし判定は、……法律上の争訟ではない」とした東京地判平4・12・16（判例時報1472号130頁）もあるが、他方、論文甲が論文乙と「理論構築上同一」であるかどうかについて具体的な実体的判断を下した東京地判平8・7・30（判例時報1596号85頁）も出されている。そうだとすると、学界の定説（通説）は何であるかについて裁判官が判断を下すことは場合により司法権の限界をこえたことになりはしないか、ということが吟味されてよかろう。

注

1) 本件については、伊藤公一・平成9年度重要判例解説13頁、および広沢明・法学セミナー521号61頁、ならびにそれらに引用された文献を参照。教科書裁判全般については、君塚正臣「事前抑制と教科書検定」東海大学文明研究所紀要15号（1995）95頁およびそこに引用された文献のほか、内野正幸『教育の権利と自由』（有斐閣、1994）28頁以下など参照。

2) 親の（子女への）教育の自由や私学教育の自由などを語る判旨（1）(a)冒頭は、

最高裁学力テスト判決の対応部分を受け継いだものであるが、ただ、本判決の判旨（1）(a)冒頭においては、最高裁学力テスト判決とは異なり、「憲法上、」という言葉が補われている（もっとも、根拠条文は明示されていない）。なお、トリビアルなことながら、親の（子女への）教育の自由を語るにあたり、本判決や最高裁学力テスト判決は、「自然的関係により」という言葉を使っていたが、この言葉は、第一次教科書検定訴訟の（前掲）最判平5・3・16では使われていなかった。

第3節 ▶▶▶ 愛国心の押しつけ・法定と「心の教育」

1 中教審答申とその前史

2003年3月20日の中教審答申は、「心豊かでたくましい日本人の育成」などを強調したものである。答申には、「〔改正教育基本法で〕新たに規定する理念」という項目があるが、その中には次のような言葉が出てくる。「社会の形成に主体的に参画する『公共』の精神、道徳心、自律心の涵養」、「日本の伝統・文化の尊重、郷土や国を愛する心と国際社会の一員としての意識の涵養」

以下、参考のため、答申に先立つ時期に出された民間の要望書を二つ紹介しておこう。

まずは、1984年11月に「財団法人協和協会」（岸信介を会長とする）が当時の中曽根首相あてに出したものである。それは、「愛国心教育の内容と育成についての要請」と題する文書である。そこに含まれる一節を引用しよう。

「……教育基本法は、……つぎの諸点につき、補完する必要がある。

(1) 我が国の歴史・文化・伝統の尊重。
(2) 家族愛・郷土愛・愛国心の育成。
(3) 遵法精神の涵養。
(4) 国旗の掲揚、国歌の斉唱を、国民の祝日、学校行事等に実施する旨の明示。
(5) 権利にともなう義務意識の養成。
(6) 責任感と祖国自衛の精神との涵養。
(7) 教育基本法中、疑義のある語句の再検討」

次は、2000年9月に「新しい教育基本法を求める会」が当時の森首相に

出した要望書である。そこでは、新法に盛り込むべき事項のカタログの中に、「伝統の尊重と愛国心の育成」のほかに、「宗教的情操の涵養と道徳教育の強化」などが含まれていた。

以上の二つの要望書は、答申と同じく実質上"日本人としての自覚"を重視したものになっている。ただ、二つの要望書は、答申とはちがって、それぞれ国防意識の育成や宗教的情操教育についても主張していた。

そうだとすると、さらに半世紀前にさかのぼりたくなる。すなわち、1953年の池田・ロバートソン会談においては、「日本政府は教育および広報によって日本に愛国心と自衛のための自発的精神が成長するような空気を助長する」、ということが同意された。また、1957年には「国防の基本方針」が閣議決定されたが、そこでも愛国心の高揚がうたわれていた。愛国心教育は場合によって国防意識の育成に通じる面をもつわけである。今日でも、愛国心をもつ以上は防衛力（自衛隊）の増強に賛成するのは当然である、という理屈が、説得力あるものとして広まるおそれもあろう。

戦後日本教育史を意識した場合、あわせて重大視すべきものがある。それは何よりも、1966年に中教審が出した報告文書『期待される人間像』である。この文書の後半は、「日本人にとくに期待されるもの」というタイトルになっている。その中では、「宗教的情操」に言及した一節もある。また、「愛国心」とともに「象徴〔天皇〕への敬愛の念」も強調されていた。それによると、「日本国を愛するものが、日本国の象徴〔である天皇〕を愛するということは、理論上当然である」、とされる。

たしかに、現在の中教審は、約40年前の中教審とはちがって、ここまで主張したりはしないであろう。しかし、天皇制を含め日本独自の伝統や文化を尊重することこそ日本人にふさわしいことである、という程度の主張なら大いに出てくる可能性があろう。

ともあれ、"2003年3月の中教審答申"という言葉を聞いて"期待される人間像"のことを連想するのも、連想ゲームの上では「正解」とされるであろう。

2　愛国心とは何か

　"あなたが日本人であるのならば、日本という国を愛するのは当然である。"——このような理屈を言われた場合、その場ですぐに反論できる人は、必ずしも多くないであろう。

　そもそも愛国心という言葉は、あいまいである。たしかに、それが国民や国土を愛する心であれば、かなり多くの人の共感を得られるであろう。オリンピックで日本のチームや選手を応援したい気持ちが起こるのは、そのような意味での愛国心の現われである。しかし、狭義の国すなわち統治機構（とりわけ政府）を愛する心ということであれば、大いに問題である。というのも、この種の愛国心をもつよう勧めることは、政府への批判を控えさせるような政治風土に通じかねないからである。また、個人主義を弱めて国家主義を促すことになりやすいからである。といっても、それは戦前のファシズムを再来させるおそれがある、とまでは主張するつもりはないが。

　さて、旧・政府与党（自公連立政権）の内部では、自民党による愛国心の法定に向けた動きに対して、公明党は批判的である。そこで、自民党は、「国を愛する心」という場合の「国」を「くに」や「郷土」におきかえる妥協案を2003年5月に示したが、それでも公明党の受け入れるところとならなかった、とされる[5]。

　なお、民主党は、2006年5月23日に「日本国教育基本法案」を衆議院に提出した。そこでは、愛国心に相当するものとして"日本を愛する心を涵養する"ということが前文でうたわれていた。ただ、新政権が成立してから4年以内の時期には、この法案をそのまま法律化させることは図られていない、とのことである。

　いずれにせよ、愛国心やそれに相当するものについては、以下の点にも留意する必要がある。第一に、在日韓国・朝鮮人などの定住外国人との関係である。第二に、日本国籍者であっても、日本国との関係（それを恒常的身分的結合関係と呼ぶかどうかはさておき）が最重視されるとは限らない。各人は、日本に限らず市町村、学校その他さまざまの集団に帰属しているはずであり、どのレベルの集団帰属意識を強く感じるかは、各人の心のあ

り様の問題である（たとえば、人によってはアイヌ民族としての自己認識を大切にするであろう）。

なお、愛国心と少し似た言葉として、愛校心というものがある。それは、子どもにとって愛国心より理解しやすいものである。だからこそ、"愛校心を手がかりにして愛国心を教えよう"という教育方針が出てくるわけである。ただ、愛校心についても無条件に賛美するだけでは済まされない。そこにも留意すべき点はある。第一に、何らかの事情で"学校ぎらい"になった子どもに対して愛校心の大切さを説くにあたっては、慎重さが求められる。第二に、愛校心は、学校（ないし校長）の方針を批判しない心と混同されてはならない。

3　愛国心の押しつけと法定

ここ数年来、日本各地の学校で児童・生徒に愛国心を押しつけようとする動きが、出てきている。学校における国旗掲揚・国歌斉唱の実施率が急速に高まってきているのも、その主要な現われである。

以下では、まずは、「国を愛する心情」という言葉を使う文部科学省サイドの動きをみておこう。それがとくに顕著に現われているのは、小学6年生の社会科に関してである。この言葉は何よりも、新しい学習指導要領（1998年12月に告示、2002年度より実施）においてみられる。そして、通知表で生徒の「愛国心」の成績評価をする傾向も出てきた。[6]

そこで、旧教育基本法についてであるが、その1条（および2条）は、教育の目的について定めている。そこには、たとえば「平和的な国家及び社会の形成者〔の育成〕」という言葉も出てくる。教育目的の法定については、それは法律の条文で規定するに適さない、とする反対意見もある。[7] そのような一般論の当否はさておき、私としては、少なくとも愛国心を教育基本法に盛り込むことに対しては反対しておきたい。

たしかに、教育基本法において教育目標として愛国心を掲げたからといって、それだけで当然に子どもの「思想・良心の自由」（憲法19条）を侵害した、ということにはならない。その際、法規定の中には、強制力をもつものだけでなく、強制力をもたないもの（訓示規定、努力義務規定など）

もある、ということに留意する必要がある。しかし、教基法への愛国心条項の導入は、学校での愛国心の押しつけに法的根拠を与えたり愛国心教育をいっそう広めたりする、という大きな効果をもっている。

「思想・良心の自由」といえば、その侵害を認定しうるのは、生徒への愛国心注入が一方的・継続的に行われた場合（しかもそれを受けない生徒の自由が認められていない場合）においてである（なお、本書148頁で引いた佐藤幸治説も参照）。愛国心教育においては学校の教科書や副教材における愛国心の記述の果たす役割も大きいが、それと並んで（いや、それ以上に）個々の学校や教師の教育実践のあり方が重大となろう。なお、生徒の自発性を尊重した討論（ディベート）方式を利用した実質的な思想注入も行われうるのであろう。

いずれにせよ確認すべきは、"法律を守る"という視点からみた場合、愛国心条項をそなえた教育基本法は、現行の国旗国歌法よりも、いっそう問題が多い、ということである。というのも、学校で国旗掲揚や国歌斉唱を行わなかったとしても、国旗国歌法を守らなかったことにはならない。これに対して、学校で愛国心教育を行わなかった場合、それは法律の愛国心条項を守っていない、という理屈が一応成立しうる。ちなみに、学校教育法21条は、「義務教育として行われる普通教育」の達成すべき「目標」を列挙しているが、その3号の中段には、「我が国と郷土を愛する態度を養う」という言葉がみられる。

4 「心の教育」をめぐって

「心の教育」という言葉は、1998年の中教審答申（「幼児期からの心の教育の在り方について」）においても出てくるが、この言葉の意味や範囲は必ずしも明確になっているわけではない。ただ、2003年の中教審答申などの最近の動きを離れた一般論をいえば、「心の教育」は、愛国心教育や道徳教育などのほかに、いろいろなものをカバーするものである。そこには、たとえば、人権教育、生態系尊重教育、動物愛護教育なども入ってきうる。

「心の教育」をめぐる最近の具体的な動きとして気になるのは、以下の二つである。

第一に、2002年の春には、「道徳」補助教材『心のノート』が導入された。それについての説明は、別の文献にゆずろう。

　第二は、「心の東京革命」である。これは、2000年8月11日に石原慎太郎都知事が発表した徳目教育の計画である。そこには、戦前の「修身」教育の復活構想の色彩も感じられる。

　石原慎太郎といえば、保守主義ないし復古反動主義のイメージがあるが、およそ「心の教育」は主として右寄りの人たちによって主張されてきた。その背景には、"最近の日本の子どもや若者の心の荒廃を何とかしなければ"という問題意識がある。たしかに、このような問題意識そのものの正当性は理解できる。しかし、対処法には必ずしも賛成できない。

　とくに反対意見を述べたいのは、右寄りの人たちが戦後日本の個人（尊重）主義の教育の弊害を主張する点についてである。個人主義は国益や共同社会などを軽視する風潮を生み出し、利己主義（自己中心主義）を助長してきたから、見直されるべきだ、というわけである。そして、だからこそ道徳教育その他の「心の教育」をもっと重視すべきだ、ということになる。

　しかし、個人主義は、自分だけでなく他人を尊重する主義というものを含みもっている。したがって、いじめ、学校の荒廃、心の乱れなどに示されるように現状に大いに問題があるのは、個人主義のせいではなく、それが正しく理解されてこなかったからである。

　各人の人格の相互尊重を軸にした道徳教育のプランを議論し実行していくことこそ、我々の任務であろう。

　つけ足し的であるが、約半世紀前にみられた批判的意見を引用しておこう。「子どもたちに国家意識を植えつけるための」教育基本法改正を行うべきだ、とか、「修身科を復活して、そこで一つの道徳教育として愛国心を育成すべきだ」、といった主張は「有害」である。

注
1)　その全文は、季刊教育法1988年2月臨時増刊号〔臨教審のすべて〕158頁以下。
2)　高橋哲哉『「心」と戦争』（晶文社、2003）90頁以下参照。

3) 前掲注1)164頁参照。
4) その全文は、堀尾輝久編『教育の理念と目的（教育基本法文献選集2）』（学陽書房、1978）218頁以下。
5) くわしくは、2003年5月3日の朝日新聞記事、西原博史『学校が「愛国心」を教えるとき』（日本評論社、2003）132頁以下、堀尾・前掲注4）26頁以下。
6) 2003年10月3日の朝日新聞による。
7) たとえば市川昭午『教育基本法を考える』（教育開発研究所、2003）70頁、159頁以下。
8) 柿沼昌芳・永野恒雄編著『「心のノート」研究』（批評社、2003）、横湯園子「"心のノート"――臨床教育心理学の立場から」日本教育法学会編『教育基本法改正批判』（日本評論社、2004）48頁以下など。
9) 柿沼・永野編著・前掲注8) 第10章参照。
10) 上原専禄「道徳教育としての愛国心の育成」（1956）堀尾・前掲注4) 131頁。

第4節 ▶▶▶ 学校教育における心の問題

1　新・教育基本法の成立をきっかけに

　2006年12月に、新・教育基本法が成立した[1]。そこでは、子どもや教師の心の問題にかかわることとしては、ひとつには、いわば愛国心などの徳目が法定された（2条5号）。もうひとつには、「不当な支配」条項が書きかえられた（16条1項）。まず、2条の「教育の目標」条項は、その1号で「豊かな情操と道徳心を培う」とうたい、5号で「我が国と郷土を愛する……態度を養う」とうたっている。この愛国心条項[2]などは、同法を具体化する関連法令によって、さらに補充的に定められることが予定されている。ただ、理屈の上では、その条項は、同法の政治教育条項や宗教教育条項と同様に、それ自体として（学校教育法などの規定をまたずに）教育者側に対してストレートな法的効力をもちうる、とされるかもしれない[3]。そうだとすると、同法の愛国心条項は憲法19条（思想・良心の自由）に違反しないか、という点も一応は議論の対象になりうる。次に、新法の16条1項によると、「教育は、不当な支配に服することなく、この法律及び他の法律の定めるところにより行われる」、とされる。ただ、この条項の参議院での制定審議過程において、最高裁旭川学力テスト判決（最大判昭51・5・21〔前掲〕）の趣旨は政府側により少し確認された。それは、「不当な支配」の主体には行政権力や政治権力も含まれうる、という点（第165回参議院教育基本法に関する特別委員会会議録第2号〔2006年11月24日〕）、および、一定の範囲における教授の自由の保障を認める、という点（同第8号〔その1〕〔2006年12月5日〕）においてである。ただ、その条項で「他の法律の定めるところにより」という場合の「法律」は省令などの下位の法形式を含むか、などの点は十分に明らかにされているとはいえない（2006年12月5日

には、政府側はこの点を否定的に答えているようであるが）。

　学校教育法についていえば、2007年には、その小中学校「教育の目標」条項が改定されたが、あわせて、（道徳教育にも関連するが）社会奉仕体験活動を定める条項が2001年に新設された（現在では31条、49条、62条）、ということにも言及しておきたい。

　他方、いじめ、荒れた学校、勉学意欲低下傾向などの問題も深刻化している。いずれにせよ、考察にあたっては、子どもの権利・利益という観点が重要となる。子どもの権利といえば、精神的その他のケアを受ける子どもの権利、へき地や極貧家庭や児童養護施設で育てられる子どもの権利、不登校児の権利、身体障害・精神障害・知的障害・発達障害をかかえた子どもの権利、といったテーマも視野に入りうる。

　また、最近では、学校選択の自由や学校教育の多様化なども話題になってきている。それは、理念自体としては、積極的に評価できるが、自主的な「学校づくり」の環境・条件が存在しない序列化などの現在の状況を前提にして具体化されると、あるべき学校のあり方という点で望ましくない方向へ進むおそれが大きいので、現状では支持しがたい（なお、学校選択の自由は、学校で非常にイヤな思いをした子どもが転校しやすいように配慮する、という点では、子どもの精神的苦悩の問題とも少し関連してくる）。

　本節では、これらの諸問題に深入りするのは避け、そのかわりに、愛国、道徳および思想・良心という言葉をキーワードにして、学校教育問題への憲法的接近を試みたい。なお、愛国といっても、ナショナリズムかパトリオティズムか、などの点に立ち入る余裕はない。

2　戦後史における愛国心論など

　愛国心教育の問題は、新・教育基本法の2条が徳目を列挙する中で関連文言が盛り込まれる状況において、現在あらためて注目されているが、この点は、むしろ戦後日本教育史の文脈でとらえておく必要がある。そもそも教育基本法が約60年ぶりに改定されたことは、いわゆる戦後レジームからの脱却の重要な一環をなすものである。

　ここでは戦後日本教育史に立ち入る余裕はないが、日本国憲法や教育基

本法が制定された直後の状況も言及されてよい。それは、主権在民を始め新憲法の精神の定着に向けられた、いわば国民啓発文化が重視された時代状況である。そこでは、(占領体制期であるが) 政府主導の公民教育の歴史的な例として、(旧) 文部省『あたらしい憲法のはなし』(1948年発行) があり、また、当時の憲法普及会の活動に示される日本の精神文化状況も銘記されてよい。なお、今日、『あたらしい憲法のはなし』は、その内容的なすばらしさとのかかわりで言及されることが時々あるが、"国定教科書ゆえケシカラン"という形で言及されることは、ほとんどなかろう。また、戦後レジームにおいて、「教え子を再び戦場に送るな」という日教組の1951年来のスローガンに示される平和 (教育) 意識も影響力をもってきた。

しかるに、いわゆる逆コース化の事態が進展するようになった。1953年の池田・ロバートソン会談においては、日本の再軍備とあわせて愛国心教育の必要性が確認された。また、1965年には、中教審により「期待される人間像」が発表されたが、その際、中教審の当時の森戸辰男会長は、祖国を守る決意や自衛力充実の必要を説くとともに、次のように述べていた。「戦後における平和国家と平和教育の考え方は根本的に反省され、改革される必要がある」、と。21世紀に入ってからの愛国心教育推進論についても、日本の集団的自衛権行使を容認する論調などと一定のつながりをもったものとして把握する必要があろう。とくに自衛隊 (の海外派兵) を支持する態度を子どもも含め国民各層に養おう、というねらいに対しては、大きな警戒心で臨む必要がある。愛国心条項についての政府サイドの立案関係者の説明 (愛国とは時の政府の政策を支持することではない、という趣旨の説明) にもかかわらず、愛国という言葉が一人歩きして、そこから少しズレたところで事態が進むおそれもあろう (そうであるなら、愛郷という言葉を普及させた方がよかろう)。

他方、道徳的規律については次節でふれるが、愛国心教育の必要性も、それと連結させた形で主張されることがある。

最近では、新自由主義 (「小さな政府」論) の主張も勢いを増してきたが、そこでの教育改革論においては、新自由主義と国家主義 (国家意識高揚) とを組み合わせて推進する、というスタイルがとられることになる。

なお、愛国心教育論のとらえ直しとしては、"愛国心を大切にするからこそ日本の過去の侵略戦争を反省的に受けとめよう"、という教師の教え方も大いにありうる。ちなみに、愛国という概念は、戦後日本の（国会）政党史においても目立った位置を占めてこなかった、と思われる（共産党が独自の立場で愛国を強調してきたのを別にすれば）。

付言的に言及されてよいのは、「エホバの証人」の信者による国家崇拝拒否についてである。それは、日本では（アメリカとは異なり）、教育現場ではさておき、少なくとも法律関係の学界などでは、目立った話題としてとりあげられることが少ない。

3　道徳教育の位置づけ

戦後日本教育史の話から道徳教育の話へと橋渡しするための語りから始めよう。1958年には、学校の教育課程に「道徳」の時間が特設され、今日にいたっている（なお、2007年3月には、「道徳」の時間を教科に格上げする案も、政府の教育再生会議によって出されている）。また、2002年には、小中学校において「心のノート」による道徳教育が導入された。以上は、いわば制度面であるが、思想風潮としては、戦後日本の学校その他の社会の実態とのかかわりで、保守陣営などの論者によって、個人の人権や自己決定権を強調することは各人の心や生活の乱れに拍車をかけ弊害がある、と指摘されてきた。また、道徳教育に限った話ではないが、暴れたりふざけたりしがちな子どもたちに規律ある生活や授業態度を身につけさせることを重視すべきである、とも主張されてきた（なお、新・教育基本法6条2項には「学校生活を営む上で必要な規律を重んずる」という言葉が挿入された）。このような道徳教育推進論は、戦前の「修身」への哀愁はさておき、愛国心教育や宗教的情操教育の推進論とあいまって国粋主義的な色彩をもって唱えられてきた。

戦後日本の教育政策による道徳教育の動向などに対しては、大いに批判が行われるべきである。だからといって、道徳教育を軽視してはならない。実際、日教組は1958年に、官製道徳教育にかえて「真の道徳教育」を、と主張していた。のみならず、教育行政が道徳教育に関与すること自体を非

難の対象とするのも筋違いであろう。前述の「道徳」特設は、当時は多くの批判を受けたが、現在では、「道徳」授業の設定そのものが批判されることは、より少なくなった。

　学習指導要領に「道徳」が含ませられたことは、それが法的文書であるか指導助言文書であるかを問わず、国家が道徳の教師になったことを示すものにほかならない。また、幼稚園教育要領（学校教育法25条および同法施行規則38条に基づき文部科学大臣が告示しており、法規性をもつとされる）には、「思いやりをもつ」や「きまりの大切さに気づき、守ろうとする」などの言葉がみられる。ともあれ、「道徳」は内容・教科名ともに確固たる学校知である。「道徳」という教科名を法定することは、国民の教育権説の中の学校制度法定主義の発想からも大丈夫なはずである。

　一般論として、国家が道徳教育の面で一定の権限をもつことは是認されてよい。同様のことは、愛国心教育についてもいえよう。むしろ、道徳教育の具体的あり方こそ批判的にチェックすべきなのである。この場合の道徳教育としては、主として、暴力はダメという点を含め最低限の規範意識を身につけさせる指導が念頭におかれるが、副次的には、公民的徳性という政治道徳を培う教育も射程に入ってこよう。

　従来、"道徳教育は本来家庭で"と主張される傾向もあったが、一部に道徳心の低い親もいる中で親を完全に信頼するわけにはいかない（集団的規律にかかわる規範意識や道徳は、家庭教育では教えきれない。また、子ども連れの親が、ゴミのポイ捨て、列への割り込み、などを行うことにより、子どもに悪い道徳的影響を与えることもある）。学校の教師は役割意識をもって道徳教育を行うにふさわしい面がある。また、教育課程行政も活躍すべきである。むしろ、差別主義的な考え方を改めさせる教育や、いわゆる被差別者に思いやりの気持ちで接するのは筋違いであるとの指導を含め、マイノリティ差別の問題への教育的対応については、教育課程行政の側でモデルが示されてよかろう。

　なお、コンドルセは、公教育の任務は知育に限定され徳育（訓育）はそこには含まれない、という原則を主張したフランス革命期の教育思想家として知られている。また、彼は、"国家（政府）は道徳の教師になっては

ならない"と主張したかのように位置づけられる傾向もある。しかし、彼は、次のような形で宗教と道徳の分離を力説していた。「宗教上の思想〔は〕普通教育の一部となり得ない〔のであり、〕したがってその結果、道徳の教育を、宗教上の思想とは厳密に別個のものとする必要性がおこってくる」[14]。「道徳とあらゆる特殊宗教の原理とを分離すること、そして公教育においては、いかなる宗教的崇拝に関する教授も認めないことが絶対に必要になった」[15]。また、彼は、自ら作成した法案において、初等・中等の公教育の場で教えられるべきことのひとつとして「道徳」を明示していた[16]。なお、彼は、「理性という唯一の原理にもとづいて道徳をうちたてることは、きわめて重要なこと」[17]、とも述べていた。

　コンドルセの位置づけはさておき、次の項目への橋渡しの意味も込めて、以下のように述べておこう。あるべき道徳教育についての教育者側の権限についての以上の立論は、イデオロギー的な価値観に深くかかわらない道徳を念頭におくものであった。思うに、「思想・良心」にかかわる個人の人権や国家の中立性について論じる場合、「思想・良心」として、イデオロギー的な価値観と、非イデオロギー的な道徳心とを原理的に区別すべきであろう。個人への人権侵害は、イデオロギー的な価値観を押しつけられたりする場合には成立しやすいが、非イデオロギー的な道徳心を押しつけられたりするにとどまる場合には成立しにくい。また、客観法制度としての国家の中立性は、イデオロギー的な価値観にかかわる領域では、非イデオロギー的な道徳心にかかわる領域よりも、いっそう要請される。政府は、道徳の教師になる以上に、イデオロギーの教師になることを禁止される。この点は、憲法19条は主として人権であるが副次的には（人権ならざる）客観法たる側面をもつ、という理解を前提にしている（なお、憲法19条の客観法性は、後述〔148頁〕の佐藤幸治説「規範命題Q」からもみてとれる）。

4　思想・良心の自由と「君が代」伴奏

　憲法19条の「思想・良心の自由」について、伝統的な通説は、それを（暗黙のうちに）もっぱら人権（主観的権利）として理解した上で、以下のように論じてきた。すなわち、まず、それは内面的な精神的自由ゆえ絶対

的に保障される。ついで、思想・良心の自由の保障の効果としては、第一に、特定の思想・良心（を抱くこと）を強要したり禁止したりしないこと、第二に、特定の思想・良心を理由に不利益な扱いを受けないこと、第三に、強制的手段により個人の思想・良心の内容や有無を告白させたり推知したりしないこと、があげられる。[18]このような「三つの保障の効果」論は、次のように述べる判例によってもふまえられている。それによると、「本件職務命令は、……上告人〔音楽教師〕に対して、特定の思想を持つことを強制したり、あるいはこれを禁止したりするものではなく、特定の思想の有無について告白することを強要するものでもな〔い〕」、とされる。ここで引用したのは、最高裁平成19年2月27日第三小法廷判決（民集61巻1号291頁）の一節である。判決の基礎となった事件は、東京都日野市立小学校の音楽教師が式典での「君が代」伴奏を職務命令され拒否したため戒告処分を受けたものである。この裁判事件は、一連の「君が代」拒否訴訟の一翼をになうものである。この種の問題については、多くのことが論じられてきているので、ここでは、それらを振り返るかわりに、「君が代」ピアノ伴奏（拒否）の問題に光をあてよう。[19]

　この場で重視すべき概念は、自分の思想・良心に反する行為を義務づけられない権利（そのような行為からの自由）である。このような権利・自由については、既成の憲法教科書のうち相当数のものにおいて何らかの言及がみられるが、しかし、必ずしも広く一般的に憲法教科書叙述の対象になっているとまではいえない。もしも、このような権利・自由も憲法19条から導かれる（「思想・良心の自由」の保障の効果としても位置づけられる）としたら、それは、絶対的に保障されるものではない。その場合、つねに思想・良心の自由は絶対的なものである、という命題も捨てざるをえない（そもそも、この命題は前述の「三つの保障の効果」のうち後二者を語る場面でも貫けるとはいえなかった可能性があろう）。そうすると、思想・良心の自由も、表現の自由などと同様に、場合により一定の制約を受けうる、という発想になる。それは便宜上、憲法19条＝相対的保障説と呼びうる。ここで、憲法19条＝絶対的保障説は相対的保障説よりも思想・良心を手厚く保護する立場をとっている、とは一概にはいえない。この分野のオピニオン・リ

ーダーである西原博史の言葉を引用しておこう。「個人の思想・良心を破壊するような法的義務を拒否する権利があるとしても、その権利は絶対無制約ではない。行為領域にかかわる以上、他者の権利などさまざまな利益と対立する可能性があり、場合によっては思想・良心に対する一定の侵害を甘受しなければならない」。このような拒否権は、制度化要求にいたらず義務免除にとどまるものであれば憲法上保護されるが、ただ、「厳格審査で必要性が認められる場合には」制限される[20]。

前述の最高裁判決においては、憲法19条＝絶対的保障説の発想は、(公務員の人権を念頭においたものとしてであるが) 藤田宙靖裁判官反対意見の中にみてとれる。そこでは、一方では、公共の利益と思想・良心の保護との間での慎重な考量の必要性が説かれており、他方で、「〔公的儀式での「君が代」斉唱の強制自体に強く反対するという〕信念・信条を抱く者に対して公的儀式における斉唱への協力を強制することが、当人の信念・信条そのものに対する直接的抑圧となることは、明白である」、と述べられていた (このような藤田反対意見の発想によると、「君が代」伴奏を当該音楽教師に命じる本件職務命令は、彼女の思想・良心の自由という人権を侵害しており憲法19条違反である、という結論が導かれる可能性もあろう)[21]。また、いわゆる予防訴訟に関する東京地裁平成18年9月21日判決 (判例時報1952号44頁) においては、憲法19条による思想・良心の自由について、「内心の領域にとどまる限りはこれを制約することは許されず、外部に対して積極的又は消極的な形で表されることにより、他者の権利を侵害するなど公共の福祉に反する場合に限り、必要かつ最小限度の制約に服する」、とされていた。その上で、「原告ら教職員が、……式典において……〔国歌伴奏などを〕拒否したとしても、……他者の権利に対する侵害となることもないから、原告らが都立学校の教職員の地位にあることを考慮しても、同人らの上記行為を制約することは、必要かつ最小限度の制約を超えるものであり、憲法19条に違反する」、と判断されていた。

さて、小学校学習指導要領の「音楽」の項目では、「国歌『君が代』は、いずれの学年においても指導すること」、と記載されている。たとえ、この記載に法的拘束力が認められるとしても、具体的な指導方法については、

担当の教師に「ある程度自由な裁量が認められ」るはずである。当該音楽教師は、音楽の授業の場では、自分の伴奏による「君が代」指導をした、と伝えられているが（おそらく具体的な指導方法について思想・良心の保護の見地から工夫したのであろう）、かりに彼女担当の音楽の授業のうち「君が代」指導の日時には校長や教育行政当局から授業視察を受け、具体的な指導方法を監視された、と仮定しよう。その場合、彼女の教える自由という人権が侵害されたという側面もある、と説明してもよかろう。一般的に、教師の教える自由は対国家の関係では職務権限たる側面と人権たる側面とを並存させている、とみてよい（本書111頁参照）。この点は、大学において教授する自由の場合もほぼ同様である。たしかに、教師による授業などの教育行為は、場合により子どもの人権を侵害するおそれがあるが、この場合、教師の人権が子どもの人権によって合憲的な制限を受ける、と考えればよい。

　そこで、子どもの人権についても言及しておこう。先に、自分の思想・良心に反する行為を義務づけられない権利について述べたが、それは、教師の人権としても子どもの人権としても語りうるものであった。さて、卒業式で校長が「君が代は重要です」と発言したとしよう。その場合、この発言を不快に感じる子どももいるであろうが、それは"勝手に言わせておこう"で済む話である。その子どもが「君が代」を歌うよう義務づけられると、憲法19条の問題が出てくる。すなわち、子どもの信条に反する言動を学校や教師が行っているにとどまる場合は、子どもの「思想・良心の自由」への侵害にならないが、子ども自身の信条に反する言動を子どもに行わせることは、この自由への侵害になる。他方、前述の道徳教育論にもかかわるが、卒業式で校長が「電車の中で席をゆずるなどの公共道徳を身につけた卒業生になって下さい」と述べたとしよう。この場合、学校で道徳を説教されるのはイヤだと感じる生徒には卒業式参加拒否権（囚われの聴衆になるのを拒む権利）がある、とはいえない。

5　小　括

　思い起こすに、最高裁の旭川学力テスト判決は、「子どもが自由かつ独

立の人格として成長することを妨げるような国家的介入、例えば、誤った知識や一方的な観念を子どもに植えつけるような内容の教育を施すことを強制するようなことは、憲法26条、13条の規定上からも許されない」、という規範命題Pを述べていた。ただ、そこでは、「国家的介入」に基づかずに個々の学校や教師がそのような内容の教育を施す、という事態は想定されていなかった。また、憲法26条、13条への言及はみられるが、19条への言及はみられなかった。この点はさておくにしても、この規範命題Pは、新・教育基本法に対しても憲法上の制約要因として作用するものとして確認する必要があろう。他方で、それをヒントにして、「子どもが自由かつ独立の人格として成長することを妨げ」ないような形で子どもに授業などへの出席を義務づけることは許される、という命題を導き出すこともできよう。

他方、佐藤幸治説[22]においては、「特定の内心の形成を狙って特定の思想を大規模かつ組織・継続的に宣伝する」ことは憲法19条によって禁止される、という（客観法たる）規範命題Qが樹立されることになる。この規範命題Qを具体的事例にあてはめると、たとえば、天皇制を含め「君が代」の歌詞を賛美するような形で学校が子どもへの「君が代」指導を継続的に行う、といった極端な事態が起これば、憲法19条違反となろう。ともあれ、規範命題のPやQを採用すれば、愛国心などの問題のうち憲法19条違反を主張できる事柄は、一定範囲のものに限られることになろう。かりに、教育行政が、各学校に愛国心教育を大いに推奨するが、教職員や生徒の有志に対して信条ゆえの不参加も認める、という立場をとったとしたら、このような立場に憲法論的に異議申立てを行うのは困難であろう[23]（そのような有志を監視し孤立化させるなどの企みがあれば、少なくとも運動論的に反対すべきであるが）。

ここ数十年にわたって政府の教育政策によって企図・推進されてきた愛国心教育や道徳教育については、運動論の次元で大いに非難されるべきである。それは、具体的な（歴史的な流れをもつ）内容・動向・背景において、保守的・反動的・国粋主義的な色彩によって刻印されているからである。このような非難については、次の三点に留意しておこう。第一に、そ

れは、憲法（解釈）論の資格で行うべきものではない。愛国心教育や道徳教育に政府側が積極的に関与すること自体が違憲になるわけではないのである。第二に、このような非難と、近現代リベラル立憲主義の一般原則として国家（教育課程行政）は愛国心教育や道徳教育に積極的に関与することが禁止されるか、という問題とは別個であり、この問題については当然に禁止されるとはいえない、と答えておきたい。第三に、愛国心などが、使用義務ある学校教科書に盛り込まれた場合には、それをめぐる憲法問題を「〔教科書の検定・採択・使用という〕一連のプロセスを通じて検討する」必要性は依然としてある、ということを確認しておきたい。[24]

　立憲主義の政治哲学にもかかわるが、本節の扱ったテーマは、リベラルな公教育は（どの程度まで）可能か、という課題に連なる契機を含んでいる。前項末尾で言及した子どもの権利に引き寄せていえば、「思想・良心」に照らして著しく不快や嫌悪が感じられる物に（無理やり）さらされない権利というものは、どこまで認められるであろうか、という問題になる。また、規範命題Qに引き寄せていえば、各人の多様性や熟慮や自律性を是とする内心・思想は、規範命題Qにいう「特定の内心」「特定の思想」に当たらない、とされることになろう。この点、本節では深入りする余裕はない。他の論者の研究にゆだねたい。[25]

注
1）　新・教育基本法の愛国心条項などの立案過程については、たとえば樋口修資編著『教育行財政概説——現代公教育制度の構造と課題』（明星大学出版、2007）103頁以下参照。なお、後掲注5）を参照。
2）　「愛国心条項」という言い方は、便宜的な略称にすぎない（それをめぐっては、「心」か「態度」か、などの問題もある）。
3）　教育基本法がストレートな法的効力をもつということは、それが、地方公務員法32条にいう「法令」に含まれ（その結果、同法29条〔懲戒処分条項〕も適用可能になり）、また、私立学校法62条（解散命令条項）にいう「法令」や、地方自治法245条の5（各大臣による是正の要求に関する条項）にいう「法令」に含まれる、ということを意味する。なお、本書135～136頁も参照。
4）　学校選択の自由にかかわっては、1990年代の終わりころから、公立小中学校の間での選択を推進しようとする動きが実現に移されつつあるが、ここでは、この点

に深入りする余裕はない。たとえば、池上洋通ほか『学校選択の自由化をどう考えるか』（大月書店、2000）、久富善之「通学区の弾力化と学校選択の自由」『講座現代教育法2　子ども・学校と教育法』（三省堂、2001）246頁以下、廣田健「学校選択制の光と影」日本教育法学会編『教育基本法改正批判』（日本評論社、2004）52頁以下、黒崎勲『教育学としての教育行政＝制度研究』（同時代社、2009）第2部第2章など参照。
5)　柴田義松編著『道徳教育──理論と実際』（学文社、1992）35頁参照。
6)　なお、新・教育基本法の制定にいたる政治的諸潮流については、とりわけ渡辺治『構造改革政治の時代──小泉政権論』（花伝社、2005）第7章を参照。
7)　片山等「公立学校における国旗敬礼と修正第一条（一）（二）」宮崎産業経営大学社会科学論叢1巻1号・（同）法学論叢2巻1号（1988〜89）、井上徹也「愛国心教育と憲法──合衆国最高裁判所の1940年代の2つの判決を顧みて」同志社法学50巻1号（1998）23頁以下など参照。
8)　なお、日本の"エホバの証人"の信者がかかわる事例については、注19）後半所掲の拙稿の中で言及した。
9)　前節の注8）を参照。
10)　たとえば山口和孝『新教育課程と道徳教育』（エイデル研究所、1993）参照。
11)　柴田・前掲注5）156〜158頁参照。
12)　学校制度（的基準の）法定という枠組みは、とりわけ兼子仁『教育法〔新版〕』（有斐閣、1978）（216頁、247頁、369頁以下など）によって示されたものである。なお、同378頁によると、「省令〔は〕法律にいう『教科に関する事項』として、①教科・科目名、②それ以外の教育課程構成要素（小・中学校における『道徳』と『特別活動』）、③標準授業時数」を定めており、「『道徳』をふくむ教育課程構成要素や授業時数の定めは、教科目法定を越えたことで、問題の余地があるが、それらは教科目履修の制度的条件を成し、性質上ここまでは法定学校制度の一環として教育内容を直接に決定しない学校制度的基準に属している」、とされる。ちなみに、学校制度的基準（教科目）法定という枠組みを使えば、たとえば「伝統文化」という科目を法定することもできることになろう。
13)　戸波江二「国民教育権論の展望」日本教育法学会編『教育法学の展開と21世紀の展望〔講座現代教育法(1)〕』（三省堂、2001）114〜116頁も、教えられるべき教育内容（しかも熟慮や公正手続を伴えば議会制のルートで決定されてよい事柄）のひとつとして「道徳」をあげていた。また、同「教育法の基礎理念の批判的検討」戸波江二・西原博史編著『子ども中心の教育法理論に向けて』（エイデル研究所、2006）29頁によると、「社会生活において必要とされる最低限の道徳的規範の遵守を教育することは否定されない」、とされる。
14)　コンドルセ（松島鈞訳）『公教育の原理』（明治図書、1974）36〜37頁。

15) 戸波・前掲注13) 151頁。
16) 同上180頁、182頁。
17) 同上152頁。
18) なお、憲法19条には、自分の思想・良心の具体的内容を秘密にする権利も含まれる、とみる余地もあろう。そうすると、たとえば「君が代」斉唱の行われる式典の場合、それを思想上の理由により拒否したい個人に対しては、病気などの虚偽の理由により欠席する自由も保障すべし、ということになろうか。
19) それは、憲法分野では、西原博史(後掲注20)など)のほか、成嶋隆、戸波江二、土屋英雄、渡辺康行、渋谷秀樹、佐々木弘通、安西文雄、斎藤一久などによって論じられている。さらに、内野正幸「愛国主義教育のもたらしうる不利益──『君が代』裁判を中心にして」(日本教育法学会年報39号〔2010〕掲載予定) も参照されたい。
20) 西原博史『良心の自由と子どもたち』(岩波書店、2006) 94頁、96頁。
21) なお、芹沢斉「良心の自由と謝罪広告の強制」『憲法判例百選Ⅰ〔第5版〕』(有斐閣、2007) 77頁では、「内心の意思と外部的行為との整合性を生活信条とする人」という言葉が使われているが、藤田反対意見の発想を推し進めると、このような「生活信条」も憲法19条の「思想・良心」に当たる、とされうるであろう。なお、芹沢・同書によると、沈黙の自由のうち、人の内心の表白を強制されない自由は憲法19条の問題であるが、内心とは異なる意思表示を強制されない自由は憲法21条の問題である、とされるが、この枠組みに引き寄せていうと、「君が代」伴奏を強制されない自由は、憲法19条というより、むしろ憲法21条の問題である、という考え方も成立しうることになろう。
22) 佐藤幸治『憲法〔第3版〕』(青林書院、1995) 486頁。
23) この点、(坂田仰「改正教育基本法の成立と課題──学校教育における価値の教え込みに寄せて」法学教室320号〔2007〕45頁などに従って) 学校はイデオロギー装置であると理解し、しかも、このこと自体は違憲ではないと考えれば、ますます妥当しよう。
24) 大島佳代子「教科書検定(1)」前掲注21)『憲法判例百選Ⅰ』195頁。
25) 原理的考察として、若松良樹「リベラリズムと徳──公教育を手掛りに」日本倫理学会編『徳倫理学の現代的意義』(慶應通信、1994) 113頁以下を、アメリカのモザート事件 (政教分離の視点によるものであるが、本書第4章第4節参照) などをとりあげながら市民性教育 civic education につき考察したものとして、中川律「アメリカの公教育に関する憲法的一考察」明治大学大学院法学研究論集25巻 (2006) 21頁以下、など参照。

第5節 ▶▶▶ 教育権から教育を受ける権利へ

1 国民の教育権論の支持率低下

　小中高等学校における教育問題を憲法学の見地から検討する作業は、以前から行われてきた。そこでは、憲法26条1項にも出てくる「教育を受ける権利」という言葉と並んで、――いや、それ以上に――教育権（や教育の自由）という言葉が、よく使われてきた。ここで教育権とは、教育内容を決定したり教育を実施したりする権利・権限をさす。このような教育権を軸とした議論のやり方に対しては、従来から批判的分析もなされてきた[1]。

　国民の教育権論とは、大まかには、教育権の所在は国民にあり、学校教育の内容に対して国家は介入してはならない、と主張する立場をさす。これに対して、国家の教育権論者によると、教育権の所在は国家にある、とされる。このようにして、従来から、国民の教育権説・対・国家の教育権説という図式が語られてきた[2]。ただ、最近では、このような図式は（旧）文部省・対・日教組という時代の産物にすぎない[3]、とみる傾向もある。また、教育権の所在という論点設定の仕方そのものを疑問視する向きもある。

　かりに教育権の所在に引き寄せていえば、最近の憲法学界では、最高裁学力テスト判決（最大判昭51・5・21〔前掲〕）の影響の下に、国民の教育権説と国家の教育権説の中間の道を選ぶ折衷説が、より有力になっている[4]。そこでは、「教育権の所在に関する憲法解釈の方法として、教師、親、私学、国といった教育関係者の教育権能の範囲をそれぞれ憲法上の根拠に照らして明らかにしようとする」最高裁学力テスト判決のアプローチは、「基本的には妥当な解釈方法である」[5]、評される傾向にある。

　もっとも、この点については、教育法学者により次のように批判されている。「この理論には、教師の教育権、親の教育権といった教育人権と、

国家の教育権という教育内容決定権力とを同じ教育権という言葉でくくることによって、本来両立しえない教育人権と教育権力を同一次元で両立しうる概念であるかのように論じる理論的混同がある[6]」、と。ただ、「同じ教育権という言葉でくくる」ことは、憲法分野で「教育権の所在」という論点名が提示されていた段階で、すでに行われていたことである。また、私は従来から、教師の教育の自由について、教師が国家権力と向き合う場面では職務権限および人権という二面性をもつが、生徒と向き合う場面では職務権限である、と説いてきたが[7]、それは理論的混同を避けようとする試みでもあった。

あえていえば、憲法学界では、教育法学界とはちがって、伝統的な国民の教育権論は、「停滞[8]」しているどころか評判を落としつつある[9]。まさに、「教師が〈真理〉を独占的に代理するという傲慢な命題」を語って親や子どもを無権利状態におく「〈国民の教育権〉論の危険な欺瞞性[10]」が指摘されたりしているのである。ここに示されるように、国民の教育権に対する評価・認識をめぐって憲法学と教育法学の間に大きなギャップがあるわけである[11]。

関連していえば、ある学説は、次のように論じている。「結論としては、『国家の教育権』を前提としつつ、教員の専門職性を前提とする裁量をどこまで認めるのかという議論が現実的だといえよう[12]。」

このような論じ方の当否はさておき、ここでは、以下のように述べる憲法学説に注目したい。「『国家の教育権』か『国民の教育権』かという議論」は、「『教育を受ける権利』に対応した義務の問題として考えるべき」である[13]。「教師まで含む意味での公権力が現実に教育内容決定権その他の学校運営上の権限をもつことを認識し、就学義務に基づく学校教育の権力性を認めた上で、子どもと親の思想・良心の自由という観点からイデオロギー的教化を防ぎ、教育の中立性を確保する道を探る必要があろう[14]」。この後者の引用文に示される学説においては、思想・良心の自由を考慮した「教育を受ける権利」という視点がほのめかされているといえよう。

さて、教師の「教育の自由」は、政府による規制・介入と対抗する場面では人権としての性質を含みうるにしても、生徒や親と向かい合う場面で

は職務権限に属するものとして理解されるべきであろう。この場合、「教育内容〔の一定部分〕が法律〔法令〕で決定されてよい[15]」という主張も、十分うなずけるものになる。教師への法的規制は、公権力に対する立憲的統制の一環として位置づけうるとすれば、その必要性は立憲主義の見地からも説明できる。また、生徒の「教育を受ける権利」の保障という見地からそれをとらえ直すことも重要である。

学校教育の公権力性に関連して、以下二つの概念をとりあげてみよう。

2　政府言論と囚われの聴衆

政府言論（government speech）および囚（とら）われの聴衆という二つの概念は、以前から、公教育とは別の領域で扱われたりしてきた。しかし、最近では、これらの概念と公教育との結びつきを意識した論文[16]も、みられるようになった。

まずは、政府言論と囚われの聴衆とは結びつきやすいものであるが、両者はそれぞれ別個独立の概念である、ということを確認しておきたい。すなわち、政府言論を伴わない囚われの聴衆や、囚われの聴衆を伴わない政府言論も、大いにありうるのである。たとえば、大学の教員が学習指導要領などに拘束されることなく行う"憲法"の授業は、政府言論とはいえない。しかし、"憲法"が必修科目であり授業出席が義務づけられるのであれば、その場合の学生は囚われの聴衆となる。

さて、一言で政府言論といっても、いろいろなものが入ってきうる。それは、受け手の種類の違いに応じて、一般国民に対する政府公式見解の発表や政府広告などと、特定の相手に向けられた行政指導などとに分けられる。また、それは主体の違いに目をつけて、国家か地方公共団体か、また公務員の発言か公的機関の文書による表明か（前者の場合どのような地位にある公務員の発言か）、などという見地から整理することもできる。そうだとすると、公教育論の場に限らず一般に政府言論という概念を使うことは有意義なのであろうか、という疑問も生じる余地があろう。

このことを留保しながらも、以下では、政府言論や囚われの聴衆という概念を公教育論の文脈で使うことの意義について、少し考えてみたい。

第5節 教育権から教育を受ける権利へ　155

　まず、政府言論についてである。それは、憲法21条によって「表現の自由」として保障されるものではない。また、政府言論は当然に違憲になるものでもない。このような政府言論の憲法的限界については、とりあえず次のように述べる学説（本書148頁でも引用）に再び注目したい。すなわち、「公権力が……特定の内心の形成を狙って特定の思想を大規模かつ組織・継続的に宣言する」ことは憲法19条によって禁止される、と。まさに政府言論は、極端な一定の条件を満たせば違憲になるわけである。

　次に、囚われの聴衆についてである。この場合、聴衆は、囚われの身であるといえる度合いが強く、しかも聞こえてくる言論の内容や音が非常に不快なものであるときは、人権もしくは法的利益が侵害されたことになる。

　以上のような一般論をふまえた上で、話を公教育に戻そう。

　政府言論の中核部分をなすのは、文部（科学）省による学習指導要領の作成や教科書検定の実施である。そこで、より一般的には、公教育の内容に対する国家（おもに教育行政機関）の関与は、——法的拘束力のない指導助言も含めて——典型的な政府言論である、と指摘できる。このような指摘は、当然に一定の解釈論的主張に通じるものではないが、それは認識の再整理にとって有益である。

　また、個々の学校教師による教育活動も、うすめられた意味では多かれ少なかれ政府言論としての側面をもっている。このことは、教師の教育が職務権限（公権力）の行使としての側面をもっている、ということにほぼ対応するものである。

　より具体的に、教師が生徒に向かって、たとえば「期末試験範囲として指定した教科書の頁をていねいに読んでおきなさい」、と言ったとしよう。この場合、検定済み教科書の政府言論性が、より強く発揮されることになる。ここでは、囚われの聴衆に類似した問題も関係してくる。

　そこで名文句を引用しておこう。「教育とは『囚われの聴衆』に宛てた government speech に対し、政府が冠した美称である」。この引用文に示される命題は、解釈論上よりも認識上の含意を、より豊富にもっているであろう。関連した解釈論としては、次のようなことを語りうる。それは、ひどい事態が生じた例外的な場合にだけ、囚われの聴衆（生徒）に対する

政府言論（教育）は違憲の人権侵害になりうる、ということである。そのような場合としては、まずは、教師の発言によって生徒が自分の人格を傷つけられたり激しい不快や反発を感じたりした、という事例が想定できる。ついで、理屈の上では、教師の発言によって生徒が思想的に著しく教化される、という事例の類型も、ここにあげられてよかろう。囚われの聴衆という概念は、登校や授業出席を拒否するなどの仕方で公教育から脱出する自由というものの意義や限界についても、考えさせてくれるものである。その点も含め、この概念は、教育を受ける権利をめぐる問題状況の若干の局面を照らし出してくれるものとして、それなりに有益であろう。

そこで次に、政府言論や囚われの聴衆に深く関連した問題を、もう少し別の概念を軸にして考えてみよう。

3　価値の教え込み・中立性・憲法理念

まず、価値の教え込みに関連して、あらかじめ次のことを確認しておきたい。それは、「国民国家の成員となる個人を養成するという近代公教育の枠組[19]」を前提にしていえば、「教育、とくに『公の性質をもつ』学校の教育は、学ぶ者のためだけではなく、国家・社会のためにも行われる[20]」、ということである。このような公民的教育観は、たしかに日本固有の歴史的伝統を強調する愛国心教育に通じるものとなるおそれがある。しかし、私としては、それを警戒しながらも、公民的教育観から憲法教育へという方向性を探りたい。そもそも学校教育は、多かれ少なかれ価値の教え込みとしての側面をもっている。価値の教え込みにあたって教育行政、教科書、教師などがどのように役割分担するかにかかわらず、そういえる。

教育を受ける権利についても、適切な仕方で価値を教え込んでもらう権利としての側面をもっている、とみるべきであろう。

ここでいう価値の教え込みは、イデオロギー的な教化や洗脳とは異なるものである（それは、アメリカの公教育に関する議論〔本書250頁参照〕から少しヒントを得ている）。そこで価値という場合に念頭においているのは、第一に、科学的真理という価値である[21]。第二に、言語教育にかかわる価値である。ここにいう言語は、主として国語（ないしその国の公用語）をさ

すが、そのほかに英語などの国際語も含まれうる。第三は、憲法理念を内容とする価値である。これらは、いずれも"学校知"[22]というふるいにかけられた価値である。なお、価値の教え込みという場合の価値には、道徳的価値（礼儀、親孝行など）も含まれうるが、道徳教育の位置づけについては、ここでは立ち入らないことにする。ともあれ、公教育の主たる任務は、いわば聖なる文化空間としての学校にふさわしいオーソドックスな価値を教えることに存する、というべきであろう。[23]

次に、公教育の中立性については、以下のような主張がなされたりしている。「対立している各説や事実を公平に等しく教育することが中立性に」適合し、「教科書では対立説の併記、実際での授業では対立説の公平な紹介、教授が教育の中立の重要な要素をなす」、と。[24]ここでは主として、望ましい具体的な教育方法いかんが問われているが、関連しては、そもそも公教育とは何かを問う原理的なレベルの議論も出てきうる。

さて、対立説という場合、大まかにいって、真理のとらえ方に関する対立と、政策的主張に関する対立に区別される。どちらの場合も、対立説の並列扱いという主張の適用範囲が問題になる。真理のとらえ方に関しては、何よりも、アメリカの一部でみられるような"進化説と創造説の均等扱い"（本書220頁参照）のことを思い起こしがちである。原則論をいえば、学校は主として科学の成果を教える場である（ただ、キリスト教系の高校が、聖書の教えに反するとして「生物」の授業で進化論をとりあげないことは、かろうじて許されるというべきか）。科学的真理に関しては、科学の専門分野の内部で定説が形成されていない場合にのみ、対立説の並列的紹介が有意義になる。ただ、そういう場合は、学校教育の場面では、多くは出てこないであろう。これに対して、政策的主張に関しては、対立説の並列的紹介が、より重要となってくる。それは、たとえば社会科の授業で死刑存続論と廃止論の対立を扱う場合に問題になる。

そこで憲法理念についてである。ここで注目すべきは、永井憲一の主張する教育内容要求権説である。それによると、教育を受ける権利は、科学的・民主的な内容の教育を政府などに要求する権利を含む、とされる。[25]この説は、提唱者の主観的意図を離れていえば、それが国家の教育権を一定

程度まで認めるものになるという点も含めて、積極的に評価されるべきであろう。前述の公民的教育観に引き寄せていえば、「学校教育の内容が、国家が前提にできる価値として唯一公認された憲法的価値を指向することは、避けられないし、むしろ望ましい」、ということになる。ともあれ、抽象的には、「すべての者に、憲法の基本原理とそれが実現しようとする価値が教えられなければならない」、といえる。そして、憲法の基本原理とは、人権、国民主権および平和主義をさし、そこには象徴天皇制は含まれない、というべきであろう。したがって、学校教育の場では、人権、民主制、平和などの価値が教えられるべきである。といっても、「憲法価値に関する教え方、あるいは取り上げ方の問題」がある。この点に深入りする余裕はないが、さしあたっていえば、人権侵害、独裁制、侵略戦争などは、価値あるものとして教えられるべきではない。また、人権と非人権、民主と非民主、平和と非平和などをそれぞれ並列扱いする、という手法も許されるものではない。まさに、これらの分野は、「学校教育の価値観に関わる中立性が当てはまらない例外領域を構成する」、といってよかろう。

もっとも、人権・民主・平和に関する価値教育が必要であるという主張は、大枠の原理をなすものにすぎない。それは、人権などに関する特定の主観的価値観が押しつけられていい、ということを意味するものではない。

ともあれ、政治哲学に引き寄せていえば、「『政治的リベラリズム』においても、将来の市民となる子どもに対して、憲法上の権利や『政治的徳』を教育を通じて修得させることは、『政治的リベラリズム』に基づく立憲主義体制を維持するうえで必須の課題となる」のある。

より具体的な問題については、ここでは立ち入る余裕はない。ただ、人権教育に関して一言だけ述べておこう。今日重視すべきは、平等や人権の大切さを教える人権教育の実施に向けて政府側が指導・助言を行うことである。そこには、男尊女卑や同性愛異常視の考え方は誤りである、という趣旨の指導・助言も含まれる。当面は、2000年に成立した「人権教育及び人権啓発の推進に関する法律」の今後の運用の仕方に注目する必要があろう。ついでながら、政府による人権教育（より広くは人権政策）の推進にとって地方分権化はマイナスに作用する面がある、ということも指摘して

おきたい。

4　学校教育の諸問題と教育を受ける権利

　学校教育にかかわる今日的問題としては、校内暴力、いじめ、体罰、校則、不登校、学級崩壊、能力（習熟度）別学級、学校・教師の選択権などをめぐる問題をあげうる。これらの問題は、いずれも国民の教育権論（ないし「教育権の所在」論）では十分に対処できないものである。それらは、むしろ教育を受ける権利との関係で検討した方が、より有効であろう。もっとも、学校における国旗・国歌の義務づけは、多くの場合、端的に思想・良心の自由にかかわる問題としてとらえられるべきであろう。また、カリキュラムにおける"総合学習"の新設や、公立学校・完全週5日制の実施などのように、教育を受ける権利という概念にこだわることなく政策の当否のレベルで議論するのが適切だと思われる事柄も、かなりあろう。似たようなことは、教育情報の公開についても、ある程度いえよう。

　さて、憲法26条1項には、「その能力に応じて、ひとしく教育を受ける権利」という言葉が出てくる。ここからは、教育の機会均等という原理も導かれるが、以下では主として権利論に注目しよう。思うに、そこにいわれる「教育を受ける権利」は、より豊かなものとして次のように解釈されるべきであろう。すなわち、"良好な学校教育環境の下で適正な教育を受けることに関する子ども（生徒）側の権利・自由"としてである。

　まず、そこには"良好な学校教育環境の下で"という言葉が補われている。そうすると、いじめや学級崩壊などの悪い環境の下では、教育を受ける権利を十分保障したとはいえない、ということになる。

　また、そこで"権利・自由"という言葉を使ったのは、次のような趣旨によるものである。すなわち、憲法26条1項に示される「教育を受ける権利」は、社会権的側面のほかに自由権的側面を含む。ここにいう自由権的側面は、教育の自由（教育する自由）とは異なる。それは、教育を受けることにかかわる生徒の側の自由をさす。そこには、学校や教師の選択、授業欠席、不登校などの自由も含まれる。とくに最近では、公立小中学校を選択する自由がしばしば話題になっている。このテーマについては、教育

を受ける側の自由と、教育の機会均等の要請とをどのように調整させるべきか、という見地も重要となろう。

さらに、先ほど「教育を受ける権利」を定義する際に"子ども側の"という言葉を使ったことに関しても、補足が必要となる。原則論をいえば、"子ども側"には、子ども自身のほかに、その親も含まれる。ここで多くの場合、親子の権利は一体のものとして扱ってよい。しかし、例外的に、子どもの客観的利益と親の主張とがぶつかる場合も考えられる。また、そこには、子どもの客観的利益を代弁できるのは親なのか国家なのか、という問題もひそんでいる。かりに、親がそれを代弁できない場合を想定してみると、次のようにいうこともできよう。すなわち、教育を受ける権利は、子どもが「親の信条を押しつけられて利用されるという意味での思想的・宗教的搾取」を受けることなく教育を受ける機会を保障される権利でもある、と。[37] そうだとすると、わが子に対する親の養教育権と、子どもの側の教育を受ける権利とが、親の宗教的信条その他の事情によって衝突した場合には、原則として子どもの権利を優先させるべきである、という話にもなろう（なお、本書224頁も参照）。

最後に、教育を受ける権利という概念を重視するといっても、それは、この概念が実際に（厳格な意味での）憲法解釈論の次元で作用することが多い、と考えているわけではない。学校教育に関するある措置や事態について、それは教育を受ける権利を侵害しており憲法26条1項違反になる、といえるような場合は少ないであろう。むしろ、同項の定める「教育を受ける権利」の精神に照らして望ましい・望ましくない、といった議論の方が行いやすいであろう（たとえば、現行の就学援助の不十分さは、少なくとも、憲法の精神に照らして望ましくない、と論じることができる）。その際、このような議論は（厳格な意味での）憲法解釈論に属さない、ということを自覚すべきであろう。[38] また、この文脈でも、個々の問題を検討するために「教育を受ける権利」の内部での諸価値の調整が必要になる場合もある、ということを確認しておきたい。

5　若干の付言

　学校教育問題を考察しようとする場合、教育を受ける権利という概念を原点におくべきである（このことは以前から主張され続けてきた）。のみならず、この概念は、教育権（や教育の自由）よりも重要であり適用可能性も広い。もっとも、これは、軸となる基礎概念についての話である。個々の具体的な諸問題に対処するためには、数々の副次的な概念を使う必要が出てくる。そこに入る手前のところで本節を締めることにしよう。

　なお、本節では、教育を受ける権利のかわりに学習権という言葉を使うのを避けたが、この言葉の法律学的有用性には疑問がある[39]、ということをあらためて指摘しておきたい。

　付言的ながら、本節では、価値の教え込みを語りながらも、価値注入という言い方は避けてきた。というのも、ここでは次のような課題も意識されているからである。それは、「子どもの教育を受ける権利や子ども・親・教員の精神的自由によって、いかにして子どもに対する一方的な価値注入（精神的自由の侵害）に歯止めをかけるか」[40]、という課題である。

注

1）　たとえば、黒崎勲『教育学としての教育行政＝制度研究』（同時代社、2009）第2部第1章参照。なお、内野正幸『教育の権利と自由』（有斐閣、1994）でも不十分ながら批判的検討を試みたつもりである。

2）　たとえば、成嶋隆「国家の教育権と国民の教育権」ジュリスト1089号（1996）230頁以下、竹中勲「国民の教育権・国家の教育権論争と憲法解釈学」産大法学27巻4号（1994）90頁以下、高乗智之『憲法と教育権の法理』（成文堂、2009）第4章第2節など参照。

3）　水島朝穂「戦後教育と憲法・憲法学」樋口陽一編『講座憲法学　別巻』（日本評論社、1995）171～172頁。

4）　その傾向を示す一例としては、米沢広一「子どもの人権」ジュリスト1192号（2001）75～76頁参照。

5）　樋口陽一ほか『〔注解〕憲法Ⅱ』（青林書院、1997）170頁〔中村睦男〕。

6）　市川須美子『学校教育裁判と教育法』（三省堂、2007）288頁。

7）　内野・前掲注1）120～121頁。

8）　戸波江二「国民教育権論の現況と展望」日本教育法学会年報30号（2001）37頁

における表現。

9) この点に関して強い影響力を及ぼしてきたのは、奥平康弘「教育を受ける権利」芦部信喜編『憲法Ⅲ人権(2)』(有斐閣、1981) 361頁以下による一連の鋭い問題指摘である。

10) 西原博史『自立と保護』(成文堂、2009) 48頁。

11) 今野健一「『国民教育権』論の存在意義と教育法学の課題」日本教育法学会年報30号 (2001) 66頁。また、同「国家と公教育の関係の再定義」戸波江二・西原博史編著『子ども中心の教育法理論に向けて』(エイデル研究所、2006) 142頁では、憲法学説と教育法学説の傾向上の違いが、「国家基底的な公共性」か「市民社会基底的な公共性」か、という図式で整理されている。

12) 坂田仰『学校・法・社会』(学事出版、2002) 43頁。なお、本文で引用した坂田説を理解するためには、次のような言説も参照されるべきである。「日本の公教育は、親の子に対する教育義務を組織化した価値中立的な組織ではなく、特定の価値を教え込む場であり、国民再生産の場として機能している」(坂田「国民統合と手段としての公教育」戸波・西原編著・前掲注11) 101頁)。さらに、同「憲法の教育自治に対する先行性」憲法理論研究会編『憲法と自治』(敬文堂、2003) 99頁以下も参照。ちなみに、坂田には、「物語としての学校教育」という把握もみられる(浦野東洋一ほか編『現代学校論』〔八千代出版、1999〕の終章〔坂田〕を参照)。

13) 浦部法穂『憲法学教室 [全訂第2版]』(日本評論社、2006) 199頁。

14) 西原・前掲注10) 51頁。

15) 戸波江二「国民教育権論の展開」日本教育法学会編『講座現代教育法1 教育法学の展開と21世紀の展望』(三省堂、2001) 116頁。

16) 蟻川恒正「思想の自由」樋口陽一編『講座憲法学3』(日本評論社、1994) 105頁以下、世取山洋介「アメリカ公立学校と市民的自由」市川須美子ほか編『教育法学と子どもの人権』(三省堂、1998) 125頁以下、藤井樹也「政府の言論と個人の自律」法学教室212号 (1998) 39頁以下。

17) 佐藤幸治『憲法 [第3版]』(青林書院、1995) 486頁。

18) 蟻川・前掲注16) 123頁。

19) 西原・前掲注10) 52頁。

20) 市川昭午『臨教審以後の教育政策』(教育開発研究所、1995) 205頁。

21) なお、P・K・ファイヤアーベント (村上陽一郎・渡辺博訳)『方法への挑戦』(新曜社、1981) 417頁においては、以下のように論じられている。

「国衆とイデオロギー、国家と教会、国家と神話は注意深く分離されている。

しかしながら国家と科学は密接に協同している。……ほとんどすべての科学的な学科はわれわれの学校では必修の学科である。6歳の子供の両親はプロテスタントの根本原理やユダヤ教の根本原理の教育を子供に与えたり、あるいは宗教的教育を

全く控えたりすることを決めることができるのに、科学の場合には同じような自由をもっていない。物理学、天文学、歴史は学習されなければならない。それらは魔術や、占星術や、あるいは伝説の研究に取って代わられることができない。」

22) 学校知については、本書の本文とは叙述の文脈が異なるが、たとえば堀尾輝久『日本の教育』（東京大学出版会、1994）368頁以下、中西新太郎『情報消費型社会と知の構造』（旬報社、1998）93頁以下、184頁以下など参照。

23) 関連しては、論者の次のような指摘も、この場で引用されてよかろう。「子どもが将来において自己決定能力のある成熟した市民へと成長するために必要な知識・技能の伝達に関わる領域」では、「子どもに対して社会運営の基礎となる認識が歪みなく伝わることが重要となる」（西原博史「教師の〈教育の自由〉と子どもの思想・良心の自由」広田照幸編『自由への問い⑤教育』〔岩波書店、2009〕163頁）。

24) 伊藤公一「公教育における教育の自由と中立性」阪大法学141=142号（1987）239頁。

25) さしあたり、内野・前掲注1) 206頁以下参照。なお、そこでは私は、教育内容要求権説に対して批判的な立場を示しておいたが、この点は改説したい。

26) 西原博史「思想・良心の自由と教育課程」前掲注15)『講座現代教育法1』226頁。

27) 竹内俊子「教育制度と民主主義」憲法問題15（2004）94頁。なお、斎藤一久「憲法教育の再検討」戸波・西原編著・前掲注11) 120頁は、「インドクトリネーション」を警戒しつつも、「憲法という最高法規としての法規範を前提とすれば、その安定的な秩序については、一応は擁護せざるを得〔ない〕」、としている。

28) 船木正文「教育目的と教育内容」永井憲一編著『憲法と教育人権』（日本評論社、2006）72頁。

29) 同旨の指摘として、戸波・前掲注15) 114〜115頁参照。

30) 西原・前掲注26) 226頁。この点、「民主的な価値に向けての働きかけも、……原則として国家・学校に課される中立性に対する例外として位置づけられる」、とも説明されている（西原「憲法教育というジレンマ」戸波・西原編著・前掲注11) 87頁）。

31) 西原・前掲注26) 226〜227頁。

32) 阪口正二郎「リベラリズム憲法学の可能性とその課題」『樋口陽一先生古稀記念』（創文社、2004）597頁。

33) 同旨、船木・前掲注28) 73頁。なお、大須賀明『生存権論』（日本評論社、1984）172頁では、「教育行政権は憲法原則に即した教育が行なわれるように指導助言をなすべき法的な義務を負っている」、とまで述べられている。

34) 高野真澄『現代の人権法と人権行政』（有信堂、2002）161〜162頁参照。

35) 戸波・前掲注8) 40〜41頁参照。

36) 本章第4節の注4）参照。
37) 西原・前掲注26) 224頁。
38) 内野正幸『憲法解釈の理論と体系』（日本評論社、1991）第1章参照。
39) 同趣旨のことを説く最近の文献としては、奥平康弘『憲法Ⅲ』（有斐閣、1993）207頁、戸波・前掲注8）39頁、今野・前掲注11) 66頁。ただ、今野健一「教育を受ける権利」杉原泰雄（編集代表）『[新版] 体系憲法事典』（青林書院、2008）においては、次のように述べられている。「学習権説を消極に理解すべきではなく、生存権説の趣旨が学習権説の意義に包摂されると理解するのが妥当であろう。」
40) 北川善英「教育の法構造」公法研究70号（2008）135頁。なお、同135～136頁では、次のように論じられている。すなわち、この課題に対するアプローチとしては、「個別的人権アプローチ」や「個人の尊厳・幸福追求権アプローチ」も考えられるが、「教育を受ける権利（学習権説）アプローチ」の方が妥当であり、「その場合、学習権の自由権的側面としての『学習の自由』は、子どもの思想・良心の自由、信教の自由、学問の自由などを含む複合的性格のものとして再構成されることになる」、と。

第6節 ▶▶▶「教育を受ける権利」論を振り返る――ドイツの場合

1 はじめに

　日本の戦後の憲法学および教育法学は、今日にいたるまで、教育を受ける権利や教育の自由などの問題について、実に多くのことを論じてきた。この点に関して比較法的見地から興味深いのは、とりわけ1960年代以降教育法に関してめざましい法理論の展開を示してきた、旧・西ドイツの理論状況である。まさに、そこでも、日本と同様に、教育に対する厳しい国家統制への批判を主たる契機として、教育法学という学問分野が形成され、教師の教育の自由の問題を始め、教育法上の諸問題について活発な論議が展開されてきたのである。そこでの教育法理論のうち憲法学的観点からとりわけ重要な意味をもつのは、学校に対する国の監督、教師の教育の自由、親の教育権、教育を受ける権利などに関する法理論であるといえる。本節では、これらの問題のうち、教育を受ける権利の問題をとりあげ、それをめぐる論議の内容を紹介・分析することにしたい。ただし、その際、学説のほかに、裁判例にも簡単にふれ、また、学説に関しては、便宜上スイスのそれにも言及したい。

　なお、本論の叙述に入るに先立って、訳語法に関して、次の点を断わっておくことにしよう。「教育を受ける権利」に相当するドイツ語としては、通常、Recht auf Bildung の語が使われるが、Bildung のかわりに Ausbildung や Erziehung の語が用いられる場合でも、原則として、これらの場合を一括して「教育を受ける権利」と訳すことにした。そして、一般に、「教育」に相当する原語の違いを示すために、原則として、Bildung 以外の語が使われている場合には、たとえば、Erziehung は「教育（E.）」、Ausbildung は「教育（A.）」、Bildung und Ausbildung は「教育（B. u.

A.)」というように表示することにした。戦後の憲法・法令の教育関係条項や教育法理論において Bildung、Ausbildung および Erziehung の語が使用される場合、これらの語は、やや異なった意味内容をもつものとして使われることが多いこともたしかであるが（概していえば、Bildung の語は〔学校〕教育一般という形で、これに対して、Erziehung は養育、Ausbildung は職業教育〔養成〕という意味を込めた形で、それぞれ使用される傾向にあったと思われる）、他方、それらの語は、ときに、必ずしも明確な区別を意識せずに用いられることもあったといえるのであり、このような点にかんがみ、上の三語の用語法の検討の問題をわきにおいて、叙述を進めることにする。

2　教育を受ける権利をめぐる問題状況の概観

　旧・西ドイツの学界において、教育を受ける権利の問題が活発に論じられるようになったのは、1960年代の後半以降である。この問題が大きな関心を喚び起こす直接の契機を与えたのは、1965年に公刊されたR・ダーレンドルフの『教育は市民の権利である』と題する著書[3]であるといえる。翌々年に、その問題にかかわるM・アベラインとE・シュタインの論稿[4]が発表されたのを皮切りに、教育を受ける権利を扱った数多くの著書・論文が出現するにいたっている。[5]まさに、旧・西ドイツでは、教育を受ける権利は、（当時の）ボン基本法（＝ドイツ連邦共和国基本法、以下同じ）の明文規定を欠くにもかかわらず、学界で広く受容されるようになったのである。

　教育を受ける権利は、学問領域だけでなく、政党関係および政府関係の文書の中でも主張され、もしくは承認されるようになった。[6]ここでは、政府関係の文書として、次の二つのものに言及しておくことにしよう。ひとつは、ドイツ教育審議会の教育委員会が1970年に発表した『教育制度に関する構造計画』であり、そこでは、教育改革の基本原理のひとつとして教育の機会均等が掲げられ、その中で「学校教育を受ける権利」が語られていた。[7]他のひとつは、連邦政府の『教育報告70年』であり、そこでは、「すべての教育改革の社会政策的目的は、教育を受ける権利の実現である」、と述べられていた。[8]

概して、教育を受ける権利の問題は、法理論の場面と教育政策の場面の双方において論じられたといえるが、とりわけ憲法理論との関係では、教育を受ける権利の理論は社会権（社会的基本権 soziale Grundrechte）や配分請求権（Teilhaberechte、ボン基本法の伝統的な自由権条項から導出しうる、国家の積極的給付を求める権利[9]）をめぐる議論と深い結びつきをもっていた。このうち配分請求権論の領域においては、大学入学の定数制に関連して、学説や判例は、ボン基本法12条1項の「教育場所（Ausbildungsstätte）を自由に選択する権利」の配分請求権的解釈の可能性や限界について多くの議論を重ねてきた[10]。このような大学定数制ないしそれにかかわる大学入学請求権の問題も、たしかに、若干の論者にあっては、教育を受ける権利の問題の一環として位置づけられているが[11]、前者の問題は、多くの場合、後者の問題とは議論の文脈・場面を異にしていた。このことは、ひとつには、前者の問題がもっぱら大学にかかわるのに対し、後者の問題はしばしば大学より下の段階の教育をも眼中において語られていた、ということによって説明される。このような点にかんがみ、前者の問題には立ち入らないことにする。

　次に、教育を受ける権利をめぐる法制的問題状況に簡単にふれておこう。第一に、ボン基本法は、原則的に社会権規定を欠いており、教育を受ける権利を規定する条項をもっていない。しかし、学説は、基本法の諸条項から教育を受ける権利を導出することを試みてきた。第二に、旧・西ドイツの戦後の諸ラントの憲法の中には、教育を受ける権利を明文で規定するものがいくつかみられた。第三に、国際人権宣言としては、1948年の「世界人権宣言」の26条、「欧州人権保護条約」に関する1952年の議定書の2条、および1966年の「経済的、社会的および文化的権利に関する国際規約」（いわゆる国際人権A規約）の14条が「教育を受ける権利」をうたい、また、1961年の「ヨーロッパ社会憲章」の10条が「職業教育を受ける権利」を規定していた[12]。第四に、1961年の少年福祉法の1条は、——それは1922年の少年福祉法の規定を継承したものであるが——次のような文言を含んでいた。「各々のドイツ人の子どもは、その肉体的、精神的および社会的な能力を身につけるために教育（E.）を受ける権利を有する。」このような法

制的問題状況に対する学説の対応については、以上のうち第一および第二の点に限定して、項を改めて（3（3）および3（4）で）問題を検討することにする。

　以下3では、教育を受ける権利の問題についての学説の一定の側面に光をあてることにするが、それに先立ち、ここでは、この問題の論じられ方の特徴のうち、――3でふれられない――若干の点をごく簡単に指摘しておくことにしよう。まず、教育を受ける権利の主張の重要な社会的背景としては、何よりも、教育の機会均等の実質化をめざす教育改革への社会的要求の存在があげられる必要があるが、このこととかかわって、第一に、教育を受ける権利は、――教育法がそうであったように――一面において教育政策との関連の中で論じられる傾向にあったということ、第二に、それはしばしば教育の機会均等の問題と結びつけられて論じられていたということ、を確認することができよう。第三は、教育を受ける権利をテーマとする論稿の中には、法律論的考察だけでなく、経験科学（教育学・社会学）的な分析を含むものがかなり見られたということである。第四に、教育を受ける権利の理念的根拠としては、ひとつには、それが基本権行使の前提をなすものであることや、それが、教育と職業との結びつきの深さのゆえに、一定の職業につく権利の前提をなすものとなることがあげられたりした。このうち後者の点との関連でいえば、旧・西ドイツでは、教育を受ける権利の問題は、一面において、職業教育を受ける権利の問題として論じられる傾向にあったともいえるのである。なお、その他の点としていえば、教育を受ける権利は、未成年者の基本権の享有・行使能力の問題と結びつけられて論じられることもあり、また、教育を受ける権利の概念の下に、あるいはその一環として、親に対する（私法上の）権利が論じられることもあった。

　以下では、以上のような問題状況の概観――およびそこで示された本節の範囲の限定――をふまえて、「教育を受ける権利」論の展開状況を、いくつかの項目に分けて整理しながら分析してみることにしよう。

3 教育を受ける権利をめぐる学説の展開

(1) 人格の自由な発展を求める子どもの権利

まず最初に、教育を受ける権利の原理的・思想的把握として重要な意味をもつ、人格の自由な発展を求める子どもの権利の理論をみていこう。

E・シュタインは、『学校における自己発展を求める権利』(1967年)[22]の中で、ボン基本法2条1項にいう「人格の自由な発展を求める権利」に関して、次のように論じる。彼によれば、この権利は、二つの側面をもっている。第一は、その人格の発展を求める権利、したがって自己発展を求める権利であり、彼は、それを「発展権」(Entfaltungsrecht)と名づけている。第二は、自己発展の必要性と方法を自律的に決定する権利であり、彼は、それを「自律権」(Autonomierecht)と呼んでいる。そして「学校における自由な発展を求める子どもの権利」の内容に関して、次のように述べる。基本権の意義は、国家から自由な私的領域の保障にとどまるものではない。2条1項は、給付行政としての性格をもつ学校制度の領域にも適用されるべきである。また、学校教育の目的は、「生徒の人格の自由な発展の促進」に求められるべきである。よって、「人格の自由な発展を求める権利が、発展権および自律権としての二重の性格をもつことにより、次のことが帰結される。すなわち、学校は、子どもに対して、彼の素質のできるだけ良い発展を可能にしなければならないだけではなく、学童の自律権に対しても考慮を払うべきである、ということである。」[22a]そして、彼によれば、以上のような、学校における人格の自由な発展を求める子どもの権利に関する一般的な基本原則から、以下の三つの権利が導き出される。第一は「既存の公的教育施設への入学を求める権利」、第二は「必要な教育施設の創設を求める権利」、第三は「自由な教育を求める権利」[22c]である。

このような彼の所説は、教育を受ける権利という概念の下に論じられているわけではないが、その後、教育を受ける権利に関する学説によって、次のような形で受け継がれていったといえる。たとえば、Th・オッペルマンは、第51回ドイツ法曹会議の報告において、シュタインの説を受けて、「子どもの人格の、人間に値する自由な発展を求める権利」[23]について論ずるとともに[23a]、「子どもの発展権」を「教育を受ける権利の輪郭」をなす

ものとして位置づけた。そして、彼は、そこで、「第一の学校基本権は、人間に値する自由な人格の発展を求める子どもの基本権である」と論ずるとともに、「子どもの人格の発展における機会均等を求める権利」を教育を受ける権利の一内容としてとらえたのであるが、このような彼の主張は、法曹会議の決議文においても、圧倒的多数の賛成をもって採択されることになったのである。

また、シュタインは、1972年の論稿では、「教育を受ける権利にとっての、基本法2条1項の帰結」という項目の中で、次のような主張を展開している。「成人における自律能力の行使の権利に対しては、子どもの場合、自律能力の獲得を目的とする権利、したがって解放を求める権利（Recht auf Emanzipation）が対応する。」また、「〔子どもの〕発展権は、とりわけ、自己の個性の獲得と発現を目的とし、したがって、個性化を求める権利（Recht auf Individualisierung）を内容とする。」彼によれば、「それ〔解放と個性化を求める権利〕は、全教育制度の最高の規範的指針をなすものである。」そして、このような彼の所説は、さらに、次のように説くL・R・ロイターに継承されていったといえる。すなわち、ロイターは、教育を受ける権利を「個性〔化〕、自律に向けての、また政治的社会的成熟に向けての知的・文化的解放を求める請求権」として規定するとともに、教育を受ける権利の目的をなす要素として、教育制度における個性化、解放、機会均等および参加をあげたのである。

さらに、シュタインの「学校における自己発展を求める権利」の主張は、後述（3）でみるような、基本法2条1項から「教育を受ける権利」を導出する理論に対しても、影響を与えていたと考えられる。そして、ついに、連邦憲法裁判所も、1977年6月22日の判決で、次のような判示を与えるにいたったのである。「個々の子どもは、基本法2条1項に基づき、その人格の――そして、それとともにその素質と能力の――できる限り妨げられない発展を求める権利をもっている。」（なお、同判決は、同時に次のようにも述べていた。「子どもの発展権が個々の場合に何を内容とするかということ、また、それがどの程度において『教育を受ける権利』の要素を含むものなのかということに関しては、ここでは詳細に吟味する必要はない。」）

第6節 「教育を受ける権利」論を振り返る――ドイツの場合　171

　以上のように、シュタインの所説は、その後の法理論に対して大きな影響力を及ぼすことになったのであるが、ここでは次の点も指摘しておこう。それは、人格の自由な発展を求める権利に結びつけた形での教育を受ける権利の主張は、いわば端緒的な形においてであるが、早くも1957年に、H・ヘッケルの『学校法学』によって提示されていた[29]ということである。

　総じて、人格の自由な発展を求める子どもの権利の法理は、いわば社会権としての教育を受ける権利と、教育の自由（教育の場における自由）の双方を根拠づける機能をもっていたといえるが、それは何よりも、子どもの権利を軸に教育法関係を再構築する重要な役割をになっていたと考えられる。

（２）　社会権論と教育を受ける権利

　教育を受ける権利の概念が扱われた文脈のひとつとして、戦後のドイツ語圏の諸国における社会権論の場があげられるが[30]、ここでは、学説の状況を眺めておくことにしよう。

　ドイツの社会権論においては、社会権を――団結権やストライキ権を含まないものとして理解した上で――国家の積極的給付を求める権利（給付請求権）としてとらえる見解が、多数説の位置を占めていたが、教育を受ける権利も、このような意味での社会権に属するものとして位置づけられていたのである。たとえば、F・クラインは、社会権を、「国家の一定の給付を求める個人の権利」である「積極的地位権」に属するものとして把握し、このように理解された社会権の典型的な例のひとつとして、教育を受ける権利をあげていた[31]。他方、上記の多数説による社会権の理解の仕方を批判する学説も、かなりみられるようになった。その中で、たとえば、E・ハルニッシュは、社会権を、「国家の積極的給付に向けられた請求権」と、団結の自由およびストライキ権からなる「社会的自由権」とに区別し、教育を受ける権利を前者に属するものとして位置づけていた[32]。したがって、右の両説は、教育を受ける権利を給付請求権たる社会権としてとらえる点においては、一致をみていたのである。のみならず、同様のとらえ方は、教育を受ける権利をテーマとする論稿の中にもみられた。たとえば、ロイターは、「教育を受ける社会的基本権」を「給付請求権」として把握し[33]、

また、O・K・カウフマンは、「教育を受ける権利は、国家の給付を目的とし、いわゆる『社会的基本権』に属する」と述べていた。なお、その後、ヘッケルも、教育を受ける権利を「社会的基本権」として位置づけるにいたっている。

また、教育を受ける権利は、社会権論のある文脈においては、次のような位置づけの下にとらえられていた。すなわち、戦後の社会権論においては、規律対象（たとえば労働、社会保障など）を基準とした社会権の分類の試みがなされてきたが、教育を受ける権利は、その中で設定された一類型である「社会的・文化的発展を求める権利」の一内容をなすものとしてとらえられてきたのである。このことは、1955年のヨーロッパ社会憲章草案において、社会権が規律対象に基づいていくつかのグループに分類され、その中で設定された「人間人格の文化的発達に関する権利」という類型の中に、教育を受ける権利が掲げられていた、ということに由来するといえる。オランダのF・ファン・デル・ヴェンは、この草案における社会権の体系化から示唆を得ながら、社会権の一類型として「人間の社会的・文化的発展を求める権利」をあげ、それのカタログの中で「教育（E. u. A.）を受ける請求権」を掲げたのであるが、この点に関する彼の所説は、ドイツ語圏の社会理論にかなりの影響を及ぼすことになり、そこでの多くの論者によって原則的に継承されることになったのである。それらの学説の中に示された、教育を受ける権利を「社会的・文化的発展を求める権利」の一内容として位置づける理解の仕方については、ここでは、それを前述(1)でみた「学校における自己発展を求める権利」の主張に一面で相通ずる内容をもつものとしてとらえ直すこともできよう。

(3) ボン基本法と教育を受ける権利

次に、ボン基本法の諸条項から解釈論的に「教育を受ける権利」を導出すべきことを主張する学説の問題状況を検討してみることにしよう。

このような主張を最初に本格的な形で提示したのは、M・アベラインの1967年の論稿である。彼は、まず、基本法12条の「教育場所（Ausbildungsstätten）を自由に選択する権利」に関して、以下のように論じる。「〔それは〕既存の公的教育施設に対してのみ及ぶものにすぎない。」「個々

の国民は、基本法12条から、公的教育施設が十分な範囲において創設され、あるいは、教育施設が一定の形に構成されるべきことを求める請求権も、経済力の弱い〔入学〕志願者に対して、物質的援助を通じて教育場所へ通うことを可能にさせることを求める請求権も導き出しえないのである。」[39a]
次に、「子どもの育成および教育は、両親の自然の権利である。」とうたった6条2項、および学校制度に関する7条の規定に関して、以下のように述べる。「基本法6条2項の親の権利は、子どものために学校とその種類を決める両親の自由に対するあらゆる国家の介入に抗する防御権を示すにとどまるものではなく、むしろ、子どものために適当な教育施設を設けるべきことを国家から要求する両親の積極的給付請求権をも含むものである。この給付請求権は、基本法6条と7条の相互連関によって……直接生じるものである。」「国家は、7条1項を通じて学校教育の整序と監督の権限を保持する限りにおいて、一次的に両親に属する教育権を『掌握する』。国家のこの権利に、必然的に、学校教育……の領域において、子どもの福祉に仕える教育のために顧慮すべき義務が対応する。」そこから、「適切な教育施設と教育措置を国家から要求する権利」が生じるが、それは、親の権利であって、子どもの権利ではないのである。[39b]最後に、基本法の社会国家条項（20条、28条）からの導出に関して、次のように論じる。社会国家条項は、「直接的に拘束的な規範」としてとらえるべきである。また、従来、社会国家原理の意味は、社会政策および経済政策の領域のみで考えられてきたが、それは、教育の領域にも及ぼされるべきである。今日では、文化的生存配慮が重要な位直を占めているのであり、よって、「国家は、相応な施設や促進手段を条件整備することによって、各人にその能力に応じた教育を可能にするような教育制度をすべての〔教育〕段階において構築するために、あらゆることを企てるべきである。」そして、国家の教育配慮義務は、公益だけではなく個人的利益にも資するものであるから、社会国家条項は、教育を受ける主観的公権を定立するものとしてとらえられるべきである。[39c]以上のように論じて、彼は、ボン基本法から、主観的公権としての教育を受ける権利を導き出したのである。[40]

次にこのようなアベラインの所説を原則的に継承しつつ、ボン基本法の

諸条項から「教育を受ける権利」を導出することを試みた他の学者の見解をみておくことにしよう。

たとえば、R・ヴィマーは次のように論じた。「基本法2条1項にいう人格の自由な発展には、被教育者の素質、能力および望みに完全に相応した教育（B. u. A.）を国家において享受する、法的に確実にされた機会も属する。」2条1項は、経済的領域にとどまらず教育の領域においても自由な発展を求める権利を認めるものであり、「それは、その時々に必要不可欠な範囲において教育施設を提供するよう国家に要求するものである。」次に、社会国家条項もまた、「各人にその才能に応じた向上に対する機会を保障する教育制度を求める権利を創設するものである。」また、7条1項に関しては、それが国家による教育独占を予定していることをひとつの根拠として、同条は「国家に対して十分な学校制度の提供を求める法的請求権を認めている」と主張する。さらに、基本法12条1項からも、必要な範囲で教育施設を設けるべきであるという制憲者の意思が引き出されるべきである、と論じる。そして彼は、結論的に、ボン基本法の2条1項、7条1項、12条1項および社会国家条項に基づき、「教育を受ける主観的公権」を承認すべきことを主張した。

また、K・D・ハイマンおよびE・シュタインの論文は次のように主張している。社会国家条項は、7条1項に規定された学校制度に対する国家の責任の領域にも、その適用を及ぼすべきである。そこで、「『学校制度の組織、計画、指導および監督』に対する国家の憲法的義務に、……国家の給付を求める個人の請求権が対応するのである。」また、学問の自由も、社会国家条項の精神において解釈することにより、教育を受ける請求権の要素をさらに導き出す。すなわち、基本法5条3項の学問の自由の基礎には、大学制度の機能確保のための国家の配慮義務が存し、それに関係諸個人の権利が対応する。そういうわけで、この論文は、「基本法7条1項、12条1項および5条3項の社会国家的解釈によって、学校教育、職業教育および大学教育を包括する意味での教育を受ける基本権が導かれる」、と主張するのである。

以上が、基本法の諸条項から「教育を受ける権利」を導き出す学説の概

要であるが、そのほかに、それに連なる主張を示す学説として、たとえば次のものがあげられる。すなわち、「制度保障の相関物として、6条2項は、7条1項との結びつきにおいて、制度的範囲の枠内での給付請求権、すなわち、時機にかなった適切で必要な教育施設を設けるべきことを求める両親の給付請求権をも含んでいる」とするロイターの見解や、「国家から教育施設と教育措置を子どものために要求する」両親の権利を認めるTh・マウンツの見解[46]がそれである。

　上述したように、ボン基本法上、教育を受ける権利ないし教育に関する給付請求権が認められるべきことを主張する学説は、かなり多数存在するが、この点に関しては、以下のことも指摘しておこう。すなわち、第一に、このような権利の導出の根拠をボン基本法のどの条文に求めるかという点や、権利の主体を親、子ども（生徒）のいずれとしてとらえるかという点[47]に関しては、学説の間で相違がみられたということである。第二に、当該権利がいかなる意味において主観的公権であるかは、これらの学説において必ずしも十分に明らかにされていたわけではなかったということである。第三に、このような学説に対しては、いわば反対説として、後述（5）の末尾で後述するH・マイヤーの説のほか、主観的請求権としての教育を受ける基本権は、ボン基本法上認められない旨明示的に論じる学説[48]や、子どもの教育を受ける権利の基本法2条1項からの導出可能性を否定する学説も現われたということである。[49]

　なお、連邦行政裁判所も、1974年11月15日の判決で、基本法2条1項によって子どもに教育を受ける権利が認められるべきことを判示するにいたったが、[50]このような判示の意義については、なお、4の中で後述することにする。

　（4）　ラント憲法と教育を受ける権利

　旧・西ドイツの戦後の諸ラントの憲法の中には、教育を受ける権利を明文をもって規定するものがいくつかみられた。たとえば、バーデン・ヴュルテンベルク憲法（1953年）の11条1項は、「各々の青少年は、家柄あるいは経済的状態のいかんにかかわりなく、その才能に応じた教育（E. u. A.）を受ける権利を有する。」とうたい、また、バイエルン憲法（1946年）

の128条1項は、「各々のバイエルンの住民は、その能力とその内面的適性に応じた教育（A.）を受けることを求める請求権を有する。」と規定していた[51]。そこで、このような条項が、学説・判例によってどのような法的性格をもつものとして理解されていたかが問題となろう。

まず、憲法の注釈書の多くは、これらの規定を、明示的に「プログラム規定」と説明し[52]、立法および行政に対する指示として位置づけ[53]、あるいは、訴求可能な権利を示すものでないと論じるなど[54]、当該規定の法的効力や権利性の問題に対して消極的な態度をとってきた。しかし、この点に関し、次のような把握を示す注釈書もみられた。それによると、教育（E. u. B.）を受ける請求権に対し、真の基本権としての性格を否認するのはむずかしい。「しかしながら、この基本権の直接的な効力は、本質的に、次の点のみに存する。すなわち、〔この基本権が〕法律と行政規則〔命令〕に対する拘束的解釈指針としての意味をもつ点と、子どもは、十分な実質的根拠なしに現存の教育可能性から排除されることは許されないという〔ことを示す〕点である。これに対して、積極的な点〔積極的給付を要求する側面〕においては、それは、法律によってさらに具体化されることを必要とする[55]。」また、教育を受ける権利の問題を論じた最近の学説も、ラント憲法の当該条項を単なるプログラム規定としてとらえることに反対し、あるいはそれを主観的公権ないし法的請求権と解すべきことを主張している[56]。

次に、ラント裁判所の判例としては、すぐ前に引用した憲法の「教育を受ける権利」条項について、バイエルンの憲法裁判所が、一貫して、プログラム規定であるとし、もしくは主観的権利を認めたものではないと論じていた[57]のに対して、バーデン・ヴュルテンベルクの憲法裁判所は、それは単なるプログラム規定ではなく、直接妥当する憲法法規であると判示していた[58]。

このようにして、「教育を受ける権利」条項の法的性格に関しては、いわばプログラム規定説と権利説の対立がみられたといえるが、ここでは、次の点に注意する必要があろう。すなわち、プログラム規定説も、——少なくとも一注釈書にあっては——当該条項が、「それに矛盾する法の定立を許さないという形で立法に対する枠〔を形づくる効力〕を同時に含んで

いる」ということを認めていたということ、他方、権利説も、当該条項を、立法による具体化を経ることなく直ちに実現しうる権利を示すものとしてとらえていたわけではなく、それの法的効力を一定の範囲で認めるものにすぎなかったということ、したがって、両説は、実際には、それほど大きな対立を含むものではなかったということである。

(5) 教育を受ける権利の把握の仕方

これまでの叙述によっても示されたように、教育を受ける権利の問題は、さまざまな場面や次元において論じられてきた。それの内容の理解の仕方も、学説によってかなりニュアンスの異なったものになっており、単純に図式化していえば、そこには、原理的・理念的な把握と法技術的な把握とがみられたといえる。ここでは、前者に着眼しながら、教育を受ける権利の問題が学説によってどのようにとらえられてきたかを、簡単に整理してみることにしよう。

まず、R・ダーレンドルフにあっては、教育を受ける権利の主張は、法律論としてより、いわば教育政策の原理論として展開されていたといえる。彼は、その著書の中で、次のように論じていた。「そこから積極的教育政策が展開されうるような憲法の条項は、次のような文言でなければならない。㈠各人は、その公民的な権利と義務を有効に行使することを〔彼に〕可能にさせるような徹底的な基礎教育（A.）を受ける権利を有する。㈡各人は、その能力に相応した〔初等教育より〕上級の段階の教育（weiterführende A.）を受ける権利を有する。㈢……」そして、彼は、「教育を受ける市民の権利」の最も重要な意義は、教育の機会均等を擬制に終わらせないために積極的教育政策を要求する点にある旨主張したのである。

また、I・リヒターにあって、教育を受ける権利が、「社会的・文化的な理由により不利な立場におかれている者も、他の学習者と均しい教育を受ける〔ことができるようにすべき〕こと」を要請する「原理」としてとらえられていたのも、教育を受ける権利の把握の仕方のひとつの傾向を示すものといえよう。さらに、前述(1)でみたような、人格の自由な発展を求める子どもの権利の主張も、教育を受ける権利の理念的把握の代表例として位置づけ直すことができよう。

このような教育を受ける権利のとらえ方に関連しては、さらに、次の点を指摘しておく必要があろう。すなわち、教育を受ける権利という言葉は、一種のスローガンとして多大な政治的・心理的効果を発揮する性格のものであった。とくに、ある論者にあっては、教育を受ける権利の概念の政治的・シンボル的機能が、次のような形で明確に論及されていた。「教育を受ける基本権は、まさに、教育改革を求める政治的努力において動因となる力を展開させるのである[62]。」また、教育を受ける権利の憲法典への採り入れの可否をめぐる議論の文脈においても、「〔教育を受ける権利という〕短い定式は、大きな政治的扇動力をもつだろう[63]」ということが論じられた[64]。

また、ある学説にあっては、次のような指摘も行われていた。「『教育を受ける権利』の定式は、印象深いが明晰さを欠く……。それは非常に不明確であり、そして、その規範的内容は、個々の要素に分解されたときに、はじめて認識しうるものとなる[65]。」「教育を受ける権利は、明細な定式化を伴わない、教育を受ける単なる請求権としては、ほとんど空虚な定式にすぎなくなる[66]」。そして、実をいうと、「子どもの発展権」に関しても、それが「包括的・原理的な性格」をもち、詳細で明確な内容をもった教育法上の要求に転換しにくいものである、ということがはっきりと論じられていた[67]。ともあれ、教育を受ける権利は、しばしば、法的請求権などの用語の下に法律論的な衣装をまとった形で主張されてきたが、上記の諸指摘によっても示唆されたように、その場合でも、そこで必ずしもそれの法技術的理解が示されていたわけではなかったといえる。

なお、このような主張の傾向に対しては、H・マイヤーによって以下のような批判が提示されていた。「教育を受ける権利は、……これまで圧倒的に、個人権的に解釈されてきた（教育を受ける個人の権利として）。」しかし、「個人的請求権の総体は、……国家による条件整備を通じて、その場その場でくまなく満足させるには、あまりに大きい。」「また、個人権的・請求権的思考は、教育政策の社会形成的任務にも適合しない。」このようにして、彼は、教育を受ける権利の概念が、教育政策の重要な指導理念となることを認めつつ、それを個人権的・請求権的に把握することに反対したのである[68]。

(6) 教育を受ける権利の法的内容

ここでは、教育を受ける権利の法的内容、とりわけ保障構造および規範内容に関する学説を整理してみることにしよう。

概して、多くの学説は、(2)・(3)で前述したように、教育を受ける権利を社会権ないし給付請求権としてとらえていたといえる。まずここで、いくつかの学説の中から、教育を受ける権利の概念規定にかかわる叙述を拾い出してみることにしよう。

たとえば、G・クーンは、「教育を受ける基本権は、学校および大学での就学とそのために不可欠な生計を求める請求権に限られる[69]」とし、ハルニッシュは、「〔教育を受ける権利は、〕物質的援助を通じて教育を受ける機会を与えるべきことを求める、困窮しているが才能のある者の国家に向けられた権利として理解されるべきである[70]」と主張した。また、アベラインは、「教育を受ける法的請求権」の具体的内容として次のものをあげた。すなわち、「子どもの才能に相応した教育施設への入学、および——使用しうる財政手段の枠内においてであるが——被教育者の経済状態をもってしては教育（A.）が受けられない場合に、子どもの才能に相応した教育（A.）を保障するための物質的助成」がそれである[71]。

さらに、ロイターは、「教育を受ける社会的基本権」の「個人の給付請求権」としての側面の内容を以下のように説明した[72]。彼によれば、機会の均等な教育を受ける権利は、国家の給付の領域においては、次の三つの請求権として具現化する。第一は、「金銭給付請求権」であり、それは、「非特権的な低い社会階層の社会的経済的状況から発するものであり、（狭義の）教育扶助および生計扶助の必要を満たすものである。」それは、具体的には、学費の免除や学用品費用の補助などを意味する[73a]。第二は、「物的保障請求権」であり、それは、就学、授業への参加および教育施設の創設などを求める基礎的な請求権のほかに、特殊な形態の扶助的・助成的特別授業に向けられるものを含む[73b]。また、そのほかに、僻地の子どもに関しては、場合によって、寄宿就学、スクール・バスの設置などを求める請求権が認められうる[73c]。そして第三は、「その他の給付を求める請求権」であり、それに属するものとしては、たとえば「教育からの疎外を克服するための

情報提供および教育相談を受ける請求権」があげられる。[73d]

　これらの学説においては、教育を受ける権利のいわば社会権的ないし給付請求権的な把握が示されていたといえる。この給付請求権という言葉は、たしかに、「国家の教育施設への加入を求める、個々の志願者の『給付請求権』」[74]という形で使われることもありえたが、多くの学説では、それにとどまらず、まさに教育施設の創設を求める権利や就学援助を求める権利などを内実とする給付請求権を実質的に主張していたのである。[75]しかし、上記の学説の範囲内においても、教育を受ける権利の内容として、これらの権利のほかに、教育施設への加入（入学・就学）を求める権利があげられていた。なお、E・W・フースにおいては、教育を受ける権利は、（とりわけ試験制度を通じての）入学を求める請求権を内容とするものとして理解されているように受けとれる。[76]

　これらの諸学説に対して、若干の学説は、教育を受ける権利を、いわば自由権としての側面を含むものとしてとらえるべきことを説いていた。たとえば、F・ヘネッケは次のように論じた。すなわち教育を受ける権利の内容は、国民の消極的地位および積極的地位にかかわり、次の二つの点に存する。それは、「何人も、社会の一般的な精神的コミュニケーション過程に参加することを妨げられてはならない」ということ、および——これがこの権利の本来の目標を示すのであるが——「各人は、公的学校制度に受け入れられ、そこでその才能に従って助成されるべきことを求める請求権を有する」ということである。[77]また、H・U・ガルヴァスは、教育（A.）を受ける権利を、一次的には「国家に向けられた配分請求権」としてとらえつつ、それを、「教育施設への自由な加入に対する権利」などを含むものとして理解すべきことを主張した。[78]さらに、W・ヴァレラートも、教育を受ける権利を、「就学を義務づける措置に対する防御権」、「既存の学校施設への入学の許可を求める権利」および「必要な教育施設の創設を求める権利」の三つからなるものとしてとらえているように受けとれる。[79]

　ここで注目すべきものは、教育を受ける権利の内容を以下のように説くスイスのP・ザラディンの所説である。彼は、諸外国の憲法や国際人権宣言などにおける教育を受ける権利の規定を概観した後、それを参考にしつ

つ、教育を受ける権利の考えられうる内容を次のように整理した。彼によれば、それの主要な規範内容は以下の通りである。第一に、「一般には教育を受けることについての、とくに一定の教育施設への入学についての差別の禁止」、第二に、「個人〔ないしその両親〕の能力および性向に相応しない教育（A.）を受けることに対する国家のあらゆる強制の禁止」、第三に、「適切な特殊教育を受ける心身障害者の権利」、第四に、「財政的援助なしには人格に適した教育を受けられない者に対して財政的援助を行う国家の義務」、第五に、「学校制度の整備に対する国家の義務」、第六に、「一定の類型の学校あるいは教育課程を創設する国家の義務」、第七に、「教育を一定の形に整備する国家の義務」、第八に、「生涯の継続教育を受ける権利」、そして第九に、「個人的性向に応じた教育を受ける権利」である[80a]。次に、彼によれば、教育を受ける権利は、以下のような法的構造のうちに把握されうる。まず第一は、「『伝統的な意味での』自由権、すなわち国家の不作為への義務づけとして〔すなわち個人の教育を国家が嚮導することの禁止として……〕」である。第二は、「法的平等の要請の特殊な具現形態として〔すなわち差別禁止として〕」である。第三は、「本来の『社会権』として、すなわち、社会的均衡に仕える国家の多様な給付を求める権利として」である。第四は、「客観的指導原則として国家の行為を規律する機能」である[80b]。そして、彼は、「教育を受ける権利を一般的に『社会権』として性格づけることは、決して問題がないわけではない[80c]」と論じるとともに、それを「複合的構造のうちに理解す[80d]」べきことを主張した。また、彼は、スイス憲法に採り入れるべき「教育を受ける権利」の規範内容としては、次のものを掲げた。すなわち、第一に、「包括的な差別禁止」、第二に、「教育課程および教育場所を、十分に多様化した形、十分な量で心身障害者のために創設する国家の包括的義務」、第三に、「資力に欠けるが、才能があり教育を受ける意思のある者に対して、十分な財政的援助を与えるべき国家の包括的義務」、第四に、「教育制度の大規模な拡充を行う国家の義務」である[80e]。

　以上のような彼の所説は、教育を受ける権利の保障構造および規範内容を複合的・重層的なものとしてとらえた学説として、銘記されてよかろう。

（7） 教育を受ける権利の裁判的保障

　旧・西ドイツにおいて、教育を受ける権利の法的性格の問題が正面から論じられたのは、主として、ラント憲法の「教育を受ける権利」条項の解釈をめぐってであったといえる（（4）参照）。そして、教育を受ける権利は、このような文脈や、ボン基本法からのこの権利の導出をめぐる議論の場面（（3）参照）などにおいて、多くの学説によって主観的公権ないし法的請求権としてとらえられてきた。しかし、これらの学説も、この権利の裁判的保障の問題については、——その権利のいわば自由権的側面に関しては、この問題を無条件に積極に解することになると思われる、ということを別にすれば——必ずしも明確な回答を示していたわけではなく、このような問題は、一部の学者によって論じられていたにすぎなかった。

　たとえば、R・ヴィマーは、「教育を受ける主観的公権」を認めることの意義と限界に関して、次のように述べていた。すなわち、裁判官は、立法者のかわりに、学校を設立すべきことを布告することはできない。「立法者が憲法委託〔立法すべしという、憲法による立法者への委託〕を具体化すべき義務に違法に従わなかった、という裁判所の確認の可能性」や、「そのような〔立法者の〕懈怠から国家に対する賠償請求権を導き出す可能性」があるにとどまる。[81)82)]

　しかし、このような問題に関して立ち入って検討したものとして注目されるのは、L・R・ロイターの見解である。

　彼によれば、一般に、社会権の法的性格に関しては、それを実施する法規範なしでは内容の明確化の可能性を欠くことのほか、権利の相対性や、国家による請求権対象の処分可能性の欠如が指摘されているが、こと教育を受ける権利に関する限り、この点に関して異説が提示されうる。とくに、教育に関しては、国家は処分（管理）可能な立場にあるのであるから、処分可能性の欠如という指摘は妥当しない。しかし、「社会的基本権の意味は、請求権を実現し具体化する実施規範の欠如のゆえに、最小限の保障に限定されることになる」。それは、教育の領域においては、「就学、あるいは学校における社会的差別の禁止を求める基本的権利」として現われる。[83a)]また、「経験科学的・経験主義的および批判的・分析的な考察を試みるこ

とにより、教育を受ける基本権から生じる請求権の内容明確化可能性の欠如の主張は、正当でないことが示される。」そして、「機会の均等な教育可能性を実現するという憲法委託が成就されていないときに、それを裁判所が実施するということは、特別の正当性と義務性を伴ったことである。」「それゆえ、実施規範の欠如は、裁判の方法による教育法的請求権の貫徹に対する原則的な障害とはならない。」

しかし、彼によれば、教育に関する給付請求権には、個人的性格をもつもののほかに、全体的性格をもつものも含まれる。「すなわち、ある一定の請求権の実現と貫徹の場合には、それらは、同時に第三者の法的地位にもかかわる全体的措置を前提とする。……全体的性格をもっているのは、個人の機会の均等の樹立を目的とする個人的請求権で、それの成就が同時に包括的・制度的な保障の創設〔構造的措置〕を含意するようなすべての請求権である。」

ともあれ、彼によれば、問題を考察する際、物質的・財政的請求権の場合と制度的・組織的請求権の場合とを区別して考える必要があるのである。「前者は、〔請求の〕種類と高さにおいて、内容が容易に規定しうる。……また、それが、請求権の問題になっている事例において個別的規範によってすでに具体化されているのでない場合には、それの内容を確定するために、既存の法律〔たとえば、奨学金令、連邦教育助成法〕から、それと同様の基準を引き出すことができる。」これに対して、制度的・組織的請求権の場合には、「実際上の機会の均等の樹立のために組織的および制度的な措置を求める、考えられうる〔非常にさまざまな〕請求権の少なくとも理論的な無限定性の問題が、本質的により重大な問題として提起される。」そこでは、「請求権を規範〔法令〕なしに裁判所によって導き出すことに対する疑義」、「裁判所によって承認された請求権の執行可能性の問題」や、「司法府の給付能力の限界」、「財政手段の限定性の問題」が出てくる。ただし、この場合においても、彼によれば、「〔たとえば構造的・制度的措置を通じて〕機会の均等な教育を受ける権利を実現するために立法府の活動を求める……請求権は、少なくとも、要請される立法行為の違法な不作為の確認を求める訴えを通じて——それがこの方法では直接実現されないもの

であるとしても——政治的・社会的な影響力を及ぼすことができる。」[83g]

このようにして、彼は、次のように論じる。「物質的・財政的給付を求める個人的請求権は、許され、司法判断になじみ、そして実現可能である。〔これに対して〕構造的・制度的給付を求める全体的請求権は、司法的貫徹の可能性をもたない。それは、教育制度の構造的変容をもたらす措置を必要とし、それゆえ、優先性および選択についての計画と政治的決定を前提とする。……それは、権力を制御する権限分配〔の原理〕をふみにじり、法的安定性および法律適合性という法治国家的原理に合致しえないものとなる。」[83h]

以上のような彼の所説は、教育を受ける権利の給付請求権たる側面の裁判的保障の意義と限界を詳細に考察したものとして、しかも、それを論じるには、いわば小さな請求権の場合と大きな請求権の場合とを区別して検討すべきことが必要であることを力説したものとして、ここに銘記されるべきであろう。

4　教育を受ける権利についての裁判例

これまでの考察においては、教育を受ける権利をめぐる問題状況を学説を中心にして分析してきたが、ここで、この問題についての裁判例に簡単に言及しておくことにしたい。旧・西ドイツにおいて、教育を受ける権利についての判示を含む裁判例がかなり現われていることは、今までの叙述の中でも垣間見てきたところであるが、私の調べた限り、この権利が訴訟の実質上の争点をになっているような裁判例は、必ずしも多くない。以下、判決文の中で、具体的な事案との関連の下に、明示的に「教育を受ける権利」の侵害の有無が判示された、3つの裁判例をとりあげてみることにしよう。ただし、その際、判決文の紹介については、原則として、ここでのテーマに関連する判示の部分についてのみ行うことにする。

（1）　連邦行政裁判所の1974年11月15日の判決[84]

原告の子どもの就学する学校は、従来、夏学期は午後の授業を伴い週5日、冬学期はそれを伴わず週6日、という基本モデルに従って授業をしてきた。ところが、1971年10月より、午後の授業を伴わない通年週5日制が

導入されるようになった。原告は、それの導入は、教育科学的認識の水準に照らしても後進的で不十分な施策であるなどの主張を行い、それの実施の適法性の確認を求める訴えを提起したが、判決は、原告を敗訴させた。判決によれば、「〔それの〕導入によって、ボン基本法6条2項1文による原告たる親の教育権は、侵害されたとはいえない。……週5日制の導入は、授業時間全体の縮減をもたらしていない。……それゆえ、その限りで、また、基本法2条1項によって原告の子どもに帰属する教育を受ける権利の侵害も認められない。〔それの〕導入は、たしかに、以前の就学時間の制度に比べ、一定の不利益や負担をもたらすものでもある。……〔しかし、その〕不利益は、……わずかなものにすぎず、親および生徒によって受忍されなければならない。……基本法6条2項1文および2条1項によって認められる基本権は、親および生徒に対して、その望みに応じた学校時間の編成を求める裁判的請求権を与えるものではない。学校の授業がどのような時間の枠の中で行われるべきかについての決定は、むしろ原則的に学校監督のにない手としての国家の、義務にかなった裁量に属する。」

（2） ブレーメン行政裁判所の1978年1月18日の判決[85]

被告たるラント政府は、1977年8月より、ギムナジウム（文科高等中学校）の第五および第六年次の生徒を教導段階（Orientierungsstufe）の教育に組み入れ、そこで最初の外国語科目として英語を設定する、という教育課程編成措置をとった。これに対し、原告たる第五年次在学中の生徒（ないしその教育権者）は、最初の外国語として英語のかわりにラテン語の授業を行うよう被告に求めて出訴したが、裁判所は、原告の請求をしりぞけた。判決よれば、「被告によってとられた措置は、ボン基本法6条2項1文によって保障された原告たる親の教育権を不当な仕方で侵害するものではない。」「また、原告たる生徒の教育を受ける権利も侵害されていない。教育を受ける権利がボン基本法2条1項から導出される限り、そこからは、いずれにせよ、国家が生徒に対してその望みに応じた学校を準備すべきことを求める請求権は引き出しえない。……また、原告は、ブレーメン憲法の27条1項も援用できない。その規定によれば、各人は、その才能に応じて均しく教育を受ける権利を有する。……その才能の最良の発達に対する

生徒の個人的利益は、すべての生徒のために均しい教育の機会を与えるという国家の任務によって修正をこうむる。とくに、すぐれた才能をもった子どもは、それゆえ、授業の編成が、他の生徒の才能をも同時に発達させるという使命によって要請される限られた範囲においてしか、彼の特別の才能を顧慮しえない、ということを受忍しなければならない。」

（3）　バーデン・ヴュルテンベルク国事裁判所の1969年8月2日の判決[86]

バーデン・ヴュルテンベルクの学校法の43条1項は、基礎学校（Grundschule）への入学に関し、精神的・身体的成熟の早い子どもに対して、通常の場合より1歳低い年齢での入学を認める早期入学の制度を設けている。しかし、この制度は、当該条項による規律の下では、誕生日が1月から6月までの者に対しては、それの利益に浴する可能性を奪う性格のものになっている。本件は、上記の者に該当する子どもの早期入学の申し出を学校当局により退けられた原告が、申し出を拒否することは、原告の教育権と、基本法2条1項およびラント憲法11条により認められた「教育を受ける権利」を侵害するものである、と主張して出訴に及んだものである。シグマリンゲン行政裁判所は、学校法43条1項の規定は、ラント憲法11条に違反すると判断して、この点に関する国事裁判所の決定を求めた。これに対し、裁判所は、次のように判示した。「ラント憲法11条1項は、各々の子どもにその個人的才能に応じた教育（E. u. A.）を受ける権利を与えている。これによって、なるほど、早熟した子どもは、いかなる年齢であっても、就学に必要な精神的・身体的成熟度に到達するとすぐに、……通常の学校に受け入れられなければならないという内容の絶対的な個人的請求権が創設されるわけではない。……〔早期入学に関する〕規律は、ラント憲法11条と……基本法3条〔平等条項〕に適合するためには、少なくとも次のような要求に応じなければならない。すなわち、早熟した子どもは、その誕生した年月日と結びついたその入学年齢に関する基準日の規律によって、早期入学の可能性からまったく排除され、また通常の〔入学の場合の〕最も年齢の低い子どもより悪い条件の下におかれてはならないということである。しかし、〔学校法〕43条1項による基準日の規律は、この条件を満たさない。」よって、このような規律によって不利益を受ける早熟した子ど

もの地位は、「平等取扱の観点からは、もはや憲法11条に規範化された〔教育を受ける〕権利とは相容れない」ものとなる。

　以上のような裁判例に関しては、ここでは、以下の諸点を指摘しておくことにしよう。第一は、教育を受ける権利の基本法2条1項からの導出を認めた(1)の連邦行政裁判所の判決も、裁判例(2)・(3)も、この権利を必ずしも給付請求権としての射程をもったものとして語っていたわけではなかったということである。(1)と(2)は、原告が、授業時間や教育課程に関する制度編成措置の違法性を主張するにあたり、教育を受ける権利の侵害をひとつの理由としてあげたと考えられる事案であり、この権利に関する各判決の判示も、このような原告の主張に応える文脈のものであったといえる。なお、1977年の連邦憲法裁判所の判決が、人格の自由な発展を求める子どもの権利を認めたことは、前述した通りであるが（本書170頁参照）、それも、実をいうと、上述したのと大体同様の文脈におけるものだったのである。第二は、(1)と(2)の事案では、原告において、子どもの教育を受ける権利は、親の教育権とセットになった形で援用されており、そこでは、前者は、必ずしも、後者だけでは基礎づけえない法律上の主張を独立して根拠づける機能をもっていたわけではないと考えられるということである。第三に、しかし、教育をめぐる最近の訴訟の場において、親の教育権だけでなく子ども（生徒）の権利主張が提示されるようになったのは、子どもの権利の重要性を説く教育法理論の影響によるところが大きいと推察され、それ自体注目に値する傾向だといえよう。

5　小　　括

　本節の叙述において明らかにされた諸点は、それに相当する日本の問題状況を想起させるに十分なものだといえよう。たとえば、「人格の自由な発展を求める子どもの権利」の理論の提唱・普及（および1977年の連邦憲法裁判所判決によるそれの承認）は、日本における子どもの学習権・発達権の理論の提唱・普及（および1976年の最高裁学力テスト判決によるそれの承認）を直ちに思い起こさせてくれることであろう。また、教育を受ける権利が、原理的・理念的レベルから法技術的レベルにいたるさまざまの場面

で扱われてきたということは、日本についてもあてはまるものといえよう。さらに、本節が紹介した、教育を受ける権利の法的内容や裁判的保障などについての諸学説は、日本国憲法26条の解釈にとっても示唆を与えてくれるものとなろう。

「……教育を受ける権利の内容と限界を法解釈学的および法政策的な側面において今一度十分に考えてみることが必要であろう。」これは、旧・西ドイツの学者によって発せられた言葉であるが[90]、最後に引用しておくに値しよう。

注

1) 旧・西ドイツの教育法理論を紹介・検討した日本の文献としては、①兼子仁『教育法〔新版〕』（有斐閣、1978）59〜61頁、183〜191頁、②竹内俊子「世界の教育法 Ⅳ西ドイツ」日本教育法学会編『講座教育法7 世界と日本の教育法』（総合労働研究所、1980）53頁以下、③千葉卓「西ドイツにおける教育法上の諸問題」日本教育法学会年報3号（1974）203頁以下、④永井輝雄「各国における『教育権』の諸問題 四、西ドイツ」真野宮雄編『教育権』（第一法規出版、1976）233頁以下、⑤伊藤公一『教育法の研究』（法律文化社、1981）11〜20頁、102〜123頁、144〜167頁、⑥市川須美子「西ドイツ教育法学の形成——ハンス・ヘッケル法学をめぐって」法律時報48巻6・7・9号（1976）、等々参照。

2) 旧・西ドイツにおける教育を受ける権利の問題については、前掲注1）の文献のうち①〜④の中で簡単に扱われているが、そのほかに、小松件進「憲法と教育——教育を受ける権利の性格」筑波法政2号（1979）1頁以下も、この問題についての叙述を含んでいる。なお、教育を受ける権利に関連する諸問題を考察したものとして、千葉卓『教育を受ける権利——アメリカ・西ドイツに関する法的検討——』（北海道大学図書刊行会、1990）の第2章第3節「教育の機会均等と能力（西ドイツ）」参照。

3) Ralf Dahrendorf, Bildung ist Bürgerrecht (1965, Neuauflage 1966).

4) Manfred Abelein, Das Recht auf Bildung, in: DÖV, 1967, S. 375ff.; Ekkehart Stein, Das Recht des Kindes auf Selbstentfaltung in der Schule (1967).

5) それらの多くは、本節の各所の注の中で掲げられることになるが、それ以外に、私が未参照のものとして、B. Clevinghaus, Recht auf Bildung (Grundlagen und Inhalt) (Bremen Diss., 1973) (これの書評として vgl. F. Hennecke, in: Der Staat, Bd. 17 (1978), S. 292 ff.) などがある。（また、後に目に入った文献として、I. Richter, Überlegungen zur Kodifikation von Grundrechten auf Bildung, in: E.

-W. Böckenförde, J. Jekewitz u. Th. Ramm (hrsg.), Soziale Grundrechte (1981), S. 119 ff.および同書 (S. 129 ff.) 所収の B. Schlink の同名論文がある。) なお、「教育を受ける権利」論に啓発された歴史学者の研究として、vgl. H. Gembries, Verfassungsgeschichtliche Studien zum Recht auf Bildung im deutschen Vormärz (1978). ちなみに、旧・東ドイツでも、『人間の教育を受ける権利』と題する著書 (M. Nast, Das Recht des Menschen auf Buildung〔Berlin (Ost), 1978〕) が公刊された。

6) Vgl. K. Hernekamp (hrsg.), Soziale Grundrechte (1979), S. 178 ff. なお、同書 (S. 155 ff.) は、教育を受ける権利に関する資料を収録したものとして有益である。

7) Deutscher Bildungsrat, Empfehlungen der Bildungskommission. Strukturplan für Bildungswesen (1970), S. 30.

8) Bericht der Bundesregierung zur Bildungspolitik v. 8. 6. 1970 (Bildungsbericht '70), in: Verhandlungen des Deutschen Bundestages, 6. Wahlperiode, Bd. 140, Drucksache VI/925, S. 1.

9) それについては、戸波江二「西ドイツにおける基本権解釈の新傾向（一）〜（五・完）」自治研究54巻7〜11号（1978）、西原博史『自律と保護』（成文堂、2009）第5章など参照。

10) この問題については、戸波・前掲注9）および寺田友子「職業教育施設選択の自由権と配分請求権——Numerus clausus 判決」法学雑誌23巻1号（1976）145頁以下の叙述にゆずる。

11) たとえば、J. P. Müller, Soziale Grundrechte in der Verfassung? (Basel, 1973), S. 864ff.; I. Richter, Bildungsreform durch Verfassungsinterpretation, in: Recht der Jugend und des Bildungswesens (以下 RdJB), Jg. 19 (1971), S. 134.

12) さしあたり vgl. Friedrich Klein, Zum Recht auf Erziehung und Bildung, in: F. Klein u. F.Fabricius, Das Recht auf Bildung und seine Verwirklichung im Ballungsraum (1969), S. 10 ff.

13) Vgl. K.-W. Jans u. G. Happe, Jugendwohlfahrtsgesetz. Kommentar (1963), S. 3, S. 57 ff. この規定にいう Recht auf Erziehung は、本節のテーマとして扱う（学校）教育を受ける権利とはやや異なった意味をもつと考えられる——そこにいう Erziehung はむしろ「養育」と訳すべきものとも思われる——が、この規定をめぐる問題については、立ち入る余裕はない。さしあたって vgl. F. Hill, Das Recht des Kindes auf Erziehung und erzieherische Hilfen und der Sekundanzanspruch der Eltern, in: RdJB, Jg. 19 (1971), S. 231 ff.

14) たとえば Hans Heckel, Schulrecht und Schulpolitik (1965).

15) たとえば Dahrendorf, *supra note* 3.

16) たとえば Lutz-Rainer Reuter, Das Recht auf chancengleiche Bildung (1975); I. Richter, Bildungsverfassungsrecht (2 Aufl., 1977), S. 183 ff.
17) とりわけ Klaus-Dieter Heymann u. Ekkehart Stein, Das Recht auf Bildung, in: AöR, 1972, S. 185 ff., S. 195 ff.; Reuter, *supra note* 16.
18) たとえば Dahrendorf, *supra note* 3, S. 23; Abelein, *supra note* 4, S. 375 f.; Reuter, *supra note* 16, S. 35.
19) たとえば Abelein, *supra note* 4, S. 375 f.; Heymann u. Stein, *supra note* 17, S. 194.
20) たとえば Reuter, *supra note* 16, S. 100 ff.; Stein, *supra note* 4, S. 28 ff. なお、未成年者の基本権に関しては、横田守弘「未成年者の『基本権上の行為能力 (Grundrechtsmündigkeit)』について」佐藤幸治・初宿正典編『人権の現代的諸相』(有斐閣、1990) 63頁以下なども参照。
21) とりわけ Reuter, *supra note* 16, S. 134 ff. なお vgl. W. Becker, Das Recht auf Erziehung und Berufsausbildung, in: Recht der Jugend, Jg. 14 (1966), S. 174 ff.
22) Stein, *supra note* 4, a) S. 20; b) S. 37 f.; c) S. 38, S. 39 ff.
23) Thomas Oppermann, Nach welchen rechtlichen Grundsätzen sind das öffentliche Schulwesen und die Stellung der an ihm Beteiligten zu ordnen?, in: Verhandlungen des 51 Deutschen Juristentages (1976), Bd. I, Teil C, a) S. 82 ff., S. 106; b) S. 81; c) S. 106; d) S. 107.
24) なお、オッペルマンの教育を受ける権利への簡単な言及は、Th. Oppermann, Kulturverwaltungsrecht (1969), S. 156, S. 238 usw.および ders., Bildung, in: I. v. Münch (hrsg.), Besonderes Verwaltungsrecht (5 Aufl. 1979), S. 631, S. 635.にもみられる。
25) Verhandlungen des 51 Deutschen Juristentages (1976), Bd. II, Teil M, S. 213.
26) Heymann u. Stein, *supra note* 17, S. 213.
27) L.-R. Reuter, Soziales Grundrecbt auf Bildung? Ansätze eines Verfassungswandels im Leistungsstaat, in: DVBl, a) S. 12; b) S. 7, S. 15 ff.
28) DVBl,1977, 713〔714〕.
29) Hans Heckel u. Paul Seip, Schulrechtskunde (1957), S. 205.
30) これについては、内野正幸『社会権の歴史的展開』(信山社、1992) 34〜43頁、62〜78頁、および前田徹生「社会権概念の再検討——西ドイツの諸学説を中心に (一) (二・完) ——」上智法学論集22巻1・2号 (1978〜1979) 参照。
31) H. v. Mangold u. F. Klein, Das Bonner Grundgesetz (2 Aufl., 1957), S. 59. 同様の位置づけを行うものとして、G. Küchenhoff u. E. Küchenhoff, Allgemeine Staatslehre (2 Aufl., 1951), S. 33.
32) E. Harnisch, Soziale Grundrechte und Grundpflichte (Hamburg, Diss., 1953)

(未公刊) S. 99 ff., S. 120 ff.
33) Reuter, *supra note* 16, S. 37.
34) O. K. Kaufmann, Recht auf Bildung, in: Zukunftsaufgaben in Wirtschaft und Geselischaft (Zürich u. St. Gallen, 1963), S. 354.
35) H. Heckel u. P. Seip, Schulrechtskunde (5 Aufl., 1976), S. 22; H. Heckel, Einführung in das Erziehungs-und Schulrecht (1977), S. 15.
36) 原文は、F. van der Ven, Soziale Grundrechte (Utrecht, 1957; Köln, 1963), S. 129 ff.に掲載されている。
37) van der Ven, *supra note* 36, S. 48 f.
38) G. Brunner, Die Problematik der sozialen Grundrechte (1971), S. 11f.; P. Badura, Das Prinzip der sozialen Grundrechte und seine Verwirklichung im Recht der Bundesrepublik Deutschland, in: Der Staat, Bd. 14 (1975), S. 22 f.; Th. Tomandl, Der Einbau sozialer Grundrechte in das positive Recht (1967), S. 7 f.; L. Wildhaber, Soziale Grundrecbte, in: Der Staat als Aufgabe, Gedenkschrift für Max Imboden (Basel u. Stuttgart, 1972), S. 375.
39) Abelin, *supra note* 4, a) S. 376; b) S. 376f.; c) S. 377 f.
40) なお、以上のアベラインの論旨は、Klein, *supra note* 12, S. 15 ff.の叙述の中に引き写されている。
41) Raimund Wimmer, Die Rechtspflicht zur öffentlichen Bildungsplanung, in: RdJB, Jg. 18 (1970), a) S. 66 f.; b) S. 68.
42) ただし、その際、この請求権が被教育者自身に属するか、その教育権者に属するかは、いかなる区別ももたらさない、と注釈される (a.a.O. S.67, Anm. 14)。
43) Heymann u. Stein, *supra note* 17, a) S. 193; b) S. 194; c) S. 195.
44) それ以外の学説として、M. Wallerath, Das Recht auf Bildung im Sonderschulbereich, in: RdJB, Jg. 20 (1972), S. 131ff.; H. P. Bull, Die Staatsaufgaben nach dem Grundgesetz (1973), S. 285.
45) Reuter, *supra note* 16, S. 18.
46) Th. Maunz, in: Maunz-Dürig-Herzog, Grundgesetz. Kommentar, Art. 7 (1968), S. 22.
47) 親の権利としてとらえるものとして、Abelein, *supra note* 4, S. 377、Reuter, *supra note* 16, S. 18、Maunz, *supra note* 46, S. 22.子どもの権利としてとらえるものとして、Wallerath, *supra note* 23, S. 132 (ただし、既存の学校施設への入学を求める権利に関して)。なお、前掲注42) 参照。
48) U. Karpen, Was umfaßt der Begriff "Grundrecht auf Bildung"?, in: Hochschulpolitische Informationen, 7. Jg. Nr. 17 (1976), S. 3.
49) I. Staff, Das Grundrecht auf Bildung, in: Bildung und Konfessionalität

(1967), S. 113.

50) BVerwGE, 47, 201〔206〕.

51) そのほかに、ブレーメン憲法（1947年）27条、およびノルトライン・ヴェストファーレン憲法（1950年）8条1項1文がある。以上につき、たとえば vgl. Hernekamp, *supra note* 6, S. 156 ff. なお、ラント憲法の原文を収録した文献としては、D. Kakies u. O. Bezold, Die Verfassungen der deutschen Bundesländer (1966); R. W. Füßlein, Deutsche Verfassungen (1951).

52) H. Nawiasky u. C. Leusser, Die Verfassung des Freistaates Bayern (1948), S. 209. なお、H.-U. Erichsen, Gesetzesvorbehalt, Schulverhältnis, Recht auf Bildung, in: VerwArch, Bd. 67 (1967), S. 107 は、このような規定を単なる防御権かプログラムにすぎないとしている。

53) A. Vogels, Die Verfassung für das Land Nordrhein-Westfalen (1951), S. 42.

54) R. Spreng, W. Birn u. P. Feuchte, Die Verfassung des Landes Baden-Württemberg (1954), S. 69; R. Nebinger (hrsg.), Kommentar zur Verfassung für Württemberg-Baden (1948), S. 113.

55) G. Geller, K. Kleinrahm u. H.-J. Fleck, Die Verfassung des Landes Nordrhein-Westfalen, Kommentar (2 Aufl., 1963), S. 71. これに従うものとして Klein, *supra note* 12, S. 9 f. なお、そのほかに W. Hoegner, Lehrbuch des Bayerischen Verfassungsrecht (1949), S, 161.

56) Reuter, *supra note* 16, S. 21 f.; Abelein, *supra note* 4, S. 378; Klein, *supra note* 12, S. 9 f.; H. Peters, Elternrecht, Erziehung, Bildung und Schule, in: Bettermann-Nipperdey-Scheuner, Die Grundrechte, IV/1 (1962), S. 400 f.; H.-U. Gallwas, Das Grundrecht auf Ausbildung gemäß Art. 128 Abs. 1 der Bayerischen Verfassung, in: Bayerische Verwaltungsblätter, 1976, S. 385 ff.

57) Entscheidungen des Bayerischen Verfassungsgerichtshofs (BayVerfGH) 13,141〔146〕(1960.10.28); 15,49〔53〕(1962.7.12); 21,59〔66〕(1968.4.9); 244,1〔2〕(1971.1.15); 28,143〔159 f.〕(1975.8.1.). vgl. Gallwas, *supra note* 56, S. 385f.

58) DVBl, 1969, 931〔933〕(1969.10.10). なお、この判決によると、「〔同〕ラントの行政判例において、〔当該条項は〕これまでつねに、直接適用されるべき憲法の法規として扱われてきた。」なお、そのほかに RdJB, 1970, 281〔284〕.（同ラント国事裁判所の1969年8月2日の判決）

59) Nawiasky u. Leusser, *supra note* 52, S. 209. 同旨、BayVerfGH 21,59〔66〕; 28,143〔160〕.

60) Dahrendorf, *supra note* 3, a) S. 23; b) S. 24.

61) Richter, *supra note* 16, S. 186.

62) Heymann u. Stein, *supra note* 17, S. 188, vgl. auch S. 191.
63) Peter Saladin, Das Recht auf Bildung, in: Zeitschrift für Schweizerisches Recht, N. F. 90/I (1971). S. 151.
64) なお、Kaufmann, *supra note* 34, S. 357 も、次のように指摘している。「『教育を受ける権利』は、〔憲法への〕採り入れをしなくても、より良く、より急速に実現しうるのに、それを憲法に採り入れる〔ことを求める〕のはなぜか」という疑問が生じえようが、それに対する回答は、教育を受ける権利の憲法規定が、憲法上の重要で指導的な法規として心理的意義をもつことに求められよう、と。
65) Saladin, *supra note* 63, S. 150.
66) Heymann u. Stein, *supra note* 17, S. 202.
67) Oppermann, *supra note* 23, S. 83.
68) Hans Maier, Wider das bildungspolitische Konsumdenken, in: Die Zeit, 26. 2. 1971, S. 17.
69) G. Kuhn, Grundrechte und Minderjührigkeit (1965) S. 55.
70) Harnisch, *supra note* 32, S. 120.
71) Abelein, *supra note* 4, S. 379.
72) ロイターの著書（前掲注16））は、「教育を受ける社会的基本権」を「個人の給付請求権、社会正義的な国家の教育義務および個人の教育参加義務という三つの法的性格をもつ」ものとして把握し（S. 39)、このそれぞれの内容について詳細に考察している。
73) Reuter, *supra note* 16, a) S. 109; b) S. 111; c) S. 112; d) S. 113.
74) H. Kratzmann, Grundrechte—Recht auf Leistungen (1974), S. 55.
75) これまでにとりあげた学説以外のものとして、たとえば、I. Richter, Die Schule auf dem Boden des Grundgesetzes, in: RdJB, Jg. 18 (1970) S. 5.（そこでは、「教育を受ける基本権」が、「一般的な最小限の教育（B. u. A.）を求める国家に対する給付請求権」を根拠づけるものとして把握されている。）
76) E.-W. Fuß, Verwaltung und Schule, in: VVDStRL, H. 23 (1966), S. 203, S. 243.
77) F. Hennecke, Staat und Unterricht (1972), S. 182.
78) Gallwas, *supra note* 56, S. 388.
79) Wallerath, *supra note* 44, S. 130, S. 133.
80) Saladin, *supra note* 63, a) S. 132 f.; b) S. 133 f.; c) S. 134; d) S. 119; e) S. 143.
81) Wimmer, *supra note* 41, S. 68.
82) そのほかに、なお、R. Wimmer, Nach welchen rechtlichen Grundsätzen sind das öffentliche Schulwesen und die Stellung der an ihm Beteiligten zu regeln?,

in: JZ, 1976, S. 460.
83) Reuter, *supra note* 16, a) S. 116; b) S. 117; c) S. 118; d) S. 112; e) S. 119; f) S. 120; g) S. 120 f.; h) S. 127 f.
84) BVerwGE, 47, 201.
85) NJW, 1978, 845.
86) RdJB, 1970, 281.
87) そのほかに、重罪の前科のある者から入学試験の受験資格を奪う法令は、ラント憲法の規定する教育を受ける権利を侵害するものではないとしたバイエルン憲法裁判所の1968年4月9日の判決（BayVerfGH 21,59）や、ラント憲法の「教育を受ける権利」条項に言及しつつ、「教育請求権」の範囲を論じたミュンスター上級行政裁判所の1976年7月9日の判決（DVBl, 1977, 458）、などがある。
88) なお、①の判決は、一般論として次のようにも述べていた。「すべての若い市民に対してその能力に応じて今日の社会生活に相応した教育可能性を与えるべき国家の学校は、教育を受ける権利の実現に資するのであり、それを拒否ないし剥奪することは基本権の侵害になりうる」（BVerwGE, 47, 201〔204〕）。
89) この点に関しては、今までに言及した裁判例のほかに、たとえば、連邦行政裁判所の1975年12月17日の判決（DVBl. 1976, 635）がある。なお、学校廃止処分の違法性が問われた連邦行政裁判所の1964年1月31日の判決（BVerwGE, 18, 40）では、親の教育権の侵害のみが問題にされていた。
90) Wimmer, *supra note* 82, S. 460（ただし、教育法をテーマとする第51回ドイツ法曹会議に関して言われたもの）.

第7節 ▶▶▶ 子どものころからの権利行使

1 人生の節目？

　この世に生まれてから死ぬまでの期間において、未成年者から成人（成年者）への移行は、人生の重要な節目として受けとめられやすい。しかも、20歳という数字もきりがいい。たしかに、法律の分野では、成人に達しているかどうかは、かなり重要である。皆さんも、未成年者飲酒・喫煙禁止法の話なら聞いたことがあるだろう。しかし、日常生活においては、20歳を境にして子どもから大人へと成長した、という実感は生じにくい（なお、成人式には法的意味はない）。いや、そもそも個人の人生は、時間的に連続しているのであって、そこに"節目"を持ち込むこと自体がおかしい、といわれるかもしれない。ただ、強いていうなら、就職や結婚などであれば人生の重要な節目として感じられやすい。素朴な印象として、この種の節目は、最近よりも数十年前の方が、顕著なものとして受けとめられる傾向にあったろう。というのも、一方で、近年では、非正規雇用（アルバイトなど）の急増などの情勢変化によって、"学生から社会人へ"といった節目は、ぼやかされることが多いからである。また、一定年月の社会人を経験してから何らかの形で学生になったり改めて勉学に精を出したりする、という人生のコースも広く開かれている。他方で、事実婚などの形で家族形態も多様化されつつあるからである。なお、成人映画などの文脈では、18歳という年齢の方が意識されやすい。また、若者の非行の世界では、非行を卒業する人生の節目は18歳である、と受けとめられることが多い、と指摘されている。[1)]

　マスコミで時々、（「死ね」や「殺せ」という言葉を平気で使うことにも示されるように）"近ごろの子どもの心は乱れている"などと言われることが

あるが、心の乱れは大人にもみられるのであって、この点を基準にして、子どもと大人を区別することはできない。また、ストレス社会で喜怒哀楽や自分の優劣を感じたり"いやし"を求めたりするのは、普通の人生の姿であって、そこには子どもと大人の区別はない、という見方もできる。さらに、"自分は何者（と思われている）か"という問いかけに対しては、"子ども"とか"大人"というふうに抽象的に答えるよりも、各人の位置や役割をふまえて具体的に答えることの方が好まれるであろう。しかし、やはり、子どもが親から自立して一人前の人間になる、ということは人生の節目として重視されていい。日常生活面だけでなく法律面でもそういえる。未成年者から成人になることよりも、親に依存して生活する立場から、親に依存せずに自立して生活する立場へ、と変わることの方が重要かもしれない。

　私ぐらいの年ごろになると、「あなたの将来の夢は何ですか」と質問されると、答えに困ってしまうことが多い。しかし、子どもや若者たちは、このように質問された場合に、きれいな答えが出せるであろう。そう期待したい。また、私などは、平穏（静けさ）や地味なものを好みがちであるが、しかし、若い世代の人たちには、好奇心や冒険心をもって活発に動くよう、お勧めしたい。

2　言葉の問題からスタート

　子どもは、大人へと成長するにつれて、より多くの言葉を知るようになる。それとともに、言葉のもつ意味の深みもわかってくるだろう。最初に、ひとつの言葉は、ひとつの意味をもつとは限らない、ということを確認しておこう。

　「子ども」という言葉を例にとろう。そこには異なった二種類の意味がある。一番目の意味での「子ども」の対義語は、「大人」である。二番目の意味での「子ども」の対義語は、「親」である。一番目の意味での「子ども」は、法律の領域では、「未成年者」などと表記される。二番目の意味での「子ども」は、民法などの法律の上では、「子」と表記される。義務教育について定めた憲法26条には、二番目の意味での「子ども」とほぼ

同じ意味で、「子女」という言葉が使われている。

　参考までに、なぜ「子供」と書かずに「子ども」と書くのか、についても述べておこう。これは、私の属している日本教育法学会などの慣習に従ったものである。聞くところによると、「子供」の「供」は、「お供」の意味であって、付属物を印象づけるから良くない、ということのようである。その言い出しっぺは、「日本子どもを守る会」の会長を務めたこともある教育評論家・社会運動家の羽仁説子氏（1903～1987）ではないか、といわれたりしている。しかし、語源的には、「子供」の「供」は「お供」の意味であるという説明は誤解であり（「ども」と「とも」は違う）、この「供」は、「私共」という場合の「ども」（漢字は「供」または「共」）と同じく、もともと（古くは）複数形を示す接尾語である、と説かれている。したがって、「子供」の「供」は「お供」を連想させるから避けることに理由がある、といえるにとどまる。あちこちの領域で、「子ども」のほかに、「子供」や「こども」という表記も行われているが、それは十分うなずけるところである。

3　子どもと大人で扱いが違うこと

　電車やバスの運賃の領域では、小学生は、小人半額運賃ということで、いわば半人前の扱いである。この領域では、中学生以上は、大人全額運賃ということで大人の扱いを受けるが、それは異例のことかもしれない（なお、鉄道やバスの大人全額運賃・小人半額運賃は、鉄道事業法や自動車運送法という法律に基づく大臣の認可を根拠にしている）。これに対して、民法の財産取引などの領域では原則的に、未成年者（子ども）は半人前の扱いを受ける。一例として、未成年者が親の反対を押し切って、大学に入ったら親元を離れて生活したいと考えたが、新しい住まいを確保するための借家契約書には親のサインと実印が必要である、ということに気づいたとしよう。このような場合、その子は、自分が民法上の成人ではない、ということを思い知らされることになる。

　といっても、子どもの扱いは、法律の領域ごとに、まちまちである。"半人前と一人前"の間の線が何歳で引かれるかは、分野によって違う。

また、子どもと大人の違った扱いが、法律に根拠をもたないこともある。たとえば、プールで"小学生以下は保護者など同伴のこと"とあるのは、法律の決まりではなく、プールの自主的な決めごとである。また、動物園・博物館・映画館などの入園料・入館料としては、一般（高校生以上）と小中学生以下、あるいは一般（大学生以上）と高校生以下、などの料金の区別があることが多いが、それも法律の決まりではない。参考までに、旅の好きな人も多いであろうから、若者の年齢に関する法律の決まりについて、乗り物の運転の場合を例にとって述べよう。バイク免許は16歳から、自動車免許は18歳から（道路交通法）、電車の運転士の免許は20歳から（動力車操縦者運転免許に関する省令）、飛行機を操縦する免許は飛行機の種類によって16歳ないし21歳から（航空法施行規則）、船を操縦する免許は原則的に18歳から（船舶職員及び小型船舶操縦者法）、それぞれ取得できる。未成年者の人権については後に述べるが、かりに、未成年者が自動車などの免許を取得するためには親権者の許可が必要である、という仕組みになっていたとしたら、それは未成年者の人権に対する侵害として違憲になる可能性がある。

　若者がバイクや自動車の運転に熱中するのも結構なことだが、やはり、もっと重要なことは学業と勤労のことである。この社会では高校生バイト禁止の決まりによく出くわすが、それは、校則によるものであって、法律上の定めではない。参考までにいえば、労働基準法の第6章（56～64条）では、「年少者」ということで中学生以下の者を雇うことが原則的に禁止されている（なお、中学生以下の者でも、農業や商業など親の仕事の手伝いであればしてもいい）。他方、憲法27条の定める「勤労する義務」は、法的義務ではない。もちろん、だからといって、仕事もせず学業もせずのニートが社会的・道徳的に正当化されるわけではない。

　言葉の問題についてはスタート時点で述べたが、もう少し補足しておこう。というのも、法律の領域では独自の言葉の使い方がよくみられ、また、法律ごとに言葉の定義が違ったりするからである。日本の法律で「児童」といえば、その範囲は、学校教育法系列の法令（施行令・施行規則を含む）か児童福祉法かで異なる。学校教育法系列の法令では、「児童」は小学生

をさす。これに対して、「児童買春、児童ポルノに係る行為等の処罰及び児童の保護等に関する法律」や「児童虐待の防止等に関する法律」にいう「児童」は、満18歳未満の者をさす。また、「少年」の範囲は、少年法か児童福祉法かで違うし、さらに、「青少年」は「少年」より狭い意味で使われることもあるが（青少年保護条例の場合）、このくらいにしておこう。

4 子どもの権利条約を手がかりに

「子どもの権利」という言葉は、以前から使われてきたが、最近では、とくに「子どもの権利に関する条約」が脚光を浴びつつある。そこにいう「子ども」とは、原則的に18歳未満のすべての者をさす（1条）。この条約は、日本政府の公式の訳（公定訳）では、「児童の権利に関する条約」となっている。たしかに、法律的な目でみれば、「児童の権利条約」という言い方もあっていいのかもしれない。しかし、「子どもの権利条約」と「児童の権利条約」のうち、どちらの言い方が望ましいか、と聞かれれば、前者だと答えたい。というのも、日本語で「児童」といえば、小学生をイメージしがちだからである。実際、政府サイドも、この条約についての教育指導にあたっては「児童」のみならず「子ども」という語を適宜使用することも考えられる、と通知している。

「子どもの権利条約」の重要なポイントは、子どもを保護の客体から権利の主体へと変えることである。この条約の影響を受けて、川崎市などいくつかの地方自治体で、子どもの権利条例が制定されている。ただ、ごく一部の自治体では、「権利」という言葉を欠落させた子ども条例が制定されており、この点は問題視されている[2]。

条約の中では、子どもの意見表明権も定められている（12条）。ただ、条文の書き方は、公定訳では、「その児童に影響を及ぼすすべての事項について自由に自己の意見を表明する権利」となっている。この点、公定訳とあまり変わらないが、「その子どもに影響を与えるすべての事柄について自由に自己の見解を表明する権利」[3]といいかえてもいい。いずれにせよ、そこにいう「事項（事柄）」の範囲については、議論がありうる。つまり、それは、本人に直接的に影響しない一般的・抽象的なことを含まない、と

解釈するのが、条約の素直な読み方であるが、このような説明法には反対意見もある。実際、「子ども（児童）」という言葉の直前に「その」という言葉を入れない形に条約が訳されることもあるが[4]、このように訳されてしまうと、「子ども」とは当該事例で話題になっている特定の子どもではなく、およそ子ども一般をさす、という趣旨に受けとられやすくなろう。それは条約の趣旨の取り違えである（この条約を離れていえば、一般的事柄に関する子どもの意見表明権というものは、今後ますます重視されるべきであろう）。

「子どもの権利条約」は、法律学者や教育学者の関心をひくところとなっており、今日では、「子どもの権利条約」研究は、ひとつの確固たる研究分野となっている。この条約は、国際条約であって、世界中のすべての国、地域、民族の子どもたちのことを念頭においている。「子どもの権利条約」を話題にするのであれば、アジア、アフリカなどの低開発国（発展途上国）とくに最貧国に住んでいる貧しい子どもたちのことも、気にする必要がある。実際、この条約の32条には、経済的搾取や有害労働から保護される子どもの権利が規定されている。しかも、数々の最貧国を含め世界の大部分の国が、この条約に加入している。まさに、国際条約という重要なルール（に示される理想）とは異なった現実が、地球上のあちこちでみられるのである。一般に国際条約（とくに人権関係の条約）といわれると、日本国内におけるそれの実施状況に関心が向けられやすいが、あわせて、諸外国（とりわけ低開発国）への国際条約の適用のことも、大いに気にすべきであろう。

さしあたっていえば、児童労働は、日本の法律では原則的に禁止されているが、世界を見渡すと、多くの児童が労働に駆り出されている国々もある。小さな子どもを兵士にしてきた所もある。また、家庭の貧困などの理由で小学校に通えない子どもは、非常に多い。

5 未成年者の人権・権利

憲法学においては、"人権"というテーマの下で、"未成年者の人権は、どのような場合にいかなる理由で、大人とちがった制限を受けることがあ

りうるか"といった問題設定が行われている。その場合、未成年者を保護するため、あるいは未成年者の判断能力の未熟さのゆえに、といった説明が行われる傾向にある。また、「パターナリズム」という概念が持ち出されることもある。パターナリズムとは、父性的温情主義（もしくは温情的介入主義）と訳せるものであり、それは、本人の利益をおもんばかってその自由を制限することをいう。子どもに就学義務を課して、子どもの就学しない自由を制限するのも、パターナリズムの重要な現われである。

　未成年者の権利をめぐる問題は、民法や行政法などの分野でも話題になりそうであるが、これらの分野では、未成年者の権利に焦点をあてた議論は、必ずしも広く行われているわけではない。行政にかかわる権利について一言いえば、民法の規定（5条）は人が行政機関に許可申請する場合にも適用されるとすれば、未成年者たる高校生は、自らの名で単独で警察署（公安委員会）へのデモ行進の許可申請をできない（実際は、成年者を責任者とするよう行政指導している）。ここでは、表現（情報発信）手段としてのデモ行進の今日的有効性の度合いはさておこう。

　親権に服する未成年の子について述べておこう。民法の818条は、次のような文章で始まっている。「成年に達しない子は、父母の親権に服する。」そして、民法820条には親権者の監護教育権が定められている。この点、憲法上も13条の幸福追求権条項から、わが子に対する親の養育権を解釈論的に導き出す余地がある。各種の法律で未成年者の行為には親の同意が必要であると規定されている場合、そのような規定が合憲であることは親の養育権を根拠にして説明できそうである（親の人権を根拠にして子どもの人権を制限する!?）。それにしても、民法（821条）で、わが子の居所を指定する親の権利が定められていることには、問題が感じられるであろう。一般に子どもは、成長するにつれて、自分で判断して行動したい、と感じることが多くなろう。親子関係が良くても、親に秘密で自分一人で何かをしたい、と思うことが出てくるのは、当たり前のことに属する。やっかいな問題は、親の理解が得られない場合に生じやすい。実際、たとえば、健康保険証で被扶養者の扱いを受ける子どもは、親から健康保険証を渡してもらえないと、自分の判断で病院（たとえば神経科）に行くことができな

い。もちろん他方で、判断能力が未熟な子どものころから特定の宗教や政治的信条に深く染まるのはどうか、その場合、親による介入・干渉はどこまで認められていいか、という問題にも留意する必要がある。いずれにせよ、子どもは親の支配権から解放されよ、などと主張するには一定の慎重さが求められよう。法律学者っぽくいえば、子どもの権利について論じる際には、親子対立がある場合も想定する必要があるわけであるが。もちろん、親によるわが子への虐待などは、困りものである。

　ともあれ、子どもや若者の権利ないし人権を強調していくと、一部の（いや、かなり多くの）学校教育現場の教師たちから反発されそうである。彼ら彼女らに言わせると、自分たちは、教育困難校（課題集中校、底辺校）と呼ばれる荒れた学校で生徒の指導を試みるのに大変な苦労をしているのであって、子どもたちにとって重要なのは権利よりも秩序正しい生活の方だ、というわけである。たしかに、このような主張も十分理解できるし、実際、少年非行をめぐる問題は避けて通れない。私自身も、このことを自覚しているつもりである。

6　子どもと裁判事件のかかわり
（1）　未成年者の「裁判を受ける権利」

　裁判を受ける権利（裁判を起こす権利）は、憲法32条によって保障されているが、それは、未成年者の人権をめぐる議論の対象にしやすい。民事訴訟法31条によると、未成年者は原則として、親権者を通じてでなければ裁判を起こすことができない、とされる。ここで作り話を一言。

　高校生の太郎君は、担任教師による持ち物検査の際、某新興宗教団体のパンフレットやビラを大量に持っているのを発見され、それらを没収された。そして、抗議したにもかかわらず返してもらえなかった。そこで太郎君は、弁護士をつけて裁判を起こしたいと思ったが、両親がこのことに賛成してくれなかった。この場合、太郎君は、未成年者であるがゆえに裁判を起こせない、という話になる。もっとも、かりに親の側に親権の濫用があると判断されれば親権の喪失という事態もありうるが、この程度の話では親権の濫用とはいいにくい。これって未成年者の人権を侵害するもので

はないだろうか。太郎君の級友である花子さんは、両親そろって弁護士をしている。そこで、太郎君は、花子さんとその両親に相談をもちかけた。その結果、花子さんの両親は、理解を示してくれて、「自分たちが弁護人を引き受けるから裁判を起こしてみては？」、と言ってくれた。そこで、太郎君を原告とし両弁護士を原告代理人とする裁判を起こした。そして、このような訴えを認めないとしたら憲法32条に違反する、と主張した。これは、考えさせられる話である。今後、法制度は、未成年の子どもが親の力を借りることなく単独で裁判を起こせるように改められるべきであろう。

なお、現在でも、親子などの身分関係の裁判なら（人事訴訟法に基づき）未成年者でも有効に起こせる。

（2） 少年事件報道のあり方

少年法の61条は、次のように定めている。「家庭裁判所の審判に付された少年又は少年のとき犯した罪により公訴を提起された者については氏名、年齢、職業、住居、容ぼう等によりその者が本人であることを推知することができるような記事又は写真を新聞紙その他の出版物に掲載してはならない。」

この条文は、一般に拡大解釈されて運用されている。すなわち、家裁の審判に付されたり起訴されたりするより前の時期においても、少年の身元推知報道は禁止される、という趣旨にである。マスコミ関係者などは少年法61条に違反しても刑罰は科せられない、という仕組みになっている。報道の自由に対するこのような制限を正当化する理由としては、"それが子どものためになることである"といえばよかろう。つまり、少年の保護・育成をあげればよかろう。一部の学者たちは、少年の成長発達権なるものを主張しているが[6]、この場面でこのような主張をする必要はなかろう。

7　小学校の女子卒業生の表現行為を振り返る

1988年に、福岡ゲルニカ事件[7]というものが起こっている。福岡市立のN小学校では、卒業式に向けて、6年生の児童たちが、ピカソのゲルニカという作品を模した旗を制作した。児童たちは、この旗が卒業式のとき正面ステージに飾られることを期待していた。しかし、学校側は、そのかわり

に国旗を掲げた。

　このことに反発を感じた女子児童（卒業生）のＡ子は、国歌斉唱の際に着席し「歌えません」と叫んだ（同調者は数十名）。そして、卒業証書授与時の決意表明の機会に、次のように発言した。「私はゲルニカをステージに張ってくれなかったことについて深く怒り、そして侮辱を感じています。校長先生は、私たちに対して、私たちを大切に思っていなかったようです。ゲルニカには、平和への願いや私たちの人生への希望をも託していたというのに……」

　このようなＡ子の表現行為は、前述した「子どもの権利条約」の定める意見表明権を思い起こさせてくれるとともに、子どもの尊厳などについて考えさせてくれるものである。

　最後に、日本国憲法の基本的人権の話は、学校の社会科の授業などで学ぶ"知識"にとどまらず、自分たちの生活に直結したものとして受けとめよう、と主張したい。憲法の前文には、理想的な宣言として、次のような言葉が出てくる。それは、「全世界の国民が、ひとしく恐怖と欠乏から免かれ、平和のうちに生存する権利を有する」、という言葉である。基本的人権については、憲法の11条以下を読めば、いろいろな種類のものが出てくるが、この場では、職業選択の自由、勤労する権利、幸福追求に対する権利、学問の自由、教育を受ける権利、言論の自由などが重要である、と述べておきたい。もっとも、言論の自由といえども、インターネットの掲示板を利用した匿名の暴言は困りものであるが（ネットといえば、検索エンジンを〔とくに英語で〕活用すれば、世界中の有益な情報も集められる）。そのほかに、自由や権利というスタイルの明確な条文はないが、国内や海外に旅行する自由とか、新しい家庭や家族をつくることも、そこに付け加えられていい。要するに、将来、自覚と責任をもって、一人前の大人として社会に参加したり有意義な一定の役割を果たしたりしよう、ということである。

注
　1）　白井利明編『迷走する若者のアイデンティティ』（ゆまに書房、2005）を参照。

2) なお、弁護士会サイドからは、子どもの権利基本法の制定に向けての提言を促す動きも出ている（東京弁護士会法友会『人権の時代へ』〔現代人文社、2009〕176頁）。
3) 喜多明人ほか編『〔逐条解説〕子どもの権利条約』（日本評論社、2009）99頁〔喜多訳〕。
4) たとえば、広沢明『憲法と子どもの権利条約』（エイデル研究所、1993）127頁。
5) なお、横田光平「行政法における未成年者の手続法的地位」『塩野宏先生古稀記念 上巻』（有斐閣、2001）613頁以下参照。
6) 『少年事件報道と子どもの成長発達権』（現代人文社、2002）など。
7) この事件を扱った著書としては、井上竜一郎ほか『ゲルニカ事件――どちらがほんとの教育か』（径書房、1991）がある。

第8節 ▶▶▶ 憲法と子どもの人権

憲法学の観点から子ども（未成年者）の人権について考察したい。ただ、このようなテーマについては、これまでに、憲法学説の流れを整理したものを含め、多くの文献が公刊されてきている[1]。ここでは、若干のことを補足的に指摘できれば、と思う。なお、本節のタイトルにもかかわらず、ここでは、未成年者の人権の享有主体性いかん、という憲法学上の問いかけは意図されていない[2]。

1 憲法条項における子どもの権利

最初に、教育を受ける権利を始め子どもの権利は憲法上どのような扱いを受けてきたか、という点をみておきたい。それを考える場合に、条文上「権利」が明記されているかどうかも、一応問題になろう[3]。

日本国憲法は、その26条1項で、「すべて国民は……教育を受ける権利を有する」、と規定している。ここで権利の主体としての「国民」の中心をなすのは、子どもであるといってよい（なお、26条2項には「子女」という言葉が出てくる）。他方、27条3項では、「児童は、これを酷使してはならない」、とうたわれている。

ドイツの憲法史上「教育を受ける権利」を明示したことで注目されるのは、1848年のプロイセン憲法の18条であるが、そこでは権利主体が「年少者」と明記されていた[4]。

それと似たような形で——「権利」を明示しないものの——「年少者」の語を用いた規定は、1919年のワイマール憲法の143条1項などにも登場してくる[5]。また、ワイマール憲法の120条1項やボン基本法（現行ドイツ憲法）の6条2項には、子どもの養育に関する規定がおかれており、さらに、

ワイマール憲法の122条1項では、酷使からの子どもの保護がうたわれている。

フランスでは、歴史的には、憲法条項上、子ども一般よりも、むしろ「捨て子」の保護に関心が払われてきた面がある。それは、1791年の憲法のほか、1848年の憲法の13条などにみてとれる。[6]

また、「教育を受ける権利」(le droit à l'instruction) は、実定憲法で明記された経験をもたないが、憲法草案的なレベルでは、1793年のアルマンの人権宣言草案、[7]1848年のマラストの第一次憲法草案や[8]1946年の第一次憲法草案の中で明示的にうたわれてきた。[9]ただ、それらにおいては、権利主体は、「子ども」ではなく「市民」と規定されていた。さらに、この1946年の草案に関していえば、その27条の中に次のような条文が含まれていた。「年少者は、その肉体的・知的・道徳的発達を妨げるような労働を強制されない。」これは、子どもの権利条約の32条1項を想起させるものである。

アメリカの憲法と「教育を受ける権利」との関係についていえば、この権利にかかわる条項は、連邦憲法にはみられないが、いくつかの州憲法にはみられる（もっとも、そこでも権利は明示されていない）。[10]

とまれ、欧米の憲法史上、「子どもの権利」や「教育を受ける権利」（に相当する言葉）は、登場する機会を多くもってきたわけではないのである。

2　「子どもの人権」という概念

「子ども」という言葉は、おもに「大人」の対義語として使われるが、ときに「親」の対義語として使われることもある。いわゆる非嫡出子（婚外子）という場合は、成年か未成年かを問わず、親と対置された意味での「子ども」が問題になっているはずである。[11]この場合、その人が未成年である場合のみ「子どもの人権」論のカバーするところとなる。

他方、「子どもの人権」に相当する言葉としては、「子どもの権利」も語りうる。両者の区別に関しては、ひとつには、権利の中でも憲法（や国際人権条約）次元のものが人権である、と説明することもできようが、ここでは、このような用語法の問題にはこだわらずに、両者をしばしば互換的に用いることにする。

また、権利（ないし人権）という言葉は、法技術的次元でも理念的次元でも用いうる。たとえば、最高裁学力テスト判決（最大判昭51・5・21〔前掲〕）の中には、「みずから学習することのできない子どもは、その学習要求を充足するための教育を自己に施すことを大人一般に対して要求する権利を有するとの観念」という表現が出てくるが、ここにいわれる大人一般に対する子どもの権利については、法技術的な私法的権利としてではなく、理念的なものとして受けとめられるべきであろう。[12]

　ただ、私としては、一般論として、子どもの人権の法技術的な把握を重視したい。参考までにいえば、教科書裁判杉本判決（東京地判昭45・7・17〔前掲〕）の中には、教科書検定制度は子どもの教育を受ける権利と直接の関係がない、と述べる部分が含まれている。この点は、杉本判決の小さなマイナス点として位置づけられがちであるが、むしろ、すぐれた法的判断として積極的に評価されるべきであろう。いずれにせよ、ここでは、違憲・違法な検定が行われていたとしても、そのことによって、教科書を手にする子どもの側に教育を受ける権利の侵害が当然に引き起こされたことにはならない、という考え方がほのめかされている。この場合の教育を受ける権利は、――杉本判決が別の文脈でいう「子どもの学習する権利」が理念的なのとはちがって――法技術的なものだといえる。

　以上とは別に、子どもをめぐる問題を考える場合、権利（人権）という法的な概念にこだわりすぎないようにする必要があろう。というのは、たとえば、児童養護施設の子が一人含まれている小学校のクラスで、「私の家族」という題で作文を書かせた、という場合を考えてみよう。この場合、施設の子は、心を少し傷つけられた思いがするかもしれない。そうだとすると、教師の側でも、作文の課題の設定の仕方について、検討し直すべきだったといえよう。ところが、ここで、権利という基準にたよりすぎると、"その程度のことは子どもの権利を侵害するものとはいえない"という主張に対抗しにくくなるであろう。その意味で、子どもの権利や人権が盛んに語られるようになるより以前からあったと思われるスローガンも、あわせて重視する必要があろう。それは、"ひとりひとりの子どもを大切に"といったスローガンである。それは、学校教育の改善のための強力な指針

となるであろう。ただ、関連して、「子どもを大切にするということと、子どもの権利を認めるということの間に、連続する面があると同時に、質的な差がある」、という指摘がなされていることにも留意しておきたい。

なお、子どもの人権をめぐる問題の相当部分は、子どもを大人と違えて扱うことの合理性いかんという形で、差別（ないし平等）という枠組みでも接近できるはずである。しかし、本節では、他の多くの論者の場合と同様、このようなアプローチはとらないことにする。

3 子どもに固有の権利

さて、①子どもに固有の権利か、それとも②人一般の権利の子どもへの適用か、という問題がある。この点に関しては、ひとつには、従来からの憲法学における「未成年者の人権」論では、②の定式がとられてきたのに対し、最近の憲法学の内外（とくに教育法学）における「子どもの権利（人権）論」では①の発想が好まれやすい、と指摘することができよう。

ここでは、奥平康弘の所説を紹介しておこう。それによると、「外国人の『人権』の場合は、〔外国人に〕配分されるべき普通の『人権』が意味されている」が、これに対して、「こどもの『人権』」の場合は、「一人前の人間……の『人権』とは違った、まさにこどもに特別な……『権利』が……『人権』として語られている」、とされ、「こども……は、平均的人権でしかないところの『人権』以外の、あるいはそれ以上の権利を必要としている」、とされる。

しかし、私としては、むしろ次のように二つの型に分けて説明しておきたい。すなわち、子どもの人権のうちの一定部分は、無償教育を受ける権利（憲法26条）など、子どもに固有のものであるが、子どもの人権のうちのかなりの部分は、心身を傷つけられない権利、自己決定権（人格的自律権）、表現の自由、情報開示請求権、裁判を受ける権利など、人一般の権利としての性質をもつものである、と。ただ、この二つの型の区別は、相対的・流動的である。というのは、心身が発達するにふさわしい環境におかれる権利、厳しい労働に従事させられない権利、いきすぎた刑罰的制裁を受けない権利、名誉を傷つけられない権利（とくに実名報道されない権

利）などは、子どもについてとくに重視すべきものという意味では、子どもに固有の権利といえるが、程度の差こそあれ、大人にも保障されるべきものという意味では、人一般の権利といえるからである。いずれにせよ、「未成熟という点で子どもには特別な権利……が認められるべきであろうが、一般に言う市民的権利や自由などの行使に関しては、〔子どもの場合〕むしろ大人よりも制限・規制があって然るべきであろう。」[18]参考までにいえば、ある人権が子どもに固有なものかという問題と、人権制約のあり方が子どもに固有なものかという問題とは、別個の事柄に属する。

4　自律的行為権と保護を受ける権利

　子どもの人権について考える場合のキーワードは、「自律」と「保護」である。それにかかわって、二つの権利を語りうる。

　第一は、自律的に決定し行為する権利であり、ここでは自律的行為権と呼んでおこう。その中心に位置するのは、憲法13条に基づく自己決定権であるが、それ以外に、表現の自由を始めとする種々の人権を含む。最近では、この種の権利を子どもに手厚く保障するべきである（権利への制約を最小限のものにとどめるべきである）、と論じられる傾向もみてとれる[19]。いずれにせよ、このような自律的行為権は、人一般（といっても、自律的判断能力をもった人一般）に認められるものである。

　第二は、保護を受ける権利である。これは一応、子どもに固有の権利といってよいが、より厳密には、一部の老人などを含め自律的行為権を十分行使できない状況におかれた人に固有の権利というべきであろう。保護を受ける権利は、さらに、（A）本人側の請求に基づく場合と（B）基づかない場合に分けうる。（B）の場合は、さらに、（B1）放置されたのでは本人が生き続けられないような場合と（B2）それ以外の場合に区別しうる。ここで、（A）や（B1）の場合は、保護は、本人の自由に対する制約を伴わず、また、保護を受ける権利そのものを人権としてとらえうる。これに対し、（B2）の場合には、保護という名のパターナリスティックな（本人の客観的利益を保護するための）介入を受ける資格（一例として15歳未満の児童の就労禁止という法的措置によって子どもの受ける利益）は、それ自

体としては人権に属さず、むしろ人権（この例では就労する自由）に対する制約として位置づけられる。憲法学界などでパターナリズムが人権（自由）制約を正当化する原理のひとつとしてとらえられているのも、もっともなことなのである。

5 子どもの人権に対する制約のあり方

ここでは、人権という言葉の下に便宜上、自律的行為権でしかも自由権に当たるものを理解することにし、その上で、それに対する制約のあり方を考えてみたい。議論は、次のような複数の次元で行いうる。①人（個人）一般の人権への制約、②子どもの人権への制約、③学校内での子どもの人権への制約（②や③の場合、規制が法令によるか学校（校則など）によるかを問わない）、④学校（校則など）による子どもの人権への制約（学校の内外を問わない）。

おもな制約原理としては、①の次元で、他者加害禁止原理（他人に害を加えてはならないという原理）とパターナリズム原理を語りうる[20]。このうち他者加害禁止原理は、厳密にとらえると、他の私人の権利・利益（建物その他の財産を当然含む）を侵害（損傷）してはならない、という原理を意味するものとなり、そこでは、公の財産（道路・建物など）への侵害の禁止は含まれなくなる。もっとも、それを含むものとして他者加害禁止原理をとらえるのが、既成の憲法学説の発想といえるが。いずれにせよ、他者加害禁止原理とパターナリズム原理は、そのまま②の次元にもってこれるが、その場合、実際上、パターナリズムが①の次元におけるよりも強く妥当しよう。

問題は、③や④の次元である。この場合、学校教育という特別な目的に由来する制約原理（いわば教育目的原理）は認められないであろうか。ひとつの明快な立場としては、③や④の次元でも、人権制約は他者加害禁止原理やパターナリズム原理（の慎重な適用）によるもののほかは許されない、とする主張がありうる（それによると、たとえば制服制も違憲とされる可能性が高かろう）。それとは別に、教育目的原理を一応認めはするものの、この原理は結局のところ他者加害禁止原理やパターナリズム原理に還元

（解消）されるはずである、と論じる考え方がいろいろありうる。しかし、部分的に還元されることはあっても、還元され尽すとはいえないであろう。たとえば、教育目的原理は、他の生徒の「教育を受ける権利」の侵害につながるようなことはならないとするものとして、他者加害禁止原理の枠組みで説明できる、とする見解もありうる。また、学校教育そのものが、少なくとも義務教育に関する限り、温情的介入主義の産物なのであるから、教育目的原理は相当程度においてパターナリズム原理として位置づけ直せるのではないか、とする見解も、あるかもしれない。しかし、これらの見解は、それぞれ、他者加害禁止原理やパターナリズム原理を拡散・稀薄化して半ば無内容なものにしてしまうものであって、採用しえない。

やはり、現行の規制（人権制約）を説明するためにも、あるべき規制を正当化するためにも、他者加害禁止原理やパターナリズム原理に加えて教育目的原理を持ち出す必要があるのではなかろうか。そもそも、私は、授業にまじめに臨むよう教師が生徒に仕向けたり命じたりすること自体が、生徒の自由（より広くは人権）を制限することを意味する[21]、と考えている（その背後には、自由とは好き勝手にふるまうことである、という位置づけがある[22]）。ここで、教育目的原理を援用すれば、このような自由に対する制限も違憲の人権侵害にならない、ということをうまく説明できよう。

なお、教育目的原理を認めると、学校による規制に関する限り、パターナリズム原理は教育目的原理に吸収されてしまうことになる、とみる余地があろう[23]。その点はさておき、教育目的原理を広くとらえたり、ゆるやかに適用したりすると、人権制約が、いきすぎたものも含め安易に認められてしまうおそれがあろう。「教育上の必要という名目があれば、学校側に一方的な生徒規律の『包括的機能』を認める判例法理は、在学関係における生徒の人権・権利の存在を考慮することなく、学校側に生徒に対する優越性を保障することとな〔る〕」[24]、と指摘されるゆえんである。

以上とは別に、もっぱら④（学校内）の次元に属することとして、次の点が問題になる。それは、学校の施設を本来の目的とは著しく異なったこと（たとえば宗教活動）のために生徒に利用させない、というルールは、人権制約として合理的なものといえるか、ということである。人権制約事

由として他者加害禁止原理とパターナリズム原理のみを認める立場などからは、それは合理的でない、とされることになろう。しかし、私は、合理的でありうる、と考えている。それを説明するためには、教育目的原理を拡大解釈した上で援用することもできるかもしれない。だが、この原理の拡散を防ぐためには、学校施設の目的外利用権の非保障といった別の原理を導入する必要があろう。いや、それは、学校に固有のことではなく公共施設の目的外利用権の非保障という、より一般的な原理（いわば公共施設原理[25]）に基づく人権制約として説明した方がよかろう。なお、この公共施設原理については、前にふれた公有財産への侵害の禁止と合わせて、公有財産原理といった、より広い概念の下にとらえ直すこともできよう[26]。ちなみに、前述の（学校の施設を本来の目的とは著しく異なったことのために生徒に利用させないという）ルールについて、実定法に即していえば、「学校の施設を……公共のために、利用させることができる」と定める学校教育法137条後段の解釈が問題になろう。

　結局、学校における子どもの人権（自由）に対する制約を正当化する原理としては、他者加害禁止原理、パターナリズム原理、教育目的原理および公共施設原理の四つが認められるが、それらは、――厳しい規制を是とする立場[27]に立つのではない限り――人権尊重の精神に沿うような形に適用されるべきであろう。

注

1) 中村睦男「子どもの権利条約・人権の原理」日本教育法学会年報24号（1995）の第Ⅲ章およびそこに引用された文献など。21世紀になって、大江洋『関係的権利論――子どもの権利から権利の再構成へ』（勁草書房、2004）、森田明『未成年者保護法と現代社会［第2版］』（有斐閣、2008）、藤井俊夫『学校と法』（成文堂、2007）（とくに第1・2章）、等々の著書も出ており、それらを含め、最近の諸文献について、逐一フォローして検討する余裕はない（さしあたり、本書本章第5節注4）所掲の米沢論文や、中川明「子どもの権利をどうとらえるか」明治学院大学法科大学院ローレビュー2巻3号〔2006〕23頁以下など参照）。なお、内野正幸『教育の権利と自由』（有斐閣、1994）の第4章は、「学校における子どもの人権」について述べてある。

2) なお、宍戸常寿「『憲法上の権利』の解釈枠組み」安西文雄ほか『憲法学の現代的論点［第2版］』（有斐閣、2009）239頁によると、「憲法上の権利」の主体ということで、外国人、団体（法人）や天皇・皇族は議論の対象になりうるが、「未成年者については、『憲法上の権利』の享有主体性は前提とした上で、行為能力（ドイツでいう『基本権成年』）の問題として問題を処理すればよい」、とされる。
3) 内野正幸「社会権の概念についての考察」杉原泰雄・樋口陽一編『論争憲法学』（日本評論社、1984）の三2・3および「補足」の後段を参照（なお、この論文は、「補足」の部分を除き後掲注6）にも吸収してある）。
4) たとえば、千葉卓『教育をうける権利』（北海道大学図書刊行会、1990）97頁参照。なお、この1848年12月5日のプロイセン憲法に先立って、その周辺では、同年10月29日のアンハルト・デェサアウ候国の憲法が、「年少者は、……教育を受ける権利を保障されている」、と明記していた（持田栄一「現代ドイツ公教育の基本構造」東京大学教育学部紀要10巻〔1962〕117頁）。
5) なお、戦後の西ドイツの諸邦（ラント）の憲法の「教育を受ける権利」条項に関しては、本書175〜176頁参照。
6) 前者については、内野正幸『社会権の歴史的展開』（信山社、1993）88頁など参照。なお、フランス史における捨て子（保護）の実情については、ジャン・シャザル（清水慶子・霧生和夫訳）『子供の権利』（白水社、1960）22頁以下参照。
7) 内野・前掲注6）101頁注(8)参照。
8) 牧柾名『教育権』（新日本新書、1971）60頁、中村睦男『社会権の解釈』（有斐閣、1983）110頁など参照。
9) この草案の全文を訳出したものとしては、野村敬造『フランス憲法・行政法概論』（有信堂、1962）639頁以下。
10) 各州憲法の教育条項を一覧するためには、see Habsch, Education and Self-Government; The Right to Education under State Constitutional Law, 18 J. of L.& Educ. 93, 134 (1986). なお、歴史上は、1868年のノース・カロライナ州憲法や1890年のワイオミング州憲法が、人民（市民）の教育を受ける権利を明示する条項をもっていた（上原貞雄『アメリカ合衆国州憲法の教育規定』〔風間書房、1981〕81頁など参照）。また、アメリカの20世紀末頃の「教育を受ける権利」をめぐる問題状況につき、足立英郎「合衆国における教育の正統性と公共性」森英樹編『市民的公共圏形成の可能性』（日本評論社、2003）163頁、179頁も参照。
11) 初宿正典「子どもの基本権」法学教室168号（1994）68頁参照。なお、いわゆる非嫡出子の地位をめぐる問題は、最近の日本では、憲法学上のテーマともなっているが（内野正幸『人権のオモテとウラ』〔明石書店、1992〕147〜148頁など参照）、それに関し、ドイツは憲法上の明文規定を設けてきた（ワイマール憲法121条1項、ボン基本法6条5項）。

12) ちなみに、養育を受ける子どもの（私法的）権利という概念は、日本の民法学者の間では語られることが少ないようであるが（ここでは、久貴忠彦ほか『民法講義7 親族』（有斐閣、1977）258頁〔阿部徹〕が次のように述べていることに注目しておきたい。「親権者の監護教育義務に対応して、子は、親権者に対して、適切な監護教育を施すよう要求する権利を有する。」）、それは、ドイツで歴史的に時々論じられるところとなっていた（vgl. e. g. W. Polligkeit, Das Recht des Kindes auf Erziehung〔1908〕）。なお、関連して、堀尾輝久『現代教育の思想と構造』（岩波書店、1971）197頁注(15)など参照。
13) 堀尾輝久『人権としての教育』（岩波書店、1991）87頁。
14) なお、それと同じような形で、女性の人権に関しても、女性に固有の権利か、人一般の権利の女性への適用か、と問うことができよう。
15) この点を示唆するものとして、山崎真秀『憲法と教育人権』（勁草書房、1994）139頁参照。
16) 奥平康弘「〝ヒューマン・ライツ〟考」和田英夫教授古稀記念『戦後憲法学の展開』（日本評論社、1988）138〜139頁。なお、その背後には、「〝ヒューマン・ライツ〟論で前提とする主体」が「一人前の人間……すなわち最小限の程度において理性的な判断能力を具えている者」とされている、というとらえ方がある。
17) その意味では、あえて奥平説に逆らっていうと、子どもの人権と外国人の人権とは共通の構造をもっている、と論じることさえできよう（外国人についても、通訳を求める権利、再入国する権利、難民として庇護を求める権利、帰化する権利などを——実際上認められるかどうかはさておき——固有の権利として観念しうる）。
18) 上原崇『生徒指導と子どもの人権』（東信堂、1993）19頁。
19) たとえば、芹沢斉「未成年者の人権」芦部信喜先生古稀祝賀『現代立憲主義の展開 上』（有斐閣、1993）234頁、渡辺洋三ほか『日本社会と法』（岩波新書、1994）135頁。
20) 人権（自由）制約原理につき、さらに展開して論じたものとしては、内野正幸『憲法解釈の論理と体系』（日本評論社、1992）340頁以下参照。
21) なお、似たような考え方を紹介しておけば、大西忠治「教育的管理の技術2」現代教育科学373号（1987）105頁は、学校教育につき、「子どもの自由を制限することであり、ひいては子どもへの加害行為ではないか」、と位置づけている。
22) 内野・前掲注20) 323頁以下参照。
23) なお、坂田仰「公立学校における生徒の自由と生徒規則」本郷法政紀要1号（1993）160頁は、P「個々の生徒が有する自由相互の調整を図ることを目的とした規制」と、Q「〔それをこえて〕教育という積極的な目的……を達成するための手段として行われる規制」の区別を語っている。ここで、Pは私のいう加害禁止原理、Qは教育目的原理に大体相当するものといえるが、そこでは、パターナリズム原理

は、Qに含ませられていることになろう。
24)　市川須美子「校則裁判と教育裁量」神田修編著『教育法と教育行政の理論』(三省堂、1993) 190頁。また、市川『学校教育裁判と教育法』(三省堂、2007) 140頁においては、「教育裁量の概念が学校側の措置を適法化するマジックワードとして機能している」、と論じられている。なお、学校の「包括的権能」の考え方の基礎には、いわば学校(団体)自律論があるが、それと教育法学サイドの「学校の自治」論との関係は、微妙となろう。
25)　なお、丹羽徹「教育裁量の公法学的検討」日本教育法学会年報22号 (1993) 93頁は、「施設利用についての一般的規律」を語っているが、それは、私のいう公共施設原理を含む趣旨のものであろうか。ちなみに、この原理を使えば、たとえば、市民が公民館内でビラまき活動をしようとした場合、職員はそれを制止してよい、ということをうまく説明できる (内野正幸「条約・法律・行政立法」高見勝利ほか編『日本国憲法解釈の再検討』〔有斐閣、2004〕442頁も参照)。
26)　内野正幸「国益は人権の制約を正当する」『リーディングズ現代の憲法』(日本評論社、1995) の3(6)を参照。
27)　たとえば、上原・前掲注18) 19頁。

第4章

宗教への接近

第1節 ▶▶▶ 信教の自由と学校教育

1 宗教教育をめぐって

学校教育をめぐる問題に留意しながら、話を宗教の方向にもっていこう。手始めに、宗教教育とその自由について述べよう。

憲法20条3項の政教分離条項や教育基本法15条2項では、国公立学校における宗教教育が禁止されている。宗教教育とは宗教上の教えを賛美して説くことであり、そこには「宗教に関する一般的な教養」などを身につけさせることは含まれない（教育基本法15条1項も参照）。たとえば、神学の講義は宗教教育に属するが、宗教学の講義は宗教教育に属さない。この場合、宗教的情操教育も禁止される宗教教育に当たるとみるべきか、については賛否両論がある。他方、憲法20条1項前段の「信教の自由」は、宗教的活動の自由の一環として宗教教育の自由を含む。したがって、宗教教育を私人が行うことは、公権力などとの関係で人権として保障される。ここで私人という場合、宗教系私学、教会や、家庭の親などが重要となる。いずれにせよ、宗教教育の自由を語るにあたっては、宗教教育を受ける側の子どもの人権との調整に留意すべきである。なお、「論語」についてであるが、儒学(=儒教)は宗教に属さないとみる以上、国公立学校が「論語」教育を行うことは法的に禁止されないはずであろう（ただ、儒学は宗教に属するとみる反対説もありうる）。

2 教育の宗教的中立性と宗教教育の自由

（1） 国公立学校と私立学校

教育と宗教の関係については、次の二つのことがいえる。

第一は、国公立学校においては教育の宗教的中立性が保持されなければ

ならない、ということである。このことは、教育基本法15条2項や憲法20条3項（政教分離原則）の規定からして明らかである（なお、政教分離とは、政治と宗教の分離ではなく、国・地方公共団体と宗教の分離を意味する。よって、政治に属さない国公立学校の教育も、宗教と分離させなければならない）。参考までにいえば、憲法20条3項にいわれる「国及びその機関」の中には、国公立学校の教師も含まれる。かかる教師は、教育職務を遂行する公人としては信教の自由を保障されていないのである。

　第二は、私立学校においては宗教教育の自由が保障される、ということである。このことは、教育基本法15条2項の反対解釈からいえることであるが、憲法上は、20条1項の「信教の自由」から導かれる。ただ、留意すべきことは、宗教教育の自由という人権は、個々の教師ではなく、私立学校という法人（団体）に認められるものである、ということである。もっとも、宗教教育の自由は、人権としての性格をもたない、とする異論もありうる。それは、たしかに、生徒の人権との関係では、脅威を与えるものとなりうるが、しかし、国家権力により制限される可能性のことを考えると、やはり人権としてとらえておいた方がよかろう。

　私立学校における宗教教育については、そこに生徒が出席するよう義務づけても、生徒の信教の自由を侵害する可能性はないか、ということが問題になる。わりと常識的な答えは、生徒の側は宗教教育を受けることを承知の上で宗教系私学を選択したのであるから、そういう可能性はない、というものであろう。たしかに、宗教教育の受講義務は、法的には、本人による選択の自由の行使の産物にほかならない、ということになろう。しかし、実際には、第一・第二志望校に不合格となったため、不本意にも宗教系私立高校に行くのを余儀なくされた、という場合も、かなりあるようである。そうだとすると、ここでも、生徒の信教の自由と衝突する可能性が出てこよう。だから、ここでも、公教育からの部分的な撤退が問題になりうるのである。

（2）　進化論教育をめぐって

　教育の宗教的中立性に関連しては、進化論教育の位置づけが問題になる。というのは、進化論は、キリスト教の創造説と相容れないものであり、あ

る意味では、反キリスト教的性格をもっているからである。

　実際、アメリカでは、公立学校で進化論を教えることの是非が議論されてきた。そこでは、19世紀後半以来、ファンダメンタリズムと呼ばれる宗教運動が、反進化論の主張を展開してきた。この運動は、1920年代に四つの州で進化論教育禁止法を成立させるまでにいたった。だが、連邦最高裁は、1968年に、このような州法は憲法修正1条（政教分離原則）に反する、とする判断を下した。

　しかし、ファンダメンタリストたちは、その後も、公立学校で創造説を教えるべきであるとする運動を続けていった。このような要求を受けて、1981年にはアーカンソー州で、その翌年にはルイジアナ州で、それぞれ創造説・進化論説均等取扱い法が成立した。しかるに、これらの法も、違憲の主張をたずさえた提訴に出くわすことになった[1]。ルイジアナ州法に関しては、1987年に、政教分離原則違反とする連邦最高裁判決が下された。それによると、「〔本法の〕おもな目的は特定の宗教教義を助長することにあるのだから、本法は、〔憲法〕修正1条に違反して宗教を是認することになる」、とされる[2]。

　このように、進化論教育にかかわる裁判の中心的争点は、政教分離におかれてきたが、一連の反進化論運動は、次のような問題提起を含む性格のものであった。それは、私立学校では創造説でも進化説でも教えうるとしても、公立学校で進化説を教えるのは、同説と相容れない宗教を信じる生徒の信教の自由を侵害するのではないか、ということである。そうすると、ここからは、進化論教育受講拒否権の問題も出てくる。これも、ある意味では、公教育からの自由という問題の一環をなすものである。

　今日の日本社会では、進化論教育の是非は、さほど問題にならないかもしれない。しかし、そこには、公教育の場で科学的真理を教えることの自明性を問い直したり、公教育における宗教的少数者の保護の問題を考え直したりする契機が含まれているのである。そこで、次の項目では、日本で起きた、公教育と宗教の衝突にかかわる二つの裁判事件に目を向けてみることにしよう。

3　公教育と宗教との衝突

(1) 日曜参観授業訴訟

ある公立小学校で日曜参観授業を実施したところ、同校に在籍する姉妹2人は、両親の教えに従って日曜教会学校に出席したため、小学校の指導要録に欠席と記載された。そこで、原告らは、欠席記載や代替授業不実施は信教の自由やそれに基づく欠席権、さらには教育を受ける権利などを侵害するものとして、憲法20条1項および26条（ならびに教育基本法3条、7条、9条）に違反する、と主張して出訴した。

これに対し、1986年3月20日の東京地裁判決（判例時報1185号69頁）は、本件欠席記載は違法でない、などとして原告らを敗訴させた。その中では、以下のように述べられていた。宗教団体による宗教教育は、「憲法に尊重された自由であり、……公教育上も尊重されるべき」であるが、「公教育をし、これを受けさせることもまた憲法が国家及び国民に対して要請するところであ」る。「公教育が実施される日時とある宗教教団が信仰上の集会を行う日時とが重複し、競合する場合」、「宗教行為に参加する児童について公教育の授業日に出席する」ことは、「公教育の宗教的中立性を保つ上で好ましいことではない」。よって、「公教育上の特別の必要性がある授業日の振替えの範囲内では、宗教教団の集会と抵触することになったとしても」、それは、「合理的根拠に基づくやむをえない」ものである。

(2) 剣道実技受講拒否事件

公立高等専門学校のある生徒は、「エホバの証人」の教義という信仰上の理由に基づき剣道実技を受講しなかったため、原級留置（留年）の処分を受けた。そこで、これを不服として、裁判所に処分の執行停止を申し立てた。

しかるに、第一審の却下決定（生徒側敗訴）を経た後、1991年8月2日、第二審の大阪高裁決定（判例タイムズ764号279頁）は、要旨以下のような理由で、第一審の結論を維持した。剣道必修の事情を熟知しながら自由意思に基づいて入学した者が、その宗教上の信条から学則等に従わなかったために不利益を受けたとしても、そのことは、信教の自由や教育を受ける権利を害するものではない。その者を特別扱いすると、かえって、公立学校

の宗教的中立性が損なわれる。

　ここでは、判決に示される諸論点のうち、生徒側の宗教上の価値と学校側の公教育上の価値との衝突の調整の問題について、一言述べておこう。生徒側が自己の宗教的信条を優先させた結果こうむる不利益は、日曜参観授業の場合は欠席扱いなどにとどまるのに対し、剣道不受講の場合は単位不認定による留年（さらには卒業困難）である。この点にかんがみると、後者の場合には、宗教上の価値の方に、より大きな考慮が払われるべきであったといえよう。また、このような実質的価値判断は、政教分離違反を成立させない方向に作用するであろう。

（3）　公教育との全面衝突

　"公教育からの自由"という枠組み[3]は、公教育との部分衝突だけでなく、いや、それ以上に、公教育との全面衝突にかかわっている。全面衝突は、典型的には、学齢期（義務教育を受けさせるべき年齢）の子どもを就学させずに家庭教育で済ます親の自由というものは認められるか、という形で問題になる。学校教育法の22条や39条には、子どもを小中学校に就学させる保護者の義務が規定されているのであるから、現行の法制度の下では、このような親の自由は認められていない。しかし、憲法26条2項（や教育基本法5条1項）は、「〔9年の〕普通教育を受けさせる義務」を語るにとどまっている。よって、非就学の自由を学校教育法で認めたとしても、それが直ちに憲法26条2項違反になるわけではない、というべきであろう。ただ、憲法13条（や教育基本法10条1項）は、このような自由を親の家庭教育の自由の一環として保障している、とまでいえるかは、問題であろう。

　アメリカでは、1972年に、興味深い連邦最高裁判決が下されている。ウィスコンシン州法は、7～16歳の子どもを就学させる義務を親に課していた。被告は、アーミッシュ教徒たる親であるが、宗教上の理由により、その子どもを中等学校（8年間の初等学校修了後に就学させるべき学校）に就学させなかったため、州法違反で起訴された。しかるに、判決は、同法は本件に適用させる限りで親の信教の自由を侵害するものとして憲法（修正1条）違反である、と判断した。ただ、このような判決の考え方[4]は、その及ぶ射程の広いものではない。すなわち、義務教育の免除が認められるの

は、中等学校段階であって、しかも宗教上の理由に基づく場合に限られるのである。

注
1) たとえば、青木宏治「創造説・進化説の均等取扱い法事件」季刊教育法51号 (1987) 140頁以下参照。
2) たとえば、吉崎暢洋「公立学校のカリキュラムで進化論と天地創造説の均等な取り扱いを要求する法の合憲性」判例タイムズ675号 (1988) 35頁以下参照。
3) 内野正幸『教育の権利と自由』(有斐閣、1994) 147頁参照。
4) この判決につき、くわしくは、瀧澤信彦「アメリカ合衆国における義務教育拒否事件」北九州大学法政論集21巻3号 (1993) 111頁以下など参照。

第2節 ▶▶▶ 学校における宗教教育と宗教的教材

1 学校における宗教教育[1]

（1） 新興宗教への若者の入信

　憲法20条1項前段には、「信教の自由は、何人に対してもこれを保障する」と書かれている。それは、宗教を信じ宗教活動を行うなどの自由を内容とするものである。それは、他人にひどい迷惑をかけたり、害を与えたりしない限りでの自由である。したがって、外部の人から見て反道徳的に見えるという理由だけで、信教の自由の保護が否定されるわけではない（おそらく、信者が家族との縁を絶つのも、憲法上は、直ちに信教の自由の範囲を逸脱したものとはいえないであろう）。

　信教の自由には、それなりの判断能力を身につけた若者が、カルトと呼ばれる狂信的なものも含め新興宗教団体に入る自由も含まれる（ただ、この自由は、中学生以下ぐらいの小さな子どもであれば、保護者の親権によって制限されることがあるが）[2]。したがって、若者が新興宗教に入信すること自体は、必ずしも批判されるべきことではない。

　オウム真理教は、数々の殺傷事件を組織的に起こしてきた疑いの強い特異な宗教団体であるが、その犯罪性は教祖のパーソナリティに起因するところがかなりある、と思われる。若者などが入信したあとで犯罪者に仕立てあげられていったことは、厳しく非難されるべきであるが、オウムに入信したこと自体については──入信動機としての超能力の問題をとりあげる余地はあるにせよ──その時点では、それ以外の宗教団体に入信したことと同列に評価することもできよう。

（2） 入信に対する学校教育の対応

　世間では、クリスチャンのような"普通の"宗教を信じている者であれ

ばいいが、得体の知れない"変な"宗教に入信されるのは困りものである、といわれがちである。憲法学的見地からいえば、"普通の"宗教にも"変な"宗教にも無差別に自由を保障すべきであるが、それとは別に、学校教育の見地からは、子どもの健全な発達を著しく妨げるような種類の問題宗教かどうか、という選別を行うことは少しはできよう。そして学校や教師が、生徒の悩みの相談などの形で、生徒が問題宗教に入信するのをできるだけ防ぐ方向で努力することは、必ずしも教育の宗教的中立性の原則に反するとはいえないであろう。

また、オウム事件があったからといって、(狂信的な)新興宗教団体に若者が入信するのをできるだけ防ぐために、学校側としても健全な宗教教育の実施だとか科学教育の徹底などを考えるべきである、とは当然にはいえないであろう。というのも、学校は、ひとつの文化空間にほかならないのであって、子どもが学校で学んだ知識とは別の次元で、子どもを入信その他の一定の行動に駆り立てることを十分抑制できる性格のものではないからである(たとえば、物理を学んだ高校生が超能力ブームにひたるなどの現象も、人間の頭の中の多次元性ということで説明できるであろう)。また、学校教育は、若者の間に非行や犯罪が広がるのを防ぐ力をかなりもっているにしても、ごく一部の若者がいわば転落の道を歩むのを完全に防ぐことはできない、といえるからである。

入信だとか転落などの背景には、学校教育の荒廃も含め、世俗社会の居心地の悪さという大きな問題があるはずである。

(3) 国公立学校における宗教教育

憲法20条3項や教育基本法15条2項は、国公立学校における宗教教育を原則的に禁止している。といっても、宗教教育という言葉の意味が問題になる。第三者的立場で宗教やそれにかかわる社会現象を観察・分析するのが宗教学であるのに対し、宗教者的立場で宗教上の教えを究明するのが神学であるとすると、ここで禁止されている宗教教育は、宗教学ではなく神学に相当するものである。つまり、宗教的知識教育は禁止されていないのである。

それでは、何らかの宗教的精神をもつことの大切さを説く宗教的情操教

育も、やはり憲法や教育基本法によって禁止されているのであろうか。(旧)文部省側は従来から、それをむしろ推進する姿勢をとってきているが、学者の間では意見が分かれている。私見によれば、国公立学校が自覚的な教育方針として行う宗教的情操教育は、禁止されるにしても、個々の教師が授業中に余談風に宗教のすばらしさについて一言二言ふれることまで禁止されるわけではない。

（４）　宗教系私学における宗教教育

学校教育法施行規則50条２項・79条によると、私立の小中学校では教育課程に宗教を加えることができる、とされる。同様のことは、高校などについては規定されていないが、それは立法技術上のいききつからそうなったものにすぎず、私立高校などで宗教教育を行えることもちろんである。私立学校での宗教教育は、教育基本法15条２項の反対解釈から導かれるし、より積極的には、憲法20条１項による「信教の自由」の一内容として保障されるとみる余地もあろう。宗教系私学で宗教教育をどの程度まで積極的に行うかは、各学校の方針の問題である。

なお、宗教系私学に入学した生徒は必ず宗教教育を受けなければならないか、という点については議論がある。

2　宗教的教材の使用

（１）　教材とは何か[3]

教材については、学校教育法34条２項などにおいて、「……教科用図書〔＝教科書〕以外の図書その他の教材で、有益適切なものは、これを使用することができる」と定められている。

また、地教行法（地方教育行政の組織及び運営に関する法律）33条によると、教育委員会は、学校における教科書以外の教材の使用についての届出または承認の規定を含め、教材の取り扱いに関する必要な規則を定める、とされている。

本節にいう「宗教的教材」も、このような法律上の裏づけをもった「教材」のひとつである、と考えてよかろう。ただ、教材一般の使用をめぐる議題については、ここでは立ち入るのを避けたい。

（2） 宗教的教材についての通達

資料として二つの通達の中の一節を掲げておこう。

第一は、1949年10月25日の（旧）文部事務次官通達であり、「社会科その他、初等および中等教育における宗教の取扱いについて」と題するものである。そこでは、国公立学校における宗教的教材について、たとえば以下のように述べられている。

「(イ)各教科の教育目標に照らして、必要な場合には、各種の宗教の教祖、慣行、制度、宗教団体の物的施設、厚生および教育活動、種々の宗教史上の事件などに関する事実を含んでもよい。／これらの教育資料においては、特定の宗教的教理、慣行、制度、経験などを、価値がないものとして否認したり、あるいは特定のものを特に高く評価したりするような表現を用いてはならない」。

「(ロ)社会科においては、宗教が社会生活のなかで、どんな役割を果して来たかを明らかにする点に重点をおかなければならない」。

「(ハ)文学および語学の教科書においては、文学的あるいは語学的価値があると認めて選択したものである限り、宗教的教材が含まれてもよい」。

この通達の引用した部分については、論者によって次のように位置づけられている。

それは、「宗教的教材の使用をむしろ積極的に認めている」のであり、「このことは、占領軍の基本方針が……学校教育全般を通じて子ども達の宗教への関心を高めることであったことを表している」、と。

かりにそうだとすると、このような精神が現在の日本の教育法規の解釈についても完全にあてはまる、とはいいきれないであろう。

第二は、1974年9月3日の文部省初等中等教育局長の通達であり、「学校における補助教材の適正な取扱いについて」と題するものである。

これは、教育行政当局が補助教材のあり方について、いわば適正化に向けて注文をつけようとする動きの中から出てきたものであるが、そこには次のような文章が含まれていた。

「学校における補助教材の選択に当たっては、……ことに政治や宗教に

ついて、特定の政党や宗派に偏った思想、題材によっているなど不公正な立場のものでないよう十分留意すること」。

（3） 宗教的中立性とは何か

宗教的中立性という言葉の意味としては、次の二つが考えられる。

第一は、特定の宗教を特別扱いすることなく、さまざまの（すべての）宗教を公平に扱う、ということである。第二は、およそ宗教というものに対して、好意的に接することも敵対的に接することもしない、ということである。

宗教的中立性が第一の意味をもつことは明らかであるが、それに加えて第二の意味を含むか、という点については意見が分かれうる。

憲法20条3項には、「国及びその機関は、宗教教育その他いかなる宗教的活動もしてはならない」と定められている。また、教育基本法15条2項では、「国及び地方公共団体が設置する学校は、特定の宗教のための宗教教育その他宗教的活動をしてはならない」と書かれている。

これらの規定は、国公立学校での宗教教育を禁止する趣旨を含んでいる。ただ、そこでは宗教的中立という言葉は出てこない。また、二つの条文を読み比べてみると、教育基本法は「特定の宗教のための宗教教育」だけを禁止しているのに対し、憲法はより広く宗教教育一般を禁止している、と解釈されがちである。その場合、特定の宗教のためとはいえない宗教教育は、教育基本法という下位の法には違反しないが、憲法という上位の法には違反する、ということになってしまう。しかし、これはやや不自然である。

そこで、私としては、以下のように考えてみたい。教育基本法15条2項は、「特定の宗教のための」「宗教教育その他宗教的活動」というふうにではなく、「特定の宗教のための宗教教育」「その他宗教的活動」というふうに読まれるべきである。宗教的情操教育一般はさておき、何らかの宗教を信じるよう奨励するような教育を国公立学校が行うことは、憲法上は20条3項にいう「宗教教育」として禁止されるが、教育基本法上は15条2項にいう「その他宗教的活動」として禁止される。

宗教的中立性についても、少なくともこのことに対応する趣旨を含むも

のとしてとらえるべきであろう。

　課題に対する答を私流に述べよう。国公立学校で宗教的教材を使用することは原則として宗教的中立性に反するが、ただ、宗教的教材の内容、使用方法、授業全体に占める比重などのいかんによっては、宗教的中立性に反しないこともある。具体的な判断にあたっては、先に示した通達が一応参考になろう。

注

1) 宗教教育に関する参考文献としては、永井憲一編『政治教育・宗教教育』（学陽書房、1978）第2部、広沢明『憲法と子どもの権利条約』（エイデル研究所、1993）172頁以下、戸波江二「教育における中立性」日本教育法学会年報19号（1990）151頁以下、竹村牧男「学校における宗教教育」宗務時報38号（1977）35頁以下など。
2) 山口和孝『子どもの教育と宗教』（青木書店、1998）169頁以下、中川明編『宗教と子どもたち』（明石書店、2001）46頁以下など参照。
3) 平原春好『日本の教育課程［第2版］』（国土新書、1982）182頁以下など参照。
4) なお、「中等教育」という言葉は、中学や高校の教育をさすものである。
5) 山口和孝『新教育課程と道徳教育』（エイデル研究所、1993）242頁。

第3節 ▶▶▶ 学校の内外での宗教的活動

1 学校内での宗教活動

> 事例：D中学校で、一部の生徒から「F教諭を顧問に課外の部活動として聖書研究会を発足させたい」という希望が出た。教師が特定の宗教的団体の顧問になり、部活動として校費の支出を受け、学校施設を利用するのは「宗教的中立性」に触れないか、議論がある。

（1）国公立学校と宗教的中立性

　宗教的中立性と政教分離（国家と宗教の分離）とは、意味が似ているが、少し違う。というのも、ひとつには、宗教的中立性という言葉は、政教分離とは異なり、非宗教系私学の宗教的中立性という形でも使える。もうひとつには、公的機関がすべての宗教的団体に対して公平に援助を与えることについて、場合によっては、それは宗教的中立性に反しないが政教分離原則に反するといいうる（といっても、公的機関による宗教活動に関して、憲法20条3項は、すべての宗教団体のためのものも含めて全面的に禁止しているのに対し、教育基本法9条2項は「特定の宗教のための」ものに限って禁止している、という外見上の違いにこだわりすぎてはならない）。

　そこで、あらかじめ中学校の種類をめぐる問題をかたづけておこう。

　かりに、D中学校がキリスト教系の私学だったとすれば、何ら問題はない。また、非宗教系私学校の場合は、宗教的中立性を学校の経営方針とするという趣旨を含んでいるとみなせる在学契約というものを想定した上で、本事例が在学契約に違反しないかを問うべきであろう。重要な議論の対象となるのは、あくまでも国公立学校の場合なのであり、以下、この場合を念頭において話を進めたい。

（2）憲法や教育基本法に違反するかどうかの判定基準

一般論としていえば、憲法違反と教育基本法違反とは完全に一致するものではない。しかし、国公立学校が宗教に関与する場合に限っていえば、憲法20条3項違反と教育基本法15条2項違反とは一致すると考えてよかろう。そうすると、違反の有無の判定基準も同じになる。

まず、憲法20条3項は「国及びその機関」による「宗教的活動」を禁止しているが、それは、公的機関にある公人が公務において宗教的行為に関与することを禁止する趣旨を含むものである。教育基本法15条2項は、国公立の「学校」による「宗教的活動」も禁止しているが、それは、同様に、学校の手足としての教師が公務において宗教的行為に関与することを禁止する趣旨を含むものである。

次に、政教分離の原則は、公的機関が宗教に関与することを全面的に禁止する趣旨のものではない。最高裁の立場に立脚する限り、公的機関による宗教的行為（宗教関与）がその目的や効果にかんがみ相当限度をこえることを禁ずるものである（目的効果基準）。同様のことは、憲法20条3項の場合だけでなく、憲法89条前段についても妥当する[1]。それは、さらには教育基本法15条2項についても妥当しよう。なお、同法15条1項は、学校による宗教関与がどこまで許されるかを判定するためのひとつの手がかりとしての意味を含んでいるとみてよかろう。

（3）宗教的団体への公金支出や公的施設利用の法的位置づけ

憲法20条の中に含まれる政教分離の原則は、89条前段の規定によって補強されている。そこでは、公的機関が宗教的団体に対してお金を出したり施設を利用させたりすることが禁止される（ここで利用とは、おもに無償利用をさすが、適切な料金を徴収した上で利用させることも、場合によって含めて考えてよかろう）。他方、憲法14条の定める平等原則の発想からいけば、公的機関は宗教的団体と宗教的でない団体とを合理的理由なく差別的に扱ってはならない、という話になる。それでは、この二つの原則をどのように調整すべきであろうか。

宗教的団体に対して公金を支出したり公的施設を利用させたりする措置については、三種類の法的位置づけが可能である。

第一の見方によると、この措置は違憲（憲法89条前段違反）であるとされる。第二の見方によると、逆に、それは違憲にならず、それどころか、宗教的団体に限ってこのような措置をとらないと、かえって憲法14条違反になる、とされる（実際、たとえば公民館の集会室を宗教的団体に対して非宗教的団体と同じ条件で貸すことは、憲法89条前段に違反しないばかりか、憲法14条が要請するところである、と広く説かれている）。第三の見方によると、この措置をとっても憲法89条前段に違反せず、また、この措置をとらなくても憲法14条違反にならない、とされる。

ただ、本事例の場合はさておき一般論としては、第三の見方は必ずしも成立しやすいものではない。これらの三種類の見方のうちどれを採用すべきかは、事例のタイプによって答えが変わってくる。

（4）　部活動の位置づけ

広い意味でクラブ活動と呼べるものは、1969年以降の中学校学習指導要領においては、授業時間内に組み込まれる「必修クラブ」と、それ以外の「部活動」とからなっている（さらに、1989年の改訂によって、部活動をもって必修クラブの履修に替えうるようになった）。それらは、生徒会活動などとともに、法令上「特別活動」を構成するものであり、また、「特別活動」は、普通の授業科目と並んで、いわば正規の「教育課程」に属するものである（学校教育法施行規則72条1項参照）。

本事例は、このような意味での「部活動」にかかわるものであるが、それとは別に、部活動にさえ属さない生徒の自主的なサークルや同好会というものも想定できる。

ここで、信教の自由（憲法20条1項）との関係についていえば、それは、宗教関係のサークルを自主的に作る自由を生徒に保障する趣旨を含むものである。しかし、信教の自由は、そのサークル活動を正規の部活動として扱ってもらうという利益まで保障するものではない。

（5）　この事例への対応

この種の事例を扱った裁判例は見あたらない。以下に示すのは私見である。

聖書研究会につき、ほかの部活動と同じような形で、部活動として認可

した上で教師が顧問になったり部活動に校費を支出したり学校施設を利用させたりすることを、便宜上、「聖書研究会の部活化」と呼んでおくことにしよう。

聖書研究会の部活化が政教分離（ないし公教育の宗教的中立性）の原則に違反しないためには、抽象的にいえば、それが特定の宗教的団体を援助する目的や効果を伴っていないことが必要である。より具体的にいえば、たとえば、聖書研究会が学校（教師）側の提案に基づいて発足したのであれば、政教分離原則違反の疑いが強くなる。というのは、この場合、学校側が、特定の宗教に対し、それを自ら選択するという形で強く関与していることになるからである。また、宗教に関連する研究会として存在し部活化されているものが聖書研究会だけである場合よりも、それが聖書研究会、仏教研究会、無神論研究会など複数である場合の方が、政教分離原則違反になりにくい。

いずれにせよ、平等原則との関係からいって、聖書研究会の部活化が違憲・違法とならないためには、部活動の扱いを聖書研究会以外のものと対等の条件で行うことが必要である。しかし、だからといって、聖書研究会についてほかの部活動と同じように部活動として扱うにふさわしい条件が満たされたからには、学校側は平等原則にかんがみ聖書研究会を部活化する義務がある、という話にはならない。そうすると、政教分離および平等という、お互いに緊張関係にある二つの精神に照らして、学校側としては、自分の裁量的判断により、聖書研究会の部活化を認めることも拒むこともできる、ということになろう。

（6） 関連資料

「社会科その他初等および中等教育における宗教の取扱いについて」（昭24・10・25文初庶第152号、文部事務次官通達）の一部[2]

「三、国立または公立の学校の児童生徒の自発的宗教活動について……㈹中等学校生徒は、正規の授業時間以外の活動として自発的な宗教的団体を組織することができる。㈁学校はこの種の団体の活動に対しては、校内の他の生徒団体に与えられていると同様に、学校施設利用の便宜を与えなければならない。……㈡生徒の宗教的団体は、教師を

個人の責任において、顧問または会員として、その活動に参加することを請うてもよい。」

2　勤務時間外の教師の宗教的活動

> 事例：H中学校のK教諭は、ある宗教の熱心な信者で、日曜日ごとに自宅で研究会を主催している。担任生徒にも参加者が多い。同僚や保護者の間には、こうしたK教諭の活動に批判的な空気が強い。

(1) 宗教と 公人・私人

　この事例では、おもに、信教の自由とその限界についてどう考えるべきかが重要になる。ここでは、学校の教諭は私人としては信教の自由があるが、公人としては宗教的中立性を保持しなければならない、という命題を打ち出してみたい。

　一般に、公私の区別については、会社も含め仕事の世界が公であるのに対して、家庭を始め仕事以外の世界が私である、とする理解が日常会話や社会学などの分野でなされているようである。しかし、法律的には、公私の区別は、公務員と私企業従業員という場合の公私に対応するような形で行われるべきである。このような公私の区別に合わせて公人と私人の区別を語ることにすると、公務員は公務に従事している場合には公人であるが、公務を離れて一般市民ないし一個人として生活している場合には私人である、ということになる。

　H中学校が国公立である場合については、K教諭は、学校教員としての資格で授業その他の仕事をしている場合には公人であるが、それ以外の活動をしている場合には私人である、と説明できる。

　教育基本法15条2項は、国公立学校の教諭が公人として宗教活動を行うことを禁止する趣旨を含むものであるが、しかし、私人としての宗教活動まで禁止する趣旨を含むものではない。それどころか、私人としての宗教活動は、憲法20条1項によって信教の自由として保障される。

　ここで信教の自由という場合、宗教上の研究会に参加したりそれを主催したりする自由や、そこへの勧誘とか布教の自由も含まれる。しかし、そ

れは、あくまでも職務外で私人としての立場で行わなければならない。

したがって、かりに教諭が授業中を始め勤務時間中に担任の生徒に対して宗教上の研究会への参加を呼びかけるようなことがあったとしたら、それは法的に許されないことである。

(2) 教師の地位を利用した宗教活動

それでは、教諭は、職務外でその地位を利用して生徒に対して宗教活動をすることができるであろうか。

参考までにいえば、選挙運動の場合については、公職選挙法137条によって、教諭は生徒に対する「教育上の地位を利用して選挙運動をすることができない」と定められている。しかし、同様のことを宗教活動について定めた法令は存在しない。

たしかに、職務外において地位を利用して宗教活動を行っても、教育基本法9条2項違反にはなりにくい。しかし、「教師が児童生徒に対して強い影響力、支配力を有する」(最高裁学力テスト判決の言葉) ということは、職務中だけでなく、程度の差こそあれ職務外についてもいえるはずである。

そうだとすると、非宗教系の学校の教師は、たとえ職務外であっても、生徒に対する宗教活動については、慎重にふるまうことが道徳的に要請されるであろう。

(3) 宗教活動を理由とする不利益処分や指導・助言

本事例においては、学校当局側がK教諭に対して免職その他の不利益処分を課すことは許されるか、という問いかけが可能になる。より一般的にいえば、ある団体のメンバーに対して、その人の宗教活動を理由にして、その団体(公的機関または私的団体)が差別的扱いをしたり不利益処分をしたりすることは法律的に許されるであろうか、という話になる。

憲法20条1項の定める「信教の自由」に照らして考えると、一般論として、次のようなことがいえる。

ある人の宗教活動がその保障された範囲をこえて違法行為に及んだ場合には、団体は、その人(メンバー)の違法行為を理由にしてその人に不利益処分を課すことができる。しかし、そうでない場合は、団体がメンバーの宗教活動そのものを理由にして不利益処分を課すことは、原則として許

されない。このことが例外的に許されるのは、その宗教活動が団体の事業運営にとって有害というか困り物である場合である。

いずれにせよ、かりに、K教諭の活動が問題の多いものとして受けとめられた場合、学校側としては、とりあえずK教諭に対する指導・助言をもって臨むことになろう。

ただ、一言で指導・助言といっても、いろいろある。何よりも、それが受け入れられなかった場合には不利益処分をするという種類の指導・助言と、それが受け入れられなくても不利益処分はしないという種類の指導・助言とが区別されるべきであろう。違法な宗教活動に対しては前者、適法だが望ましくない宗教活動に対しては後者が、それぞれ適用されるべきであろう。

また、同じ指導・助言であっても、校長・教諭などのうち誰が行うのかによって、また、職員会議の議題にするのかどうかによって、その効果は違ってくるであろう。やはり、正当な宗教活動を萎縮させるような指導・助言は避けるべきであろう。

（4）　学校の種類別に応じた検討

本事例で、かりに、K教諭の信じている宗教が、H中学校が私立学校の経営・教育方針としている宗教と同じものだとしたら、問題はない。しかし、このような仮定は成立しないだろう。というのも、事例文には、「同僚や保護者の間には、こうしたK教諭の活動に批判的な空気が強い」とあるからである。そうすると、三つの場合が想定できる。

第一は、H中学校がPという宗教を主義とする私学であり、K教諭のたずさわっているのがQという宗教である、という場合である。この場合は話はわりと簡単である。H中学校としては、K教諭に対して、担任の生徒に影響を与えるような形でQ宗教の活動をするのを差し控えるよう助言し、それが受け入れられなかった場合には辞職させる、などの措置をとることかできるであろう（ただ、一般論として、P宗教を主義とする私学は、Q宗教を信じる教職員を解雇できる、という理屈が当然に成立するわけではない。なお、法的には、傾向経営における人権の私人間適用という論争的な問題になる）。

第二は、H中学校が非宗教系の私学である場合である。この場合、H中学校の側としては、第一の場合と同じような助言その他の措置をとることが不可能でないが、K教諭に対して不利益を課すには第一の場合より慎重である必要がある。

　第三は、H中学校が国公立である場合である。ここでは、K教諭の活動が公人としての色彩を伴っていない限り、大丈夫である。といっても、K教諭に対して、同僚が、教育上好ましくないと言ってインフォーマルな指導・助言をすることはできるであろう。

（5）関連資料

①「社会科その他初等および中等教育における宗教の取扱いについて」（昭24・10・25文初庶第152号、文部事務次官通達）の一部

　　「三 (イ) 児童・生徒が授業時間以外に、一国民として、宗教的儀式、祭典その他、宗教団体の行う行事に参加することは自由であるし、教師も同様である。」

②大臣官房総務課長回答「教育基本法第9条ならびに学校教育法第85条の解釈について」（昭26・2・6委総二、高知県教育委員会教育長あて）の一部[3]

　　「照会　一、〔キリスト教〕研究会を公立学校の教員が個人としての立場で勤務時間外にその勤務する学校の施設で青年団体を対象として行う場合教育基本法第9条に抵触しないと思われるが如何ですか。……二、右の場合その学校の生徒（中学生）が青年団の一員として含まれているときも同様抵触しないと解せられるが如何ですか。……回答……教育基本法第9条には抵触しないものと解する。」

注

1）　この点は、愛媛玉串料訴訟に関する最大判平9・4・2（民集51巻4号1673頁）の明言するところとなっている。

2）　出典は、山口和孝『新教育課程と道徳教育』（エイデル研究所、1993）240～241頁。

3）　出典は、文部省教務編集会『教務必携［第5次　改訂版］』（ぎょうせい、1993）58～59頁。

第4節 ▶▶▶ 学校で人間主義を押しつけるのは違憲か——アメリカ合衆国の事例

1 背景的状況

 アメリカ合衆国では、1980年代に、いわゆるキリスト教原理主義者らによって、いわば人間主義を示す学校教材に対して異議を申し立てる裁判が起こされている。本節では、おもに三つの裁判事件をとりあげ、それらを手がかりにして、表題のテーマを軸にすえつつ、国家（政府）と人々の信念体系との関係について考えてみたい。
 信教の自由と政教分離の緊張関係というテーマは、最近の日本の憲法学でも、とりあげられることが多くなった。しかし、このテーマに似た話は、アメリカでは、もっと深刻な形で現われている。宗教的原理主義者の主張に引き寄せていえば、公教育（＝公立学校の教育）などにおいて政教分離原則が厳しく適用されてきた結果、信教の自由や宗教的文化が破壊されてきた、ということになる。彼ら彼女らは、公立学校で政教分離原則が押しつけられることに反感をもつと同時に、その延長線で、教育内容が人間（中心）主義的な教えになっていることに対しても反発を示すわけである。宗教的原理主義者の主張によれば、学校の授業で物の見方の多様性を示すこと自体、自分たちの宗教的文化が生き残る可能性にとって脅威になる、というわけである。私が関心を抱くのは、この点を含め、人間主義に関する議論についてである。
 アメリカの公立学校における本の選定にかかわって（世俗的）人間主義が問題にされた事例は、アメリカの著書や論文などでは、1980年代以降、しばしば言及されてきた。それでは、日本の文献では、どうであろうか。
 そこでは、たしかに、合衆国憲法史における宗教問題という大きなテーマについては、公教育に焦点をあてたものを含めて、多くの文献が出され

ている。本節に深く関連した、より具体的なテーマについては、「宗教的理由に基づく教育課程の履修拒否」に関するアメリカの事例を分析した研究が注目される。しかし、それらにおいても、"公教育と人間主義"という課題は、とりあげられてこなかった。また、教育学や宗教学などにおけるアメリカ事情の研究の領域でも、本節のテーマに深入りした日本の文献は、私の知る限り見あたらない。教育学のサイドでは、少しだけ関連した話として、学校図書館における図書の選定のあり方が問題になった Pico 事件であれば、それなりに注目されてきた、といえるにしても、である。アメリカにおける進化論教育をめぐる裁判は、日本でも紹介されてきているので、ここでは、それに立ち入ることはしない。

　以下、2で、人間主義などの前提的な概念や事情について説明しよう。ついで、三つの裁判事件をとりあげて、それらに関する補足的なコメントを行う。その際、便宜上、項目を二つに分けることにしたい。すなわち、宗教問題の中でも政教分離に比重のおかれた事件は3で扱い、信教の自由に比重のおかれた事件は4で扱うことにする。なお、信教の自由といえば、その主体としての親（学校にわが子を通わせる養教育権者）と子（実際に授業を受けるなどする生徒）の関係も問題になるが、この点には立ち入る余裕はない。それを含め、紹介する裁判事件は、さまざまな派生問題を引き出してくれるものである。その中から、いくつかのテーマを拾い出して、思いつくままに若干の考察を加えれば、本節の任務を少しは果たしたことになろう。これが、締めくくりの5である。

　なお、合衆国憲法修正1条にいう free exercise 条項は、いわば日本語風に「信教の自由」条項と訳したい。同様にして、establishment 条項は、逐語訳風に国教樹立禁止条項とせずに、政教分離条項と訳したい。また、宗教問題の文脈で、生徒など（表現の受け手）をある情報にさらすことを意味する言葉として、exposure の語が使われることが多い。この語は、「さらすこと」とも訳しうるが、「接させること」と訳したい。

2 人間主義とその周辺

(1) (世俗的)人間主義とは何か

　人間主義は、人間中心主義といいかえてもよいが、humanism を和訳したものである。もちろん humanism には、人道主義、人文主義などの訳語をあてはめることもできる。いずれにせよ、humanism は多義的であり、ここでは、その用語法をめぐる歴史的考察は差し控えたい。

　本節で扱う裁判事件や関連文献においては、世俗的人間主義 secular humanism という言葉が、ひんぱんに出てくる。それは、神を中心とする世界にかわって、人間を中心とする世俗の世界を重視する主義、として説明できる。単に人間主義という場合も、このような世俗的人間主義が念頭におかれることになる。

　関連して、ときに進化論的人間主義という言葉が使われることもある。[9] 人間は猿類から進化したとする説明を含む進化論は、神による天地創造を説く聖書の教えに反するものとして、人間主義の教えの重要な一環を象徴的に示すものといえる。

　そこで、世俗的人間主義に戻るが、この言葉も一義的ではない。さしあたっていえば、それは、特定の組織や運動をさす場合もあれば、一般名詞的なニュアンスで使われる場合もある。表記を Secular Humanism とするか secular humanism とするか、という点も多かれ少なかれ関連してくる可能性がある。

　なお、世俗的人間主義に相当する言葉として、世俗主義 secularism の語が使われることもある。ただ、その際、世俗主義の二義性に注意すべきである。「問題は、いつも二つの世俗主義を区別し損なっている、ということである。第一は、政府や法のような文化およびその諸制度のもつ本質的に世俗的な性格を記述する用語としての世俗主義である。第二は、次のような観念に基づく哲学としての世俗主義である。その観念とは、神への信仰は人生に適切に関係せず、人は自分の努力で自分の救いを達成でき、あるいは少なくとも、もっぱら自分の志望と資源の枠内で人生を営むことに満足しなければならない、というものである。政府は、世俗的でなければならないが、しかし、世俗主義的な哲学を促進させることは、政府の任

務ではない。」

(2) 合衆国議会での法律(案)をめぐる動き

言及に値するのは、以下の二つの場面である。

第一は、1976年の国防教育法修正案(ないし修正高等教育法の追加条項案)である。それは、「世俗的人間主義の宗教の何らかの側面にかかわる」教育研究計画などに対して合衆国政府が財政的援用を行うことを禁止したものである。この案は、下院を通過したものの、上院を通過するにはいたらなかった。

第二は、1984年に成立した法律である。それは、「経済的安定確保のための教育に関する法律」と呼ばれるものである。この法律は、産業社会で活躍できる若者を育成するための学校教育を促進することを主目的とするものである。この法律には、いわば問題条項が挿入されていた。それは、いわゆるマグネット・スクールに拠出された合衆国政府の助成金を、世俗的人間主義を内容とする教育課程のために使用してはならない、と定める条項である。この条項は、翌年になって削除された。

(3) 判決による言及

世俗的人間主義という言葉が合衆国最高裁によって使われたのは、1961年6月19日のTarcaso事件判決においてである。この判決では、メリーランド州憲法の規定に基づいて、神の存在への信仰を公職就任時に宣誓させることは、合衆国憲法に違反して信条および宗教の自由を侵害するものである、と判断された。そこでは、世俗的人間主義は、以下のような文脈で付随的に言及されていた。すなわち、判決によれば、「神の存在への信仰を基礎とした宗教を、それと異なった信条に基づく宗教と違えて〔政府が〕援助することは、〔憲法上〕できない」、とされる。この判旨には、脚注(11)がつけられていた。それによると、「神の存在への信仰と一般に考えられているようなものを教えないこの国の宗教としては、仏教、道教、倫理協会運動、世俗的人間主義 Secular Humanism その他がある」、とされる。

なお、合衆国最高裁判決の範囲では、法廷意見の中で、「世俗主義という宗教」という言葉が使われた例であれば、ここに言及することもできる。

それは、1963年6月17日のSchempp事件判決にみられる。この判決は、公立学校における聖書朗読などを命じた州法について、目的や効果に照らして憲法上の政教分離原則に違反する、と判断したものである。この場では、法廷意見の一節を引用しておきたい。「積極的に宗教に反対したり宗教への敵意を示したりして『宗教を信じる人より信じない人を優遇する』、という意味での『世俗主義という宗教』を、国家は樹立してはならない。」[14] ここでは、(1)の最後に前述した世俗主義の二義性の問題も関連してくるが、この点に立ち入る余裕はない。

　世俗的人間主義が大いに話題になった下級審裁判例については、3で扱うので、ここでは、3でふれない一判決について言及しておこう。それは、ロード・アイランド教員連盟事件についての1980年10月21日の合衆国第1巡回控訴裁判所の判決である。それは、次のような形で「世俗的人間主義」に言及する部分を含んでいた。すなわち、「……かりに世俗的人間主義が宗教だとしても……、そして、それがロード・アイランドの公立学校で教えられているとしても、〔それに対する〕救済は、世俗的人間主義を教えるのを禁じることである。〔救済は、〕ほかの宗教を教える学校に通うことを容易にさせるような……税金控除の採用ではない」、とされる。[15]

3　人間主義の「宗教」を公認する教材？

　ここでは二つの裁判事件をとりあげよう。そこでは主として以下の諸点が話題になった。第一に、(世俗的)人間主義も、修正1条にいう「宗教」に含まれるか。第二に、そもそも、そこでの「宗教」とは、どのような意味であろうか。第三に、問題になった学校教材の使用は、人間主義の「宗教」を公認することになるか。ただ、本節では、第二の点すなわち「宗教」の定義をめぐる問題に深入りするのは避けたい。「宗教」の定義といえば、政教分離条項の文脈でいう「宗教」は、「信教の自由」条項の文脈でいう「宗教」より範囲が狭いとみるべきか、それとも両者は範囲を同じくするとみるべきか、などの問題もあるが、この点は度外視したい。本節の主題とのかかわりでは、むしろ「宗教」の範囲の拡張（「信念」との関係も含め）に関心が注がれることになる。

（1） Grove 事件

　原告 Cassie Grove の属する公立学校（ハイスクール）２年生の英文学のクラスでは、教材として、The Learning Tree という作品が使われた。Cassie はその一部分を読んで、自分の宗教的信条を傷つけるものと感じ、その旨を母親に話した。母親も同感であった。そこで、Grove 家は彼女らの異議を教師に伝えた。その結果、Cassie は、別の本を割り当てられるとともに、The Learning Tree を扱う授業時間は退室することを許可された。しかし、彼女は、その授業に出席する道を選んだ。

　彼女は、当該授業とは直接関係しない納税者（住民）たちといっしょに、学区当局への不服申立を経て裁判を起こした。学校地区当局は、The Learning Tree をカリキュラムから除去してほしい、との彼女らの要請を拒否した。そこで原告らは、当局を相手どって、この本の教材使用は修正１条の宗教条項に違反すると主張して、損害賠償と差止を求めて提訴した。

　これに対して、合衆国地区裁判所（ワシントン州東地区）は、この本の使用は宗教的活動には当たらず、それは世俗的な教育上の作用に役立つ、と結論づけて、原告らを敗訴させた。

　控訴を受けて、合衆国第11巡回控訴裁判所は、1985年２月22日、原告＝控訴人らを敗訴させる判決を下した[16]。その際、修正１条の宗教条項をめぐる実体上の問題について、以下のような判断を下した。

　「〔信教の自由〕条項への違反を論証するためには、訴えられている国家行為が提訴者の宗教的実践を害する働きをする強制的効果をもっている、ということを提訴者は示さなければならない。」それは本件では示されておらず、「学区〔当局〕は、信教の自由を侵害したとはいえない」。

　「控訴人らは、英文学のクラスにおける The Learning Tree の使用は、彼女らの宗教であるキリスト教原理主義を抑制し世俗的人間主義という宗教を促進する、という主要な効果をもっている、と主張して争っている。」「この小説の中心的なテーマは、労働者階級の黒人家族で育ったティーンエイジャー少年の視点からみた生活とくに人種差別主義である。宗教へのコメントは、本の非常に小さな部分を占めるにすぎない。その主要な効果は世俗的である。」「〔たしかに、〕世俗的人間主義は宗教かもしれない。

……しかし、The Learning Tree は、アメリカのサブ・カルチャーへの論評を示すものとして、英文学批評における宗教的に中立的な本のグループに含められているものである。それの使用は、〔政府による〕宗教ないし反宗教の樹立〔公認〕に当たるものではない。」

　この判決には、一裁判官による同意意見が付けられており、そこでは宗教条項をめぐる問題について詳細に論じられていた。その中では、たとえば以下のような判断も示されていた。

　ひとつには、「Cassie Grove は、本に異議を唱えたがゆえに……同級生から笑い物扱いされた、と原告らは主張するが、このような笑い物扱いが、……原告らの信教の自由の権利を侵害するといえるほどに十分に強圧的なものである、とは何ら示されていない。[17]」

　もうひとつには、この本は、イエス・キリストを「貧乏白人の神」とか「足の長い白人の畜生野郎」とする言葉を含んでいるが、かりに当局が生徒にこの言葉の部分を読ませるよう指示するのであれば、「その効果は、反キリスト教的な感情を政府が是認〔あと押し〕していることを伝達したものとなろう。」しかし、本件の教材使用においては、「その目的と効果は、アメリカの重要なサブ・カルチャーの状況に生徒たちを接させることにある。[18]」なお、キリストをけなす前述の言葉は、神冒瀆的な表現（blasphemy）に当たり、それに接したキリスト教徒の宗教的感情を傷つけるものであると思われるが、この裁判事件では、この点は重大な問題として扱われなかったようである。

（2）　Smith 事件

　原告らは、アラバマ州の公立学校の教師や、わが子をそこに通学させる親などである。原告らは、アラバマ州の教科書選定委員会によって選定された公立学校の教科書が、世俗的人間主義を推進するとともにキリスト教を抑制するものであって、修正1条の政教分離条項に違反している、と主張して提訴した。そこでは、ひとつには、ハイスクールの歴史教科書や小学校の社会科教科書は、アメリカ史におけるキリスト教の役割を無視するものである、とした。もうひとつには、家庭科教科書は、神ではなく個人ごとの考え方を重視したものである、とした。

これに対して、合衆国地区裁判所（アラバマ州南地区）は、1987年3月4日、原告らを勝訴させる判決を下した。それは長文にわたっており、しかも、本節のテーマに深く関連する内容をかなり含むものである。ここでは、ごく一部を拾い上げるにとどめる。

判決によれば、「世俗的人間主義は、信仰（信念）による想定に立脚した言明であるがゆえに、修正1条との関係では宗教的なものである。」「観察可能な資料をこえて現実的なものはない、と主張することは、科学ではなく信仰、すなわち現実的なものはすべて観察可能な資料〔によるもの〕であるという信仰に立脚した想定を行うことである。」「これらの歴史教科書は、まさに宗教そのものを、とくに神を信仰する宗教を、差別的に扱っている。そこから歴史を学んだ生徒だったら、アメリカ史についての関連する重要な事実を習得しないであろう、といえるほどに宗教〔に関する記述〕をひどく省略することによって、そうしている。」他方、当該家庭科教科書が依拠しているC・ロジャーズやA・マズローらの「人間主義的心理学によれば、人間主義一般がそうであるように、人間は宇宙や全存在の中心である。モラルは、行動の結果が人間の『欲求』を満足させたかどうかにかかわる趣味の問題である〔、とされる〕。」「〔当該家庭科の〕本は、生徒は自分の経験、感情や『価値観』だけに基づいて善悪を決めなければならない、と教えている。」「このような相対主義的な主張は、ある信念の想定に立脚しない限り、できないことである。」したがって、「これらの〔歴史、社会科や家庭科の〕教科書の使用は、修正1条の宗教条項に違反するものである」。

なお、ここで引用した最後の部分で「修正1条の宗教条項に違反する」と述べられていることについて、一言だけ補足説明しておこう。すなわち、そこにいう「宗教条項」は、政教分離条項だけでなく「信教の自由」条項をもさす、ということである。たしかに、この裁判で原告は、明示的には信教の自由を援用していなかった。しかし、裁判所は、原告側の主張を次のように受けとめた。「『世俗的人間主義』の呼び名でとらえられる人間中心〔主義〕の信条体系は、修正1条に基づく子どもの信教の自由の権利を犠牲にしながら、政教分離条項を完全に侵害する形で、公立学校において

促進されてきた、と〔原告らは〕みな主張してきた。」この判示部分には、脚注(31)がつけられており、そこでは次のような判断が示されていた。「政教分離条項へのいかなる違反も、それ自体で、樹立〔公認〕された宗教以外のものを信仰するすべての人の権利を、そして、おそらく『優遇された』宗教者の権利をも同様に、侵害するものとなる。」この意見は、政教分離と信教の自由を一体化させるものであるが、この種の見解がアメリカ憲法史においてどのような位置を占めているのかについては、検討する余裕はない。

控訴を受けて、合衆国第11巡回控訴裁判所は、1987年10月26日、原告＝被控訴人らを逆転敗訴させる判決を下した。判決によると、「〔家庭科の教科書の〕記述で示されるものは、何ら世俗的人間主義や宗教の公認〔あと押し〕ではない……。むしろ、その記述で示されるものは、独立した思考、さまざまの見解に対する寛容、自己尊重、成熟性、自分にたよる精神、論理的な意思決定、このような価値観をアラバマ公立学校の生徒に注入しようとする政府の試みのひとつである。これは、まったく適切な世俗的効果をもっている。実際、公教育の主要な目的のひとつは、『民主的政治制度の維持に必要な基本的価値を〔生徒に〕教え込むことである。』」「これらの〔歴史や社会科の〕教科書から宗教関係の一定の事実〔の記載〕を省略すれば、それ自体で当然に、政教分離条項によって禁じられている、世俗的人間主義の唱導や、神を信じる宗教への積極的な敵意、になるということを示すものは、記録上は何ら存在しない。」

みてとれるように、Smith事件の控訴裁判所判決には、「さまざまの見解に対する寛容」という価値観を教育する、ということについても言及がなされている。このことに対して、より顕著な形で異議を申し立てられたのが、まさに、すぐ次に扱うMozert事件である。

4　多様性を教えると信教の自由を侵害するか──Mozert事件

原告らは、テネシー州ホーキンス郡の公立学校に通う子どもとその親たちである。そこでは生徒は、Holt Basic Readingsの本を教材にした教育を受けている。原告らは、この本の使用は、修正1条の「信教の自由」条

項を侵害し、わが子の教育や宗教的道徳的訓育をコントロールする親の基本的権利を侵害するものである、と主張して提訴した。この種の主張に対して実体的判断を示した判決は、五つ出されている。それらを Mozert 第一・第二・第三・第四・第五の各判決と呼ぶことにしよう。裁判事件名（いわば略称）は、第一〜第四の各判決については Mozert v. Hawkins Country Public Schools であり、第五判決については Mozert v. Hawkins Country Bd. of Educ. である。

Mozert 第一判決[21]によると、原告らは、この本に対して以下のような疑義を抱いている。

「(1) 呪術や他の形態の魔法およびオカルト活動を教えている。

(2) ある価値は相対的であって状況ごとに変わる、と教えている。

(3) 両親に対する不尊敬と不服従の態度、価値観および観念を教えている。

(4) 偶像への祈りを描写している。

(5) 人は特別な仕方で神を信じる必要はないのであり、超自然的なものへの信仰はどのようなタイプのものであっても受容可能な救済方法である、と教えている。

(6) 母親の聖書研究を尊敬しない子どもを描写している。

(7) イエス〔キリスト〕は字が読めなかった、とほのめかしている。

(8) 人間とサルは共通の祖先から進化した、と教えている。

(9) さまざまな人間主義的価値を教えている。」

原告らは、この本を扱う授業から退去して別の本を読む権利を主張し、出席強制を禁じる差止命令を求めて、合衆国地区裁判所（テネシー州東部地区北東部）に提訴した。

裁判所は、1984年2月24日、次のような趣旨の判決を下した（Mozert 第一判決）。すなわち、原告らの指摘する本の問題点のうち憲法問題となりうるのは「(5)」だけである。どの本のどの部分が「(5)」の指摘を基礎づけるのかを原告らは例証すべきである。救いや何らかの形の宗教が、およそ必要であるとか、宗教は必要でない、ということを当該教科書が述べている、と原告らが証明できるのであれば、その場合にだけ、教科書に生徒

を接させることは信教の自由の侵害になるであろう、と。「修正1条は、道徳的に不快な価値体系に〔原告らを〕接させることや、反宗教的な考え方に接させることのないように原告らを保護する、というものではない。」

原告らは、例証をたずさえて、いわば再提訴した。同じ地区裁判所は、同年3月15日、違憲の主張をしりぞける判決を下した[22]（Mozert第二判決）。その一部を引用しよう。「これらの本は、全体としてみると、人間の多様性に対する寛容の精神を読者に注入する傾向をもっている、という原告らの主張は、〔そこで示された〕例証によって確実に支持される。〔原文改段落〕イエス・キリストは救いの唯一の手段である、と信じる原告らに不快感を与えるのは、このような基礎をなす哲学である。」「しかしながら、原告らの憲法上の権利を侵害しているとみなしうるものは、〔例証された本の記述の中には〕何ら見出しえない。」

原告らの控訴を受けて合衆国第6巡回裁判所は、1985年6月18日、以下のように述べて、原判決を破棄し差戻しにした[23]（Mozert第三判決）。「信教の自由をめぐる主張について判断する場合、裁判所は二段階の審査を行う。まず、政府の行為が訴訟提起者による信教〔の自由〕の行使に対して実際に負担を与えているかどうかを決定しなければならない。〔ついで、〕そのような負担が認定されたならば、それは政府利益との間でバランスを図らなければならない。その際、政府は、その行為を正当化するための、どうしても必要な理由を示すことが要求される。」

差戻し審の地区裁判所は、1986年10月24日、以下のように述べて、原告の求める差止命令を認めた[24]（Mozert第四判決）。「原告らは、異議のある一定のテーマがHoltシリーズを通じて貫かれている、と感じている。たとえば、Holtシリーズは、確固たるフェミニズムのテーマを含んでおり、原告らは、両性の違いを軽視するようにみえる物語りに対して、宗教的な異議をもっている。」「生徒は、Holtの全シリーズを読んだ後、フェミニスト、人間主義者、平和主義者、反キリスト教育、菜食主義者、あるいは『単一世界政府』の唱導者の見解を採用するかもしれない。」「原告たる生徒らは、異議のある教材を読むか、無償の公教育を断念するか、のうちいずれかをすべきである、と教育委員会によって実際上要求されてきた。

……したがって、原告らの信教の自由の権利は、教育委員会の政策によって負担をかけられてきた……。」「テネシー州は、子どもの教育や市民の読み書き能力について、どうしても必要な最優先の利益をもっているが、この利益は、より制限的でない手段で達成できるものである……。ホーキンス郡の公立学校でHoltシリーズを統一して義務的に使用することは、決して政府の目標を促進するために必要不可欠なことであるとはいえない。」「原告らの市民的権利は侵害されてきており、原告らには、差止命令による救済と金銭による損害賠償を両方とも求める正当な資格がある。」

被告からの控訴を受けて、合衆国第6巡回控訴裁判所は、1987年10月24日、以下のように述べて、原告＝被控訴人らを逆転敗訴させた[25]（Mozert第五判決）。「〔生徒を〕何か〔の教材〕に接させることは、接させられたものを教えたり教化したり促進したり、それに反対させたりすることになるわけではない」。「生徒たちは授業に出席して指定教材を読むべきであるという要求は、この参加が宗教的信条の肯定ないし否定あるいは宗教的行為の実施ないし不実施を随伴させるものであるということが示されていない場合には、生徒による信教の自由の権利の行使に対して違憲の負担をかけるものではない。」

5 若干の考察

これらの裁判事件が問いかけたりする諸問題は、そう簡単に答えられるものではない。本節で紹介してきた裁判事件は、つきつめていけば、次のような問題設定に行き着く可能性もある。すなわち、「信教の自由および政教分離の両方の条項にともに適合する公立学校制度を想定しうるか[26]」、ということである。

それはさておき、以下では前半で、政教分離に関連して公教育の中立性について考察しよう。そして後半で、信教の自由に関連して宗教的人格権や思想の自由などについて述べてみよう。

（1）公教育の中立性

欧米的な意味での公教育（すなわち公立学校での教育）は中立的であるべきである——この点は、リベラルな社会における国家（政府）の中立性と

いう要請の重要な一側面をなす。

　公教育といえば、西欧憲法史に関して次のような指摘もなされている。すなわち、「国民の意思を背景とする政治権力が公教育を創出し、そこでの非宗教的な教育を通して、近代憲法に適合的な公序を形成しよう」としてきた[27]、ということである。

　このことのアメリカ版についていえば、そこでは、以前から今日にいたるまで、次のような考え方が根強い。すなわち、公教育の中心的任務は、いわば公民的資質を生徒の身につけさせるための"教え込み"(inculcation) を行うことに存する、といった考え方である[28]。このような"教え込み"は、"教化"(indoctrination) とは異なるものとされる。しかし、それは、やはり国家（政府）の側（州の公的機関）が生徒に対して、民主的その他の価値観を——討論形式による場合も含め——注入する、という色彩をもっている。かりに価値観の注入とまでいわないにしても、このような公教育は、一定種類の価値観を良いものとして生徒に伝える、という役割をもっている。実に、このこと自体、公教育の中立性という要請と緊張関係に立っているわけである。この点、公教育の場で憲法的な基本価値を良いものとして生徒に提示することは、中立性の原則に対する例外である、と説明することもできる（本書158頁参照）。

　そもそも、公教育の場合に限らぬ政教分離原則の一般論として、次のようにいわれてきた。すなわち、政府は原則として、宗教や反宗教に対して援助してはならないが、非宗教に対してであれば援助できる、ということである。しかし、これは道徳的に中立的なことではない[29]。なぜなら、そこでは、宗教と反宗教を同列に扱っているという点で宗教的中立性は維持できているにしても、宗教と非宗教を対等に扱っていない（非宗教を宗教よりも優遇している）からである。

　ひとまず、実定憲法という具体的次元を離れて、正義論という抽象的次元で考えてみよう。思うに、はたして政教分離は、賛美されるべき自明の原則なのだろうか。このような問いかけは、ひとつには、政教分離は信教の自由とは異なり国際人権法上の原則になっていない、ということを留意させる文脈で発することもできる。しかし、念頭におかれているのは、も

っと根源的な文脈である。すなわち、なぜ、国家と人々の信念（信条）体系を分離させる原則（いわば国家・信条分離原則）のかわりに、国家と宗教を分離させる原則を規範的に主張するのか、と問う文脈である。ここで信念体系という場合、宗教のほかに、呪術的迷信、非宗教的な道徳心、憲法的基本価値への帰依、科学的信念などを含む。このうち呪術的迷信は、宗教以上に国家から分離される傾向があるので、わきにおくことにしよう。かえりみるに、国家からの分離ということで、さまざまの信念体系のうち、宗教だけを政教分離の名の下に特別扱いすることは、（なぜ）正当なのであろうか。国家と思想の分離や、国家と科学の分離に比べて、国家と宗教の分離が、より強く（厳しく）要請される——これでいいのであろうか。

この種の問いかけは、奇異なものではない。問題関心を共有する一憲法学者の発言を引用してみよう。「政府は今日、特定の世俗的な信条・思想・価値観にコミットしているが、それが、個人の思想・良心・表現の自由などに対する不利益な強制（coercion）の契機をもつものでない限り、憲法上禁止されることはないと解される。しかるになぜ、宗教についてだけは、個人の信教の自由に対する強制の契機がなくても、政教分離という特殊な法理によって、政府のコミットメントが禁止されるのであろうか。」

国家と非宗教を分離させずに国家と宗教を分離させるのは妥当か。この問題について、私自身は結論的には（理由づけはさておき）肯定説を支持することになろう。しかし、否定説も、真剣な検討に値し、あるいは少なくとも無視されてはならないであろう。否定説の主張の仕方は、二種類ありうる。第一は、国家と宗教の分離という原則を正面から否認することである。第二は、この原則を承認した上で、そこにいわれる「宗教」を大幅に拡大解釈することである。すなわち、「宗教」とは人間主義の世俗的信念を含む、という趣旨にである。宗教的原理主義者たちが主張してきたのは、まさに、この第二の道であった。そうすれば、公立学校で人間主義を教えるのは政教分離原則違反である、という理屈になるわけである（なお、このような発想によると、公立学校で人間主義を教えるのもキリスト教などの通常の宗教を教えるのも、ともに政教分離原則違反になるはずである。実際、公立学校でのキリスト教の祈りが政教分離原則違反であるというのであれば、

そこでの人間主義の教科書の使用も政教分離原則違反になる、という論じ方もみられる[32]。そうだとすると、公立学校は合憲的に存続しえない、という主張に行き着く可能性もあるが、この点は不問に付すことにしよう）。

ここでポイントとなるのは、宗教と信念（信条）の関係である。通常の用語法でいえば、宗教は信念より狭い。しかし、宗教は世俗的信念を含む、とする主張にも耳を傾けてみよう[33]。その場合、二つのタイプを区別しうる。第一に、マイルドな主張によれば、科学に属さない世俗的信念は、いわゆる宗教的信念と同列に扱われるべきであり、その意味で「宗教」に含めてよい、とされる。第二に、ラジカルな主張によれば、世俗的信念は、科学に属するかどうかにかかわらず、いわゆる宗教的信念と同様に、決め手となる究極的な根拠を欠いており、よって「宗教」に含めてよい、とされる。この種の問題は、私たちを"科学の無根拠性"にかかわる科学哲学上の難問に導いてくれるものでもある。

（2）　信教の自由の周辺

三つの点について述べておこう。

第一に、公立学校などで宗教者が非宗教者よりも不利益な扱いを受けた場合、宗教者にとって信教の自由への侵害となることもありうる。それでは、この場合、当該宗教に対する圧迫などとして政教分離原則違反となることも考えられるであろうか。かりに考えられるとしたら、政教分離原則は、その内部に、緊張関係にある二つの側面を含むことになる。すなわち、国が宗教を圧迫したり劣遇したりしてはならない、という側面と、国は公立学校などの公的領域から宗教を排除すべきである、という側面とである。

第二に、宗教的人格権に関してである。本節が関心を抱いてきたのは、公立学校で宗教者たる生徒を、本人の宗教からみて不快な情報に接させる、という事例であった。このような事例は、アメリカでは、信教の自由の問題として処理される傾向にある。しかし、日本の憲法学は、信教の自由のほかに宗教的人格権という概念を知っている。宗教的人格権とは、宗教者が、本人の宗教からみて不快な環境にさらされないことについて抱く利益をさす。そうだとすると、宗教者を不快な情報に接させる前述の事例も、信教の自由の侵害よりも宗教的人格権の侵害の方が成立しやすい場合とし

て位置づけることができそうである。というのも、不快な情報を浴びただけの宗教者は、従来からの信仰生活を送り続けることを妨げられていないからである。宗教者が神冒瀆的表現に接させられた場合についても、似たようなことがいえよう。もっとも、宗教的人格権については、そのような法的利益は認められるかどうか、また認められるとして、それは憲法上の人権であるか、という点に関して意見が分かれうる。また、かりに人権であるとしても、それは信教の自由に解消される（明文にない宗教的人格権を主張する必要はない）、とする見解もありうる。

なお、公立学校における教育活動が、単に生徒を不快な情報に接させるにとどまるものではなく、生徒（とくに低学年の子ども）が宗教的信仰心を形成するのに悪影響を与えるものであれば、信教の自由の侵害も成立しうるであろう（というのも、信教の自由は、信仰心を形成する自由を含む、と解しうるからである）。前述したMozert事件における原告らの主張も、このような形で受けとめる余地があろう。

第三に、信教の自由と思想（良心）の自由の関係も問題になりうる。アメリカでは、学校のカリキュラムに対して異議を感じた人から提訴されたとき、裁判所としては、思想の自由の侵害を主張された場合よりも、信教の自由の侵害を主張された場合の方が、カリキュラムの是非に関する司法介入を行いやすくなる、という指摘もなされている[34]。同様のことは、日本についてもいえよう。日本の裁判事件といえば、中学校において虚偽の記載を含んだ教科書によって「歴史」の教育を受けさせられたのは憲法19条違反である、とする主張を掲げた訴えが注目される[35]。しかし、思想・良心の自由を持ち出した主張は、信教の自由を持ち出した主張よりも、裁判所を説得させにくいであろう。

なお、このような思想の自由をめぐる問題は、政府言論という概念を使って論じ直す余地もある。すなわち、特定の種類の政府言論が、それを不快に感じる生徒に対して、公立学校の授業の場で押しつけられる、という問題としてである。

本節を閉じるにあたって、つけたし的ながら最後に一言だけ述べよう。これまで検討してきた裁判事件などは、私たちを"リベラルな公教育のパ

ラドックス"という問題に誘ってくれるものである。すなわち、公教育において（多元主義、多文化、意見の多様性の尊重、寛容などの）リベラルな価値を大切にすることは、一定の価値観の押しつけにつながり、しかも、このことはリベラルでない価値観の持ち主にとっては深刻であるから、結局、このような公教育はリベラルな方式をとっていないことになる、という問題である。この点は、リベラリズムに基づく立憲主義は中立的か、という問いにも連なってくる。この種の根元的な問題を含め、本節は、多くの課題を論じ残したままになっている。このような不十分な論稿でも、何らかの刺激剤になってくれるかもしれない、と期待したい。

注

1) この種の主張は、宗教的保守主義者などによって時々行われてきたが、それは典型的には、公立学校の非宗教化に対する論難という形で現われる。一例として、cf. Glenn, Public Education Changes Partners, in: Religion Returns to the Public Square（H. Heclo & W. M. McClay (eds.), 2003), pp. 301〜303.

2) Stolzenberg, "He Drew a Circle that Shut me Out": Assimilation, Indoctrination, and the Paradox of a Liberal Education, 106 Harv. L. Rev. 582, 583 (1993).

3) Eg., S. Macedo, Diversity And Distrust: Civic Education in a Multicultural Democracy (2000)；J. DelFattore, What Johnny Shouldn't Read: Textbook Censorship in America (1992)；B. B. Gabby et. al., School Wars: Resolving our Conflicts over Religion and Values; S. Bates, Battleground: One Mother's Crusade, the Religious Right, and the Struggle for Control of Our Classrooms (1993)；Hayes, Secular Humanism in Public School Textbooks, 63 Notre Dame L. Rev. 358 (1988)；Freed, Secular Humanism, the Establishment Clause, and Public Education, 61 N. Y. U. L. Rev. 1149 (1986).

なお、本節で扱う1980年代の裁判が現われるより前の時期に、いわば関連する諸問題について考察した文献として、Cf. Note, Humanistic Values in the Public School Curriculum, 61 NW. U. L. Rev. 795 (1966).

4) 大島佳代子「公教育と親の教育権（二）」北大法学論集43巻1号 (1992) 145頁以下。

5) なお、宗教学サイドにおける人間主義への言及の例として、森孝一編『アメリカと宗教』（日本国際問題研究所、1997) 35頁。

6) 詳細な文献としては、岡田正則ほか「教育委員会の学校図書選択権と生徒の知る権利（一）〜（四・完）」金沢大学教育学部紀要（人文科学・社会科学編) 48号

(1999) 95頁以下、49号 (2000) 57頁以下を参照。なお、Pico 事件を軸にして関連した諸問題を分析したものとして、*Cf.* Tyll van Geel, The Search for Constitutional Limits on Governmental Authority to Inculcate Youth, 62 Texas L. Rev. 197 (1983).

7) ナイルズ・エルドリッジ（渡辺正隆訳）『進化論裁判』（平河出版社、1991）等々参照。

8) Mitchell, Secularism in Public Education: The Constitutional Issues, 67 B. U. L. Rev. 603, 629 n. 110 (1987).

9) *Cf.* Huxley, The Coming New Religion of Humanism, in: The Humanist, 1962. No. 1, p. 3 ff., p. 5f.

10) Mitchell, *supra note* 8, at 621 n. 78.

11) *Cf.* Whitehead & Conlan, The Establishment of the Religion of Secular Humanism and its First Amendment Implications, in: 10 Texas Tech. L. Rev. 1, 18 (n. 97); Mitchell, *supra note* 8, at 616 (n. 61); Kurtz, Attack on Secular Humanism, in: The Humanist, 1976, Sept. 10ct., p. 4.

12) *Cf.* Note, Education for Economic Security Act; The Secular Humanism Ban and Equal Access Act, in: 43 Wash. & Lee L. Rev. 265 (1986); Mitchell, *supra note* 8, at 616.

13) Torcaso v. Watkins, 367 U. S. 488, 495 n. 11 (1961).

14) School District of Abington v. Schempp, 374 U. S. 203, 225 (1963).

15) Rhode Island Federation of Teachers v. Norberg, 630 F. 2d 850,854 (1980).

16) Grove v. Mead School District No. 354, 753 F. 2d 1528 (1985).

17) 753 F. 2d, at 1543. n. 30.

18) 753 F. 2d, at 1540.

19) Smith v. Board of School Com'rs of Mobile County, 655 F. Supp. 939 (S. D. Ala. 1987).

20) Smith v. Board of School Com'rs of Mobile County, 827 F. 2d 684 (11th Cir. 1987).

21) 579 F. Supp. 1051 (1984).

22) 582 F. Supp. 201 (1984).

23) 765 F. 2d 75 (1985).

24) 647 F. Supp. 1194 (E. D. Tenn. 1986).

25) 827 F. 2d 1058 (6th Cir. 1987).なお、この判決にかっこ書きでふれた邦語文献としては、奥平康弘・斉藤小百合「公教育と宗教の自由(下)」時の法令1560号 (1997) 60頁がある。

26) J. T. Sears (ed.), Curriculum, Religion, and Public Education (1998), p. 34.

27) 樋口陽一『国法学』（有斐閣、2004）155頁。
28) アメリカにおける「価値の教え込み」論への相当程度の言及を含むものとしては、たとえば以下の文献を参照。Gutmann, Religion and State in the United States, in: N. L. Rosenblum (ed.), Obligations of Citizenship and Demands of Faith (2000), p. 145f.; Kaplan, The First Amendment Standard for Removal of Books from Public School Curricala, 95 Dickinson L. Rev. 259, 262〜264 (1991)；青野篤「アメリカ公教育における価値の教え込みと生徒の修正一条の権利（一）（二・完）」法学雑誌51巻2号（2004）、坂田仰「公立学校における生徒の自由と生徒規則」本郷法政紀要1号（1993）155〜156頁、足立英郎「合衆国における公教育の正統性と公共性」森英樹編『市民的公共圏形成の可能性』（日本評論社、2003）170頁。なお、本節で扱った判決の範囲内でいえば、3(2)後半でみたSmith事件控訴審判決において、inculcationへの言及がみられる。
29) Gutmann, *supra note* 28, at 144.
30) なお、「国家の信条的中立性」という概念については、西原博史『良心の自由［増補版］』（成文堂、2001）の第3部第1章を参照。
31) 安念潤司「信教の自由」樋口陽一編『講座憲法学3』（日本評論社、1994）209頁。
32) J. DelFattore, The Fourth R: Conflicts over Religion in America's Public Schools (2004), p. 165f.
33) なお、森孝一『宗教から読む「アメリカ」』（講談社、1996）200頁によると、「進化論は科学者にとって宗教である」、とされる。
34) Strossen, "Secular Humanism" and "Scientific Creationism", 47 Ohio St. L. J. 333, 355 (1986).
35) 東京地判平4・9・28判例時報1448号120頁。その評釈として、千葉卓・判例評論416号25頁を参照。
36) *Cf.* Stolzenberg, *supra note* 2, at 582f.
37) 阪口正二郎「リベラルな立憲主義における公教育と多様性の尊重」一橋法学2巻2号（2003）456頁。

第5節 ▶▶▶ 神を冒瀆する表現の自由
──序論的概観

1　暗殺者に懸賞金!!

　このニュースは、我々に大きな衝撃を与えた。小説『悪魔の詩』の著者であるサルマン・ラシュディ氏（および同書を出版した者）に対し、イランの最高指導者ホメイニ師は、ムハンマド〔英語風にはマホメット〕を侮辱したとして1989年2月14日に死刑宣告を行い、さらに、イランのある財団は、殺人に成功した者には多額の懸賞金を与える、と発表した。

　ラシュディ氏は、インドのイスラム教徒の家庭に育ったイギリス人作家（1947年生まれ）であり、現在、ニューヨークに在住している。彼は、『悪魔の詩』の中で、マホメットを連想させるマホウンドという名の予言者を登場させるとともに、その妻たちを売春婦になぞらえて描き出しており（この売春婦にはムハンマドの妻たちと同じ名前がつけられている）、また、予言書コーランの神性を疑問視したりもしている。この点が、まさに、イスラム教徒たちの激しい怒りを買うことになり、世界各地で抗議のデモや脅迫事件を誘発させたわけである。

　イラン側の対応に対し、イギリスを始め西側諸国は、厳しい抗議の措置をとり、また、世界の著名な多数の作家らは、表現の自由擁護の声明文を出すにいたった。

　特定の宗教を冒瀆する表現にも自由の保障は及ぶかという点につき、イラン憲法（24条）は、ひとつの解答を示唆している。すなわち、それによると、「出版物は、イスラム原理に反する場合……を除き、意見を自由に表明することができる」、とされる。

2　神冒瀆罪は西欧諸国でも健在

「悪魔の詩」事件は、宗教への侮辱を厳しく禁じるイスラム教国と、言論の自由を手厚く保護する欧米諸国との対立という図式で把握されがちである。しかし、そうとらえるに際しては、若干の留保を付しておく必要があろう。それは、神や宗教への冒瀆ないし不敬を犯罪として処罰するのは、イスラム教国に限ったことではなく、同様の思想は、言論などへの自由の保障を主義とする欧米キリスト教圏諸国にも伝統的にみられる、ということである。以下、とりあえず西洋諸国の問題状況を概観しておくことにしよう。

（1）　イギリス

神への冒瀆（blasphemy）は、イギリスでは、伝統的な慣習法（コモン・ローと呼ばれる）により——また部分的には制定法により——犯罪として扱われてきた。この神冒瀆罪は、時代によりその内容を若干異にしているが、古くは中世に遡り、市民革命を経て連綿と存続してきているものである。[1] それは、1920年代までは、実際に、いくつもの適用事例をみてきている。そこでは、たとえば、トマス・ペインの『理性の時代』（1794年）も、訴追の対象とされた。[2]

20世紀のイギリスにおいては、神冒瀆罪は、「(1)キリスト教の教義を嘲笑的ないし不遜に愚弄もしくは攻撃すること、(2)イエス・キリストを侮辱的に非難する言葉を発し、もしくは公刊すること、あるいは、(3)聖書を不敬に嘲笑し、もしくはそのある部分を侮蔑ないし愚弄すること」によって成立するとされ、それには罰金もしくは拘禁の刑が予定されている[3]（また、それと並んで、伝統的には、イギリス国教会を冒瀆する罪も設けられていた）。ここで注意すべきことは、キリスト教以外の宗教（の神）を侮辱することは神冒瀆罪に当たらない、とされてきたということである。

神冒瀆罪は、最近では適用されなくなっていた。しかし、1977年になって、この罪に関する刑事事件が約50年ぶりに現れ、ここに、注目すべき裁判例が形成されることになった。事件と判決の内容は、以下の通りである。[4]

被告人らは、「ゲイ・ニュース」という雑誌の編集者と発行会社である

が、そのある号に、キリストを冒瀆する内容の詩を掲載した。その詩は、キリストの死んだ直後の体に施された反自然的な性行為を詳細に描写し、さらにキリストは、その生涯、相手を選ばぬ同性愛行為を使徒らと行ってきたと指摘する内容のものである。被告人らは、神冒瀆的文書誹謗罪のかどで起訴され、裁判所により、編集者につき9か月の拘禁（執行猶予つき）および500ポンドの罰金の刑、発行会社につき1000ポンドの罰金刑を、それぞれ宣告された。事件は、被告人の控訴および上告を経て上院（最高裁判所）に行ったが、そこでの判決（1979年）は、この罪が成立するためには神冒瀆の故意は不要であると判示しつつ、有罪を維持した。

さらに、被告人らは、上院判決を不服として、ヨーロッパ人権条約7条（刑法の遡及適用の禁止）違反を主張してヨーロッパ人権委員会に提訴したが、そこでも請求は棄却された（1982年）。なお、そこでは、条約10条（表現の自由）をめぐる論点は、扱われなかった。[5]

（2）アメリカ合衆国

アメリカでは、神冒瀆罪に関しては、イギリスのコモン・ロー上の観念が受け継がれるとともに、いくつかの州で制定法が設けられた。[6] そこでは、大まかにいって、神冒瀆罪は、キリスト教もしくはその神を悪意をもってののしる罪であり、神への尊敬を侵害する目的でなされることを要するものとしてとらえられてきた。そして、正当な目的でキリスト教の教義につき議論する中で現われた冒瀆的発言は、犯罪に当たらない、とされてきた。[7]

神冒瀆を処罰する法は、歴史的には、かなり普遍的に存在していたようであるが、最近では、――私の調べた限り――典型的な形では、ミシガン、マサチュセッツ、オクラホマの各州法に残っているにとどまる（なお、メリーランド州も、神冒瀆処罰法を維持してきたが、それは、1970年に、州控訴裁判所により、特定宗教を保護するものであるがゆえに違憲である、との判定を受けた）。[8] 神冒瀆罪条項の内容は、州により若干異なっているが、たとえばミシガン州法は、「神をのろいもしくは侮辱的に非難することにより、神の神聖なる名を故意に冒瀆した者は、軽罪に処す」、とうたっていた。なお、そのほかに、一定の場面における不敬な（profane）発言を禁止・処罰する法規定は、若干の州にみられる。

神冒瀆罪が憲法の「表現の自由」条項に違反しないか、という点が争われた裁判例としては、古い時期のものであるが、次の二つがあげられる。

第一は、1838年のマサチューセッツ州最高司法裁判所判決である[9]。州の神冒瀆禁止法（1782年制定）は、「神もしくはこの世に対する彼の創造、支配ないし最後の審判を否定し、のろい、もしくは侮辱的に非難する」などの行為により「神の神聖なる名を意図的に冒瀆する」者を処罰することにしていた。被告人は、その編集・発行する新聞の中で、万人救済派の信じる神は幻影にすぎない、キリストに関する話はすべて作り事である、などと述べた記事を掲載したため、その条項に基づき有罪の宣告を受けた。被告人からの上訴を受けて、本判決は、以下のように判示した。神冒瀆禁止法は、州憲法の採択された直後に制定されたものであり、それは、成立事情などからみて、憲法の「表現の自由」条項に違反しない。「『意図的に』という言葉は、……この法律においては、神を中傷し、さげすみ、そして、神に与えられるべき尊敬を侵害する意図を意味するものとして解釈されなければならない」。それは、正当な目的をもって自由に調査ないし議論したり、適当な場で神の不存在を公言したりすることを禁止するものではない。

第二は、1921年のメイン州最高司法裁判所判決である[10]。被告人は、ある演説の中で、「聖母マリアには男の愛人がいた」、「キリストの父は若いユダヤ人である」、「宗教はすべて人々を欺くものである」、「聖書には真実はない。それはごまかしにすぎない」などの言葉を発したため、州法の神冒瀆罪に当たるとの判定を受けた。被告人は、憲法問題を争って上訴したが、本判決は、「審査対象たるこの法律は、決して州憲法の宗教的自由および言論の自由の保障と衝突するものではない」、と判示した。

なお、1949年のニューヨーク州の控訴院（最高裁に当たる）の判決は[11]、傍論的ながら、「何らかの形態の宗教的信条、礼拝もしくは畏敬を愚弄もしくは非難する」ことを違法とするニューヨーク市条例につき、それだけ取り出して読めば違憲と考えられるかもしれない、と論じていた。

連邦最高裁のものとしては、古くは、1897年の一判決の中で、「言論および出版の自由〔修正1条〕は、……神冒瀆的または淫猥な記事・論説

……の公刊を許すものではない」、と述べていた。また、1940年の一判決では、次のような言い方もみられる。「憲法は、自己の宗教活動の過程で、他者の宗教的見解を――それが少数派であれ国家内で支配的なものであれ――攻撃したことを理由にして個人に刑罰を科すことを許さない、という寛容な態度を確実に保持している[13]」、と。さらに、1942年の一判決は、一般論（傍論）として、「それを禁止・処罰しても憲法問題を引き起こさないような言論」のひとつとして「不敬な言葉」をあげていたが[14]、この判旨が今日でも妥当するかについては、疑問が提起されうる。

なお、そのほかに、キリスト教を攻撃する言論が神冒瀆罪以外の刑罰法規により起訴された裁判事件は、いくつか存在する[15]。

（3）　ドイツ（旧・西ドイツ）

戦前のドイツおよび戦後の旧・西ドイツでは、神への冒瀆や宗教への侮辱を処罰する規定は、刑法典の中におかれており、それは、少なくとも戦前には、相当数の適用事例を生み出してきた。

1871年に制定されたドイツ連邦刑法典の166条は、――1851年のプロイセン刑法典135条の規定を原則的に受け継ぎつつ――次のようにうたっていた。「侮辱的言明により公然と神を冒瀆することによって激しい怒りを引き起こした者、あるいは、あるキリスト教会、国の領域に存する他の公法上の宗教団体、もしくはそれらの制度ないし儀式を公然と侮辱した者は、……3年以下の懲役に処す」。

この条項は、1969年の法律改正により、「他者の宗教的ないし世界観的な信仰の内容」（166条1項）や「国内に存する教会、他の宗教団体ないし世界観結社もしくはそれらの制度ないし儀式」（同2項）を「公共の平和を乱すに適したやり方で、公然ともしくは文書（11条3項）の流布により侮辱した者は、3年以下の自由刑もしくは罰金刑に処す」、とするものに改められた。

改正前の規定をめぐっては、その保護法益を、信者の宗教感情、文化財としての宗教、宗教行使の自由、社会平和の維持などのうちのいずれと解すべきかについての議論や、当該条項の改正（や廃止）に向けての諸提案などが、華々しく展開されてきた[16]。新法は、「公共の平和を乱すに適した

やり方」で行うことを明文で要求していることもあって、その保護法益は、代表的注釈書[17]によれば、宗教感情の侵害に起因して害されうる公共の平和だと解されている。

　刑法166条と芸術の自由との関係については、すでに1930年に、「芸術家は、刑法166条が宗教感情の保護のために設けた境界を踏みこえてはならない」、とする判例も出ているが[18]、比較的最近の事例としては、1961年の連邦裁判所の判決[19]が注目される。被告人は、学生新聞紙上に「不敬なるミサ」と題する叙情詩を載せたため、地方裁判所により、神冒瀆のかどで100マルクの罰金刑の判決を受けた。これは、連邦裁判所でくつがえされたが、そこでは、一般論として以下のように述べられていた。「刑法166条による犯罪〔の処罰〕は、芸術の自由（ボン基本法〔ドイツ連邦共和国基本法〕5条3項）によって排除されるわけではない」。「〔刑法166条は〕ボン基本法4条2項が保障する、妨害のない宗教〔的自由の〕行使を保護することに寄与するものである……。刑法166条は、芸術の自由に対し限界を設けるものである」。他方、「〔同条の〕解釈にあたっては、基本法で承認された芸術の自由が自由で民主的な国家においてもつ意味が、考慮されなければならない。」

（4）　フランス

　フランスでは、神冒瀆罪に相当する刑罰法規は、1819年と1822年の出版規制法の中に設けられていた。

　すなわち、1819年法の8条は、「公共的・宗教的道徳もしくは善良な風俗に対する……〔表現行為による〕侵害は、1か月以上1年以下の懲役および……罰金に処す」とうたい、また、1822年法の1条は、「国家の宗教」もしくは「その設立がフランスで法的に承認されている他の宗教」を「侮辱もしくは嘲弄」した者を処罰する旨規定している。

　1819年法の適用事例としては、1844年のセーヌ重罪院の判決[20]があげられる。被告人は、その著作の中で、「我々は、死後の幸福を望むものではない。幸福は現世にある」、「すべての生き物は有機体である」、などと述べたため、無神論および唯物論を公言したものであって公共的・宗教的道徳への侵害に当たるとされて、重罪院に付託された。弁護人は、それは思弁

的・抽象的な意見にすぎず犯罪を構成しない、と主張したが、裁判所は有罪を宣告した。

その後、1819年法（8条）および22年法（1条）は、1881年に廃止され、それ以来、神冒瀆規定は、法令集から姿を消すことになった。

（5） その他の諸国

ここでは、憲法自らが神冒瀆的表現の問題に言及している例をあげよう。[21]

ギリシア憲法は、14条1項で表現の自由をうたいつつも、2項において、「キリスト教への攻撃」を内容とする文書については、例外的に公刊後の押収が許される旨規定している。

アイルランド憲法の40条6項は、「信念や意見を自由に表明する市民の権利」を「公共の秩序および道徳への尊重を条件として」認めている。そして、「神冒瀆的な……内容のものの公刊や表現は、法律で罰せられるべき犯罪である」としている。

ノルウェー憲法の100条は、出版の自由は保障される、とうたいつつ、故意にかつ明白に宗教への軽侮を示し、もしくは他人に教唆する場合についてはこの限りでない、と規定している。

とまれ、神冒瀆罪の法律は、西洋諸国の相当部分において、少なくとも建前上残っているのである（なお、1989年3月初旬に、マドンナの新曲の宣伝用ビデオが、キリストを冒瀆するものとして欧米で強い抗議を受けたのも、神冒瀆を罪とする法意識の健在を示唆するものといえよう）。その意味では、キリスト教圏自由主義国とイスラム教国との違いは、主として、神冒瀆的表現行為に対して実際に厳罰をもって臨むか否かという点に存する、とみることも許されよう。「言論の自由」文化対イスラム教文化という図式を描くに際しては、このことに留意する必要があろう。

なお、日本では、神冒瀆的言論を処別する法思想は、少なくとも現代においては、みられない。礼拝所に対する不敬の表現行為が、礼拝所不敬罪（刑法188条1項）の適用を受けうるにとどまる。

3 神を冒瀆する表現にも自由の保障は及ぶか

神冒瀆的表現も憲法上の保護を受けるか、という問題を考察するにあた

っては、このような表現の禁止を正当化する根拠として何が考えられるかを吟味するのが便宜であろう。

まず、不快もしくは邪悪な表現は、まさにその内容ゆえに憲法上の保障を享受しないとする理論がありうる。しかし、言論の内容の正邪は、市民の自由な判断にゆだねられるべきであり、国家（政府）が判定すべきものではあるまい。ここでは、不正な言論には、法律による禁圧ではなく、対抗する別の言論をもって対処せよ、という原則が妥当しよう。また、宗教道徳の保護といった漠然とした理由を持ち出しても、言論の自由への制約を正当化することはできないと解されよう。一般には、表現の自由に対する規制が憲法上許されるのは、原則として、それが他人の権利や利益を害する場合である、と解されているのである。

そこで、次に、当該宗教の信者たちの宗教感情を保護するため、という根拠づけが考えられる。これは、一見してかなり説得力があろう。しかし、表現の自由という重要な人権に対する制限を正当化する対抗利益は、具体的かつ明確な特定諸個人の利益でなければなるまい。イスラム教徒といった不特定多数者の感情は、このような対抗利益に当たるとはいえないとの見方も、十分成立しえよう。この問題は、特定の人種的集団一般に対する侮辱などを内容とする差別的表現を——その集団に属する人々の名誉感情の保護を理由にして——禁止できるかという問題と、共通面をもっている。

さらに、神冒瀆的表現禁圧の正当化理由として、社会平和の確保（表現行為によって暴力などが誘発されることの防止）等々、種々のものが考えられるが、ここでは立ち入らない。

4 我々は異なった文化の国を人権の名で非難できるか

神冒瀆的表現も人権として憲法上の保護を受けるとする立場が妥当だとしても、依然として、それと逆の立場をとる国（の人々）を我々は非難できるか、という問題が残されている。もっとも、「悪魔の詩」事件にみられる暗殺懸賞金などは、著しく正義に反するものであって許される余地はない、といわれるであろうから、そう考える読者のためには、事件の内容を少し変えて、著者がイラン国内の裁判手続により死刑ないし無期懲役の

判決を受けたと仮定する（あるいは、さらに、彼が出版当時イランに在留していたとする）方が、話を進めやすくなるであろう。そうだとして、はたして、立憲主義諸国はイランの措置を誤ちだと主張できるであろうか。

　この点は、人権の普遍妥当性と文化相対主義（諸文明の相対性）との衝突にかかわっている。[22]我々は、憲法学においては、人権は時と所をこえて万人に保障されるべきものである、と教えられてきた。他方、最近の文化人類学においては、世界の諸民族の文化を文明の優劣という視座でとらえる素朴な思考法は、強く批判されており、それにかわって、世界の諸文化を価値の優劣の伴わない諸文明の並列的共存という枠組みで理解する考え方が、有力になってきている。歴史学界におけるヨーロッパ中心史的世界史観の克服も、この点にかかわっている。要するに、世界を「人権」とか「個人の尊厳」という名のいわば特殊西欧的なものさしで観察したり、我々にとって自明な価値判断基準によって裁断したりすることの問題性である。

　異なった諸文化の相互尊重の精神からいえば、我々は、イスラム教圏の諸国に対して、政教分離や信教の自由を否認する野蛮国・人権侵害国というレッテルをはることはできないのであるが、この発想でいくと、神冒瀆的な表現行為を厳罰に処す思想に対しても、一方的に強い非難を浴びせることもむずかしくなろう。しかし、この点は、イラン国内におけるイラン人による表現行為に関して妥当するにとどまるであろう。それ以外の場合については、文化の相対性を自覚しつつ、イランに向かって言論の自由擁護の要求を行うことが許されるであろう。

注

1）　See G. D.Nokes, A Hitory of the Crime of Blasphemy (1928).
2）　Kenny, The Evolution of the Law of Blasphemy, 1 Camb. L. J. 127, 134 (1922).
3）　Halsbury's Laws of England, vol. 9 (1933),387.
4）　Reg. v. Lemon, 1979 A. C. 617.
5）　R. Pinto, La Liberté d'information et d'opinion en droit international (1984). pp. 201 et s.

6) なお、Roth v. United States 354 U. S. 476, 482（1957）によると、合衆国憲法制定直後の時点において、「〔憲法を承認した14の〕州のすべてが、神冒瀆、不敬またはその双方を制定法上の犯罪としていた」、とされる。
7) 11 C. J. S. 357～359（1938）．
8) State v. West, 263 A. 2d 602（1970）．
9) Commonwealth v. Kneeland, 20 Mass.（Pick.）206（1838）．
10) State v. Mockus, 14 A. L. R. 871（1921）．
11) People v. Kunz, 90 N. E. 2d 455（1949）．
12) Robertson v. Baldwin 165 U. S. 275, 281（1897）．
13) Minersville School Dist. v. Gobitis 310 U. S. 586, 593（1940）．
14) Chaplinski v. New Hampshire, 315 U. S. 568, 572（1942）．
15) とりあえず、内野正幸『差別的表現』（有斐閣、1990）92～93頁所掲の⑫事件や⑬事件など参照。
16) 文献は数多いが、一例として、Eser, Strafrechtlicher Schutz des religiösen Friedens, in: Friesenhahn = Scheuner, Handbuch des Staatskirchenrechts, Bd. 2（1975）,S. 821 ff. S. 824 f.
17) Schönke = Schröder, Strafgesetzbuch（21 Aufl., 1982）, S. 1075.
18) RGSt. 64, 121〔128〕．
19) Goltd's. Arch. 1961, 240.
20) Chassan, Traié des délits et contraventions de la parole, de l'écriture et de la presse, t. 1（1851）, p. 314.
21) Vgl. Erbel, Ist das Sittengesetz eine verfassungsrechtlich legitimierte Schranke der geistigen Ausdrucksfreiheit？ VA. Bd. 59（1968）, S. 197 ff., S. 198 f.
22) とりあえず、内野正幸『人権のオモテとウラ』（明石書店、1992）42～49頁のほか、桑山敬己「相対主義と普遍主義のはざまで」中野毅編『比較文化とは何か』（第三文明社、1999）200頁以下など参照。

第6節 ▶▶▶ 神冒瀆的表現の規制をめぐって
——英米などの場合

1 序　説

　神冒瀆的表現の規制(とくに神冒瀆罪)に関しては、各国は、歴史的に、多くの議論や実践を積み重ねてきた。それは、憲法問題としては、何よりも、表現の自由にかかわっており、ついで、政教分離や信教の自由などにも関連してくる。しかるに、日本の憲法学界では、この問題は、自覚的にとりあげられることがあまりなかったと思われる[1]。本節では、英米法を中心にして若干の検討を試みることにしたい。

　ただ、従来、現代の英米法圏においても、神冒瀆的表現は、起訴がほとんどなかったこともあって、さほど大きな関心の対象とはなってこなかったように思われる[2]。しかし、最近では、「悪魔の詩」事件などの影響もあって、神冒瀆をめぐる問題は、かなり注目を浴びるにいたっている[3]。ここに、古くて新しい問題をとりあげるゆえんである。

　あらかじめ言葉の問題にふれておくことにしよう。"神冒瀆"は、英語では"blasphemy"と呼ばれるが、それに似たものとしては、"profanity"(不敬)や"sacrilege"(神聖所侵害もしくは神聖冒瀆)という言葉もある。この三語の違いや関連を明らかにすることは、容易ではないが、ただ、それらが法的議論の場で使われる場合については、次のことがいえよう。概して、profanity は、神や宗教に対する侮辱的な表現や行為を広くカバーするものであるのに対し、blasphemy は、これから明らかにするように、特定の態様の"神冒瀆"を意味するものである[4]。他方、sacrilege は、通常は、宗教に対する犯罪のうち、神聖な場所(とくに教会)への侵入やそこでの窃取などの行為(いわば神聖所侵害)をさすようであるが、ときに、blasphemy と大体同じような意味で使われることもある(この場合は、

便宜上、神聖冒瀆と訳すことにする)。

本節が考察の中心対象にすえるのは、これらのうち、我々の目からみて憲法上自由が保障されうる表現行為に属するような態様の神冒瀆的行為である。用語法としては、神冒瀆的表現のうち口頭によるものを blasphemy、文書によるものを blasphemous libel（神冒瀆的文書誹謗）、とそれぞれ呼ぶものもかなりみられるが、本節では、多くの場合、両者を一括して blasphemy としてとらえることにする。それとは別に、神冒瀆的表現に類似したものとしては、①宗教（集団）に対する憎悪の扇動という概念[6]や、②宗教的集団に対する誹謗という概念[7]もある。しかし、ここでは、このような概念については、立ち入る余裕をもてない[8]。

なお、神冒瀆という概念は、広義では、背教や異端などを含むものとして、また、狭義では、それらを含まないものとして、それぞれとらえうるが[9]、ここでは、狭義の神冒瀆を中心にすえておきたい。また、きわめて広い意味で神冒瀆的行為といった場合、そこには、いわば反自然的性行為なども含まれうるが、それは、表現行為に属さないものであって、考察の射程外におかれる。

以下、英米法における若干の歴史的場面について素描し（2、3）、その上で、若干の憲法解釈論的検討を試みる（4）、という形で叙述を進めることにしよう。

2　イギリス法

(1) 歴史的問題状況

中世ヨーロッパのキリスト教社会において、最も厳しい迫害を受けてきたのは、異端という烙印を押されてきた人々であり、そこには、焼き殺しという極刑さえ、待ちかまえていた[10]。そして、かつては、異端者への焼き殺し刑は、コモン・ロー上の原則としても確認されていた[11]。のみならず、神冒瀆も焼き殺し刑に値するという観念も広くみられた、ともいわれている[12]。ただ、実際に、神冒瀆が異端と同じように極刑に処せられていたのかどうかは、ここでは、つまびらかにしえない。いずれにせよ、そこでは、神冒瀆的表現は、カノン法（教会法）によって厳しく禁圧されていたので

ある。ただ、神冒瀆禁止法の起源については、中世の異端禁止法に由来する、と説かれたりしているが、必ずしも明らかであるとはいえないようである。[13]

カノン法の下では、神冒瀆は、次のような場合に成立する、と説明されたりしてきた。[14] それは、第一に、「神に固有でないものか神に帰させられているとき」、第二に、「神に固有なものが神から取り去られているとき」、第三に、「創造主のみに固有なものが被造者に帰させられているとき」、である。そして、神冒瀆に対する裁きは、教会裁判所で行われていた。そこでは、神冒瀆は、神に対する罪としてとらえられていた。

その後、17世紀の前半ごろまでに、神冒瀆は、主として、コモン・ローによって規律されるようになった。そして、裁判の管轄も、世俗のコモン・ロー裁判所に移されるようになった。[15] コモン・ロー上の神冒瀆罪については、比較的軽い刑が予定されていた。

このような裁判管轄の面でも画期をなす裁判事件として重要なのは、1676年の R. v. Taylor 事件（86 Eng. Rep. 189）である。そこでは、「イエス・キリストは私生子であり売春屋である」、「宗教はペテンである」などの発言が罪に問われた。王座裁判所は、罰金や拘禁などを内容とする有罪判決を下すに際し、次のように述べた。[16]「このような種類の邪悪で神冒瀆的な言葉は、神や宗教に対する罪であるばかりか、法、国家および政府に対する犯罪であり、よって、この裁判所で処罰しうるものである。というのは、宗教はペテンであるということは、市民社会を保持するすべての絆を解きほぐすことを意味するからである。キリスト教は、イングラントの〔国〕法の一部をなすものである。」

この判旨は、その後約2世紀の間、リーディング・ケースとしての役割をになうことになるのである。

他方、神冒瀆に関する制定法としては、しばしば、背教につき定めた1698年法[17]が引き合いに出されている。しかし、同法は、ほとんど適用されることがなかった。

18世紀後半になると、イギリス法を体系的に叙述したW・ブラックストンの『英法釈義』全4巻（初版1765～1769年）が公刊されているが、その

中では、「神冒瀆」は次のように説明されている。「それは、〔全能者の〕存在や摂理を否定することによって、または、救世主キリストに対する放慢無礼な非難によって、成立する。聖書に対するすべての不敬な嘲弄、もしくはそれ〔聖書〕を軽蔑や愚弄にさらすこともまた、そこ〔この犯罪〕に帰属させうる。これらは、コモン・ロー上、罰金および拘禁、または他の身体刑によって処罰しうる。というのも、キリスト教は、イングランドの〔国〕法の一部をなすものだからである。[18]」

ここには、神冒瀆に関する当時の法的状況が示されているといえるが、その後、神冒瀆罪の成立要件は、少しずつ変容していくことになる。本節では、20世紀の初頭にいたるまでの判例の流れを跡づける余裕はない。[19] そのかわりに、その一端を示すべく、二つの判決に現われた特徴的な判旨をみておくことにしよう。

その一つは、1883年の R. v. Ramsey and Foot 事件の（女王座部裁判所の）判決（48 L. T（N.S）733）である。第一に、この判決では、キリスト教は国法の一部であるとする立場は、明示的に放棄されている。この点は、神冒瀆罪の世俗化として位置づけうる。第二に、そこでは、神冒瀆罪の成立要件が、次のような形で緩和されている。「キリスト教の真実を単に否定するだけでは、神冒瀆罪を構成するに十分でない。」「議論の節度が守られているのであれば、宗教の基本教理まで否定しても、神冒瀆的文書誹謗罪にならない。」「……他人を邪道に陥らせ侮辱し誤導する意図的な故意が、犯罪〔成立〕の判断基準である。」

もう一つは、1917年の Bowman v. Secular Society Ltd. 事件の貴族院判決（1917 App. Cas. 406, 446）である。これは、神冒瀆的だとされる物の遺贈の効力にかかわる民事事件であるが、この判決は、「コモン・ロー上の神冒瀆となるためには、他人の感情を憤激させて治安攪乱を引き起こしそうな、中傷、愚弄もしくは非礼の要素がなければならない」、とする一般論的判旨を含んでいた。[20]

概して、近代イギリスにおける神冒瀆罪の成立要件については、表現の内容を重視する立場から、表現の態様をもあわせて重視する立場へ、という変遷を語ることができよう。[21] その中では、たとえば、無神論の唱導も、

近代初期は別として、それ自体として直ちに神冒瀆罪になるわけではない、とされることになる。[22]

（２）　最近の裁判事件

(a)　「ゲイ・ニュース」事件　ここでは、キリストを冒瀆する詩を雑誌に掲載した行為にかかわる刑事事件についての1982年の欧州人権裁判所の判決（Gay News Ltd. & Lemon v. United Kingdom, 5 E. H. R. R. 123）をとりあげることにしよう。まずは、表現の自由とその制限につき定める欧州人権保護条約10条との関係についてである。判決によれば、「神冒瀆的文書誹謗罪は、通用可能なコモン・ローの下で解釈されたものとしては、実際、公刊によって自己の宗教的感情を害せられないという市民の権利を保護することを、おもな目的としている」。「〔表現の自由に対する〕制限は、実に、条約の認める正当な目的すなわち他人の権利の保護によってカバーされていた」。また、「神冒瀆罪の存在は、それ自体として、その必要性に関して何ら疑いを引き起こすものではない」。次は、信教の自由などにつき定める条約９条との関係についてである。「問題になっている詩の公刊が、条約〔９条〕によって保護される宗教的その他の信条の行使を構成するということは、論証されてこなかった……。９条の〔保障の〕下にある申請人の権利に対する介入が実際にみられてきた、と仮定したとしても、それは、10条２項の下における申請人の表現の自由に対する制限〔の場合〕と同じ根拠に基づき、９条２項の下で正当化されていたことであろう。」なお、「申請者は、神冒瀆〔禁止〕法がキリスト教だけを保護して他の宗教を保護していないがゆえの差別を攻撃することはできない……。実際、この区別は、犯罪者の人間的地位ではなく法的保護の対象にかかわっている。」判決の中では、そのほかに、刑事立法不遡及の原則との関係も扱われたが、ここでは省略したい。

(b)　「悪魔の詩」事件　イギリス人作家サルマン・ラシュディの小説『悪魔の詩』がイスラム教（の神）を冒瀆するものとしてイスラム教諸国の人たちの激しい怒りを買ったのは、1989年２月ごろからである。ここでとりあげようとするのは、このいわば世界的な事件そのものではなく、それに関連して起こったイギリス国内の裁判事件であり、1990年に女王座部

裁判所で下された二つの判決である。

その一つ（R. v. Chief Metropolitan Stipendiary Magistrate, Ex parte Choudhury, 1990 W. L. R. 986）は、ラシュディおよび本（『悪魔の詩』）の出版社に対して、イスラム教の信仰や教義への冒瀆であり、また扇動的文書誹謗である、として提起された私人訴追にかかわるものである。これは、訴訟の当事者によって初めて、神冒瀆罪はキリスト教以外の宗教に対する冒瀆にも及ぶ、という主張が提示されたものであるが[23]、裁判所は、この主張を認めることなく、訴えをしりぞけた。また、判決の中では、ヨーロッパ人権条約の9条、10条および14条に違反する、との主張もしりぞけられた。

もう一つ（R. v. Horseferry Road Metropolitan Stipendiary Magistrate, Ex parte Siadatan, 1990 W. L. R. 1006）は、イギリス在住のイラン人が、本の出版社を、公共秩序法[24]（1986年改正法）4条1項違反のかどで告発した事件にかかわるものである。同項は、「脅迫、ののしりもしくは侮辱を示すような」表現行為を一定の要件の下に処罰するものである。そこでは、犯罪構成要件の解釈が争われたが、判決は、犯罪不成立とした原審の判断を維持した。

（3）　法改革の動き

神冒瀆罪の廃止や見直しを求める動きは、歴史的にも今日的にも、いろいろな形でみられる。すでに戦前においても、この種の法案が1880年代や1920年代などに提出され、議論の対象になっているが[25]、以下では、とくに最近の動きをとりあげてみることにしたい。

それは、「法務委員会（the Law Commission）」（法律問題を検討する議会付属の公的諮問機関）の報告にかかわるものである。そこでは、宗教犯罪の問題について、1981年にワーキング・ペーパー[26]が発表され、それに対する各界の反応をふまえた上で、1985年に報告書が出されている[27]。これらは、主として、神冒瀆罪の存続の適否につき検討したものであり、そこでは、概して、神冒瀆罪を代替物なしに廃止することが提案されている。以下、報告書の内容を簡単にみておくことにしよう。

報告書は、ワーキング・ペーパーにのっとりつつ、神冒瀆禁止立法の正

当化理由としては、①宗教および宗教的信条の保護、②公共の秩序の保護、③社会（の安定性）の保護、ならびに④宗教的感情の保護の四つが考えられるが、そのうち最も考慮に値するのは④である、と論じる。その上で、報告書は次のように述べている。④の正当化でさえ、「それを受け入れるには、多くの障害がある」。ひとつには、「……聖なる物への畏敬が、その性質上、種類において特別なものとみなされたとしても、神への畏敬と他の種類の畏敬たとえば君主や両親への畏敬との間に違いがある、と主張する何らかの現実的根拠があるのかどうか、疑わしいであろう。」「〔一定の〕表現物が、宗教的な事柄にかかわるものであるにせよ、そうでないにせよ、特定の種類の人々の感受性に及ぼす傷は、我々の見解によれば、それ自体として、〔当該表現物の〕公表やそれへの接触可能性に対する規制を支持する十分な根拠とはならない。」「すべての宗教に保護を拡張しつつ、言論の自由に対する過度の制限を避けうるように犯罪を法定化することが、実際上可能かどうか」は、問題である。

なお、この報告書には、次のような内容の少数意見が付記されている。「宗教的感情を害する目的をもって、ひどく侮辱的で中傷的な宗教関係の表現物を公にした者は、処罰されるものとする。」「新設の犯罪は、イギリス国教会もしくはキリスト教に対する攻撃に限定されるべきではなく、いかなる宗教にも及ぼされるべきである」。ただ、「宗派内もしくは宗派間での論争」は、犯罪にならない。また、「宗教に関する批判的表現を公にする権利」は、害されてはならない。

（4） 諸説の整理

イギリスの文献・資料に現われた諸説を整理してみることにしよう。

コモン・ロー上の神冒瀆罪に対する批判論は、次のように要約しうる。第一に、神冒瀆禁止法は、憲法的にみて疑義がある。それは、基準の不明確さという点も含め、表現の自由を侵害する性格のものである。また、そこでキリスト教だけが保護されているのも、問題である。第二に、神冒瀆禁止法は、現実的必要性に乏しい。というのは、神冒瀆は、重大な社会問題になっていないからであり、また、いわば可罰的な神冒瀆的表現行為は、公共秩序法などの既成の法により対処しうるからである。他方、巧妙な神

冒瀆的表現行為は、禁止法によっても実効的に禁止しえないからである。

　とまれ、コモン・ロー上の神冒瀆罪をそのままの形で存続させるべきである、という主張は、あまりみられないようである。そうすると、神冒瀆罪をめぐる諸説は、条件つき存続論と無条件廃止論に大別することができよう。

　条件つき存続論にあっては、神冒瀆罪はキリスト教以外の宗教に対する冒瀆にも及ぼされるべきである、とする点では、大方の一致がみられたといってよい。議論は、このことを前提とした上で、神冒瀆罪の成立要件に一定の絞りをかけるという方向に進んだ。それは、典型的には、犯罪の成立要件として、他人の宗教的感情を害する意図ないし故意を要求する、といった形のものとして示されている。それは、たとえば前述した報告書の少数意見にみられる。[35]

　なお、神冒瀆罪を憎悪扇動もしくは集団誹謗の概念に基づいて規定し直すべきであるという主張は、コモン・ロー上の神冒瀆罪に何らかの絞りをかけたものに帰する場合が多かろう。[36]

　他方、無条件廃止論は、主として、コモン・ロー上の神冒瀆罪を代替物なしに廃止すべきである、とする主張として現われた。といっても、それは、言葉の厳密な意味で無条件の廃止論といえるものではない。というのは、このような廃止論は、神冒瀆的表現行為のうちの一定の態様のものが神冒瀆罪以外の既成の犯罪として処罰されうることを否定する趣旨のものではないからである。

　これらの議論の中では、神冒瀆的表現行為の規制を考えるに際しては、表現の内容だけでなく（あるいは内容よりも）表現の態様を重視すべきである、と主張されることが少なくなかった。ただ、そこでいわれる"表現の態様"は、日本の学説・判例が"表現の内容"との対比の下にいう"表現の時・所・方法"より広い意味のものとして、すなわち表現の品の悪さや神冒瀆的意図などを含むものとして使われる傾向にあった。[37]

　他方、神冒瀆的表現につき時・所・方法（という意味での態様）の規制のみを認めるべきことを主張するものとしては、次のように説く学説が注目される。「人々に衝撃を与えるものから保護されるべきである、という

人々の要求だけを根拠として、神冒瀆禁止立法の正当化を主張することはできない。……〔神冒瀆的〕表現の態様が、他人への明確な害か治安攪乱を引き起こす見込みのあるものである場合もある。そのような場合は、意見そのものを鎮圧するのではなく、その表現態様を規制するものであれば、制限を受容しうる。……〔たとえば、〕礼拝のために人々が集まっている教会の外で、ある人が神冒瀆的な言葉を叫ぶのを禁止することは、許される。……しかし、いかなる宗教者も読むことを余儀なくされるのではない本や雑誌における神冒瀆的な言葉を処罰するのは、誤りである。」[38]「我々は、どんなに衝撃的で不快なものであれ、〔神冒瀆的表現行為を〕行う個人の一般的権利を認め、その上で、すべての人に公平なやり方でその行為を規制するルールを考案することに焦点をおくべきである。」[39]

この学説は、ある意味では条件つき存続論に属するが、神冒瀆的表現の内容的規制に反対するものとして一種の無条件廃止論に属させることもできよう。

あわせて、この場で、神冒瀆的表現に関するH・J・ラスキの所説にも言及しておこう。彼によれば、「私は、キリスト教徒を侮辱し満足するような作品を心から嫌悪する」が、「こうした作品を禁圧し、かつその著者を罰する」ことは「何ら正当な根拠を有するものではない」、とされる。[40]

3 アメリカ法
(1) 歴史的問題状況

神冒瀆の法規制に関しては、アメリカでは、建国前の時期以来、イギリス法的な考え方が受け継がれてきた。とくに、植民地時代には、政教一致（神政）をしいていた州もあり、そうでない場合も含め、神冒瀆罪の法規定が設けられる傾向にあった。一例として、厳しい内容の法規定につきいえば、1642年のコネチカット州法は、次のような条項を含んでいた。「直接的、明示的もしくは高圧的な態度で、父なる神、救世主もしくは聖霊の名を冒瀆 (blaspheme) し、または同様の仕方で呪う者は、死刑に処せられるものとする。」[41] この条項の適用例の有無については、ここでは明らかにしえないが、このような内容の神冒瀆罪の規定は、[42]——刑の厳しさの点

を別にすれば——合衆国独立後の時期にも受け継がれていったようである。[43]

アメリカの裁判事件については、まずは、問題状況の一端を知るため、1811年のPeople v. Ruggles事件（5 Am. Dec. 335）に目を向けてみることにしよう。[44] そこでは、ニューヨーク州の最高裁において、州内でのコモン・ロー上の神冒瀆罪の適用が問題になった。被告人は、大衆の面前で、「イエス・キリストは私生子であり、その母親は売春婦にちがいない」、と発言したため、3か月の拘禁などの有罪判決を受けた。その上級審たる州最高裁は、有罪判決を維持するに際し、以下のように判示した。

神冒瀆とは、「神または宗教を悪意をもってののしること」である。「何であれ宗教的意見の表明を自由に平等に妨げられることなく行いうることや、どんな宗教的テーマであれ自由に品位よく行われる議論は、是認され保障される。しかし、ほとんどすべての社会成員の信奉する宗教を、悪意的で神冒瀆的な侮辱の態様でののしることは、その権利の濫用である。」「我々は、キリスト教徒の国民であり、この国の道徳性は、キリスト教に深く植え込まれている」。「〔州〕憲法は、国教樹立を放棄しているが、だからといって、……道徳的義務の根幹を打ち社会的紐帯の確固性を弱めるような、宗教および道徳に対する犯罪を司法的に認めることが妨げられるわけではない。」

1940年代初頭には、治安攪乱を引き起こすおそれの存在などを条件として不敬な表現や神冒瀆的表現などを規制する市条例を「エホバの証人」の布教活動に適用することの差止を求める訴えにかかわる二つの判決が出されている。そのうち、Oney v. Oklahoma City事件についての連邦控訴裁判所判決（120 F. 2d 861 (1941)）は、市条例における犯罪の成立要件の定め方は不明確とはいえない、としつつも、このことは条例が適用違憲となりうることを妨げるものではない、と論じた。また、Lynch v. City of Muskogee事件についての連邦地区裁判所判決（47 F. Supp. 589 (1942)）は、適用違憲の判断を示した。

他方、連邦最高裁は、後に扱う「ミラクル」事件を別にすれば神冒瀆的表現の規制をめぐる憲法問題について、正面から立ち入って考察する機会をもつことがあまりなかった。ここでは、判決文中における言及例として、

次の二つをあげておくことにしよう。

1897年の Robertson v. Baldwin 事件判決（165 U. S. 275, 281）は、その中に次のようなくだりを含んでいた。「言論および出版の自由（〔修正〕1条）は、……神冒瀆的もしくは淫猥な記事・論説の公刊……を許すものではない。」

1940年の Minersville School Dist. v. Gobitis 事件判決（310 U. S. 586, 593）は、次のような一節を含んでいた。「憲法は、自己の宗教活動の過程で、他者の宗教的見解を——それが少数派であれ国家内で支配的なものであれ——攻撃したことを理由にして個人に刑罰を科すことを許さない、という寛容な態度を確実に保持している。」

（2） 映画「ミラクル」検閲事件

神冒瀆的表現の規制をめぐる憲法問題が、連邦最高裁にまで上がって審理された事件としては、1950年代の初めごろに起こった Joseph Burstyn, Inc. v. Willson が注目される。ここでは、この事件を扱ったニューヨーク州控訴裁判所の判決（101 N. E. 2d 665 (1951)）および、その上告審たる連邦最高裁判決（343 U. S. 495 (1952)）を、本節のテーマの観点からとりあげてみることにしよう。[45]

事件の概要を簡単に示そう。ニューヨーク州教育法の中には、映画上映の事前許可制を定めた規定がおかれている。そこでは、「映画フィルムまたはその一部が、わいせつ、下品、不道徳、残酷もしくは神聖冒瀆的であり、またはその上映により犯罪の扇動や道徳の堕落がもたらされる傾向があるような性格のものであるのでない限り、〔当局は〕許可状を発するものとする」、とうたわれていた。ある映画業者は、イタリア映画「ミラクル」をニューヨーク州で州当局（教育省映画課）の許可を得た上で上映したが、この映画は、神冒瀆的であるとの抗議に出くわした。そこで、当局（州立大学評議会）は、上映の許否につき再検討し、州教育法の規律に照らし「神聖冒瀆的」と認定して、上映許可を撤回した。これを不服として出訴に及んだのが、本件である。

州控訴裁判所は、本件許可撤回決定を維持した。その中では、以下のように述べられていた。「『神聖冒瀆的』という言葉は、不明確性のゆえに攻

撃されている」が、それは、「聖なるものを侵害し、またはその神聖を汚す行為」を意味し、また、「不敬な」と同義語であって、このような攻撃は理由がない。また、「フィルムは神聖冒瀆的であると認定するためには、〔当局は〕宗教的判断をしなければならなくなる、ということは正しくない。」さらに、政教分離原則違反の主張に対しては、次のように述べてこれをしりぞけている。「法律が州の福祉権限(ポリス・パワー)の範囲内で正当な目的をもっているのであれば、〔法律に基づいて〕多少の利益が付随的に宗教に帰属するかもしれないという事実は、憲法の観点からみて、とるにたらないことである。」「我々は、本質的に、宗教的な民族である。……我が州憲法の前文には、自由を下さったことに対する、全能の神への国民としての謝意が示されている。……純粋に私的なもしくは商業的な攻撃または迫害から宗教的信仰を保護するために政府が介入することは許されない、と言うことは、平和を維持する〔政府の〕権限だけでなく、修正１条によって保障された宗教の『自由な行使』に対する権利そのものをも、否定することを意味する。」最後に、判決は、表現の自由を侵害するとの主張をしりぞけている。

　これに対し、連邦最高裁は、全員一致の法廷意見において、以下のように述べて、表現の自由に対する違憲の侵害を認めた。「『神聖冒瀆性』審査の適用は、あれこれの点からみて、すべての人の礼拝の自由とともに教会と国家の分離を保障した修正１条の下で、重大な問題を引き起こすかもしれない。しかし、言論・出版の自由の見地からは、次のことを指摘すれば十分である。すなわち、何らかのもしくはすべての宗教をそれにとって不快な見解から保護するについての利益であって、その見解の表明に対する事前の抑制を正当化するに十分なほどの正当な利益は、州に属さない、ということである。特定の宗教的教義に対する実際のもしくは想定された攻撃を抑圧するのは、我が国の政府のすべきことではない。」

　なお、フランクファーター裁判官らの同意意見は、「神聖冒瀆的」という言葉の漠然性を主張していた。ついでに、別の映画検閲事件から例を引いていえば、1956年の Hallmark Production v. Carroll 事件ペンシルヴァニア州最高裁判決（121 A. 2d. 584）では、州法に基づき「下品で不道徳

などの理由で上映不許可とするのは、修正14条の適正手続条項に違反する（漠然性のゆえに無効である）、とされた。そこでは、傍論的に、州法における「神聖冒瀆的」という言葉についても、同様の判断が示されていた。

（3） 学説の例

アメリカの憲法学説においては、神冒瀆表現の規制をめぐる憲法問題は、それをテーマとしない文献の中でごく簡単に言及されることはあっても、正面から立ち入って検討される機会をわずかしかもってこなかったように思われる。ここでは、学説によるこの問題への言及例を調べ上げる作業を行う余裕はない。そのかわりに、1970年に現われたある研究ノートにおける主張を紹介するにとどめる[46]。その内容は、以下の通りである。

まず、国教樹立禁止（政教分離）原則に関しては、宗教的感情を保護する神冒瀆（禁止）法は、世俗目的の法理に照らしても、宗教的効果の中立性もしくは最小限性の原則に照らしても、この原則に適合しない、とされる[47]。

次は、宗教の自由な行使に関してである。研究ノートによれば、「神冒瀆〔禁止〕法の支持者および反対者の双方が、自己の主張を支えるために、〔宗教の〕自由な行使をうたった条項を援用することになろう。しかし、……〔それは、〕神冒瀆の分析に対して、ほんの周辺的な仕方でしか影響を与えることができない。」[48]問題になるのは、神冒瀆者の側の自由に関してであるが、そのうち宗教的言論の形をとっているものについては、世俗的言論の自由の場合と同じように扱えばたりる[49]。

そこで、言論の自由に関してである。「一見すると、神冒瀆は、……〔手厚い保護の与えられない〕『第二級の』言論にきわめて近いようにみえるであろう。」[50]「わいせつに関する法理を神冒瀆〔禁止〕法に適用すると、いくつかの困難な問題が生じてくる。」[51]「神冒瀆は、わいせつもかなり保護され、政治的言論に関する基準によって規律されなければならない。神冒瀆は、それが宗教的な信仰や感情を批判するために使われたときには、おそらく、修正1条の十全なる保護を受ける資格があるが、単に、ののしりもしくは『闘争的言辞』として使われたときには、他のあらゆる言論と同様、刑罰に服しうるであろう。」[52]しかし、「過度の広汎性の法理の下では、神冒

瀆〔禁止〕法は、もしも、その文言上、憲法的に保護された言論をも処罰しうるものであれば、文面上無効となろう。」実際、現行法の多くは、漠然性のゆえに違憲である。他方、適用範囲の狭い法がありえたとしても、それは、神冒瀆から社会を保護するのに役立たないであろう。

4 憲法解釈論的考察

今日の日本では、英米とは異なり、神冒瀆的表現に対する法的規制は、なされていない。しかし、そこでも、神冒瀆的表現を行った者に対して、宗教者が損害賠償などを求めて裁判を起こすことは、実際上ありうる。また、神冒瀆的表現に対する刑法的規制が行われた場合のことを理論上想定してみるのも、無意味ではなかろう。最後に、日本国憲法の解釈論にふれるゆえんである。

神冒瀆に関しては、諸外国では、冒瀆する側の表現の自由・対・冒瀆される側の信教の自由という図式で問題が議論されることがまれでない。しかし、日本国憲法の解釈論上の枠組みを前提としていうと、このような文脈で信教の自由を語るのは妥当ではあるまい。表現の自由の対抗利益として、しいて人権を語るのであれば、それは宗教的人格権ということになるが、この点に関しては、宗教感情としてとらえておけばたりよう。まさに、関係者の宗教感情を保護するという要請こそ、表現の自由の制限の正当化事由として最も考慮に値するものなのである。ちなみに、諸外国における神冒瀆罪の立法例の中には、宗教感情につき明示的に語るものもみられる。

なお、公共道徳としての宗教道徳の確保の要請を理由に表現の自由を制限しうるか、という点も議論されうるが、ここでは、さしあたり消極に解しておきたい。

以下を前おきとして、解釈論的検討に入ろう。

まず、政教分離原則との関係が問題になる。神冒瀆的表現の規制立法は、少なくとも結果的には、国家が宗教者を非宗教者より保護する色彩をもつことになるからである。このような立法は、特定の宗教にかかわる場合と、宗教のいかんを問わない場合とに大別しうる。政教分離原則違反は、前者の場合は明白に成立するが、後者の場合については、議論がありうる。と

いうのは、一般的にいって、国家が宗教一般にかかわる行為（たとえば宗教法人に対する税制上の優遇措置）は、国家が特定の宗教にかかわる行為に比べて、政教分離原則違反が成立しない可能性が、より高くなると思われるからである。

　思うに、宗教のいかんを問わない場合の神冒瀆的表現の規制は政教分離原則に違反しないかという問題は、礼拝所不敬罪（刑法188条1項）や説教等妨害罪（同2項）の法規定が政教分離原則に違反しないかという問題と、パラレルに考えられるべきであろう。これらの立法は、いずれも、関係者の宗教的感情の保護を少なくとも部分的な目的とするものとして位置づけうるのである。また、それらは、関係私人の信教の自由、宗教的人格権ないしはそれに関係する利益が他の私人によって侵害されるのを禁止しようとする趣旨の立法であるともいえる。ここでは、かかる立法の憲法適否を一定の判断基準に基づいて検討する余裕はないが、おそらく、直ちに違憲にはならない、と解すべきであろう。このような説き方は、宗教一般がもつ生活上の意義や役割を承認するような措置を国家がとることを憲法は許している、という立場を前提とするものである。そうすると、宗教者の（もしくは宗教的な）感情をそれ以外の種類の感情とは違えて法的に保護したとしても、政教分離原則（や平等原則）に違反しない、ということになる。

　次は、信教の自由との関係である。それは、A教の信者が、その宗教活動の一環として、B教に対して神冒瀆的表現を行った場合に問題になる。ここでは、宗教的表現の自由の範囲や保障の強さのいかんが、議論されうる。宗教的表現を、それ以外の表現と比較してみると、自己統治の価値を欠いている点で政治的表現と異なるが、自己実現の価値を豊富に備えている点で芸術的表現と共通している、ということに気づかされる。その意味で、宗教的表現の自由は、――その根拠条文を20条1項、21条1項のいずれに求めるにせよ――それ以外の表現の自由の中核領域（ここではとりあえず芸術的表現の自由を眼中におく）と同程度の保護を受け、よって、優越的地位におかれる、とみるべきであろう。したがって、神冒瀆的表現の規制は信教の自由を侵害しないかという問題は、それは表現の自由を侵害し

ないかという問題に原則的に解消されることになろう。[62] ただ、神冒瀆的表現は、Ａ教にとって、異端ないし邪教とされるＢ教を攻撃することが重要な意味をもつ場合には、それ以外の場合に比べて、より手厚く保護される、といえるかという問題は残ろう。

そこで、表現の自由との関係について検討しよう。神冒瀆的表現の規制を正当化する根拠としては、前述したように、何よりも、冒瀆された宗教の信者たちの宗教感情を保護する必要ということがあげられうる。しかし、かかる宗教感情が、表現の自由への制限を正当化しうるほど十分な、いわば濃度の濃い対抗利益といえるか、という点については、議論が分かれよう。私としては、とりあえず、かつて論じたことのある次の問題とパラレルに考えておきたい。それは、特定のマイノリティ集団一般に対する侮辱を内容とする差別的表現を、その集団に属する人々の名誉感情の保護を理由にして禁止できるか、という問題である。[63]

ここでは、詳論する余裕はないが、暫定的に以下のような解答を出しておきたい。神冒瀆的表現にも、原則として表現の自由の保障は及ぶ。ただ、例外的に、①ことさらに宗教者の宗教感情を傷つけることを目的としてなされた場合、および②宗教者を囚われの聴衆の状態においてなされた場合は、その限りでない。

注
1） なお、邦語文献としては、斉藤小百合・奥平康弘「イギリスにおけるコモン・ロー上の"blasphemy"（神聖冒瀆）について」時の法令1584号（1998）30頁以下や、金原恭子「瀆神的表現」戸波江二ほか編『ヨーロッパ人権裁判所の判例』（信山社、2008）405頁以下があげられるにとどまる。さらに、小泉洋一「宗教批判と表現の自由」国際人権18号（2007）142頁以下では、日刊紙の論文によってキリスト教徒の集団の名誉が毀損されたとする裁判事件が扱われている。
2） なお、このことは、オーストラリアについても語られている。Crown, Blasphemy and Freedom of Speech, 22 Australian Journal of Forensic Sciences 12 (1989).
3） なお、それをめぐるイスラム法の問題状況については、Stenhous, Blasphemy/Freedom of Speech in Islamic Law, 22 Australian Journal of Forensic Sciences 4 (1989).

4) See 11 Corpus Juris Secundum 357 (1938). そこには、次のような説明がみられる。「blasphemy と profanity は非礼な (irreverent) 言語使用を表示する点では同じであるが、前者は、より強烈な（場合にかかわる）ものであり、後者は、より広いものである。」
5) Joseph Burstyn, Inc. v. Wilson, 343 U. S. 495, 523（1952）. (Frankfurter らの同意意見。)
6) 国際人権法、アメリカの州法およびカナダ法のそれぞれにつき、内野正幸『差別的表現』（有斐閣、1990）29～30頁、41頁、67頁。また、神冒瀆との関係で、このようなカナダ法に言及するものとして、Speech, Religious Discrimination, and Blasphemy, 1989 Ame. Soc. of Int'l. Proceedings 427,429.
7) 集団誹謗の概念については、内野・前掲注6）36～37頁参照。
8) イギリスでは、このような概念によって神冒瀆罪を法定することの可否が、議論されたことがある。消極論として、The Law Commission, Working Paper No. 79: Offences against Religion and Public Worship（以下、W. P. と略記）119～20（1981）. 積極論として、Poulter, Toward Legislative Reform of the Blasphemy and Racial Hatred Laws, 1991 Pub. L. 371, 377～379; Lambert, Reports of Committees: Offences against Religion and Public Worship, 44 M. L. R. 556, 560～561（1981）; McCorquodale, Blasphemous Verses, 50 Cambridge L. J. 22, 24 (1991).
9) たとえば、G. D. Nokes, A History of the Crime of Blasphemy 2n. (c) (1928) によると、異端も神冒瀆を構成する、とされる。他方、Leigh, Not to Judge but to Save?: the Development of the Law of Blasphemy, 8 Cambrian L. Rev. 56, 59（1977）では、異端は、神冒瀆と異なるものとしてとらえられている。さらに、後掲注19）参照。
10) 異端審問については、たとえば、ギー・テスタス＝ジャン・テスタス（安斎和雄訳）『異端審問』（白水社、1974）、森島恒雄『魔女狩り』（岩波書店、1970）とくに31頁以下参照。イギリス法史における問題状況につき、see e. g. 2 J. F. Stephen, A History of the Criminal Law of England 451～461 (1883).
11) Leigh, *supra note* 9, at 59.
12) Stephen, Blasphemy and Blasphemous Libel, 35 Fortn. Rev. N. S. 289, 292 (1884).
13) Micklewright, Blasphemy and the Law, 1979 Law and Justice 20; Leigh, *supra note* 9, at 56.
14) Th. Schroeder Constitutional Free Speech Defined and Defended in an Unfinished Argument in a Case of Blasphemy 166 (170). (これは、1919年に公刊された書の復刻版である。)

15) See Note, Blasphemy, 70 Colum. L. Rev. 694, 695〜696（1970）. なお、大体同じ時期（1677年）に、教会法上の措置としての死刑も、廃止されるにいたった（Leigh, *supra note* 9, at 59）。
16) そこには、「神冒瀆的言葉と、全政府を転覆する傾向のある行為のかどで」と記した紙を身につけて、さらし台に立つこと、という刑も含まれていた（*ibid.*, at 49）。
17) 同法は、「本国内でキリスト教の教えを受け、もしくはいかなるときでもキリスト教の信仰告白をしてきた者が、書いたり印刷したり教えたり、または忠告に基づいて話したりすることによって、複数の神がいることを肯定もしくは主張し、または、キリスト教が正しいこと、もしくは旧約聖書や新約聖書が神聖な権威であることを否定した」場合を処罰の対象としている（e. g. Nokes, *supra note* 9, at 131）。ちなみに、同法は、態様のいかんを問わず、また、最も私的な交際関係におけるものでさえ、禁止された言論を処罰するものである、とされる（Kenny, The Evolution of the Law of Blasphemy, 1 Cambridge L. J. 127, 132 (1922)。なお、同法は、形の上では、1967年に廃止された（See e. g. W. P. *supra note* 8, at 28）。
18) 4 W. Blackstone, Commentaries on the Law of England 55 (1957).

 なお、ここでは「神冒瀆」は、「宗教に対する犯罪」のうちの四番目のものとして説明されている。それと並べてあげられている宗教犯罪は、以下のものである（*ibid* at 37〜61）。第一は、背教であり、それは、「偽りの宗教を信奉するか、または宗教を全然信奉しないことによって、キリスト教を完全に否認すること」を意味する。そして、「この犯罪は、かつて真の宗教を信仰告白したことのあるような者についてのみ成立しうる」、とされる。第二は、異端であり、それは、キリスト教の本質的教義の一部を否定することによって成立する、とされる。第三は、国教会にかかわる犯罪であり、それは、「積極的には、その儀式をののしることにより、また、消極的には、その礼拝に従わないことにより」成立する。さらに、第五に、「不敬で卑俗な態様で罰当たりなことを言い、呪うこと」、第六に、魔女の妖術など、……というように叙述が続いている。その中には、次のような一節も含まれている。「魔女術や妖術の可能性、いや現実的存在を否定することは、同時に、旧約聖書および新約聖書のさまざまの一節における神の啓示された言葉に、きっぱりと反駁することを意味する、『といわれている』」。そうすると、魔女の存在やその悪性を否定する内容の言論も、神冒瀆を構成することになる（Schroeder, *supra note* 14, at 370）。
19) See e. g. W. P. *supra note* 8, at 4〜17; Reg. v. Lemon, 1979 A. C. 617, 621〜622.
20) なお、Note, The Law of Blasphemy, 16 Mich. L. Rev. 149, 150 (1918) は、この判決によって神冒瀆の成立要件の不確実さが除去された、と評している。
21) See e. g. Jones, Blasphemy, Offensiveness and Law, 10 B. J. Pse. S. 129, 142

(1980)；Kenny, *supra note* 17, at 128, 134, 136, 140. なお、神冒瀆罪の成立要件としては表現の内容より態様の方が重視されているとする歴史認識を疑問視するものとして、see Stephen, *supra note* 12, at 290.

22) Note, The Legality of Atheism, 31 Harv. L. Rev. 289, 291 (1917)；Stephen, *supra note* 12, at 315.

23) Blasphemy: Offence Confined to Christianity. 1990 Crim. L. Rev. 711, 713.

24) 内野・前掲注6）50頁以下参照。

25) See e. g. R. Pollard, Abolish the Blasphemy Laws 7〜8 (1950). W. P. *supra note* 8, at 29, Kenny, *supra note* 17, at 138. Note, *supra note* 15, at 700〜701. なお、法案起草にもあたった法学者による廃止論の主張として、Stephen, *supra note* 12, at 318.（そこでは、「意見の完全な自由」が援用されている。）

26) W. P. *supra note* 8.

27) The Law Commission, Offences against Religion and Public Worship (Law Com. No. 145) (1985).

28) 同旨の学説として、e. g. Jones, *supra note* 21, at 133.

29) Law Com., *supra note* 27, at 20.

30) *Ibid*., at 21.

31) *Ibid*., at 25.

32) *Ibid*., at 25.

33) *Ibid*., at 41〜45.

34) See e. g. Pollard, *supra note* 25, at 10〜11.

35) そのほかに、Leigh, *supra note* 9, at 70.

36) 前出注8）参照。

37) それをめぐる問題については、本節では立ち入って考察する余裕をもてないでいるが、さしあたり See Buxton, The Case of Blasphemous Libel, 1978 Crim. L. Rev. 673.

38) Comment, Blasphemy and Obscenity, 5 Brit. J. L. & Sse. 89, 91 (1978).

39) *Ibid*., at 96.

40) H・J・ラスキ（飯坂良明訳）『近代国家における自由』（岩波書店、1974〔原書は1930年出版〕）119頁、122頁。

41) Schroeder, *supra note* 14, at 255〜256. なお、この条項は、魔女は死刑にする旨の法規定と並べて設けられていた。

42) そのほかに、1646年および1697年のマサチューセッツ州法につき、see Commonwealth v. Kneeland, 20 Mass. (Pick.) 206, 214 (1838). ちなみに、同州では、1692年に19人の魔女が絞首刑に処せられた、とされる (Commager, The Blasphemy of Abner Kneeland, 8 New Eng. Q. 29, 39 (1935).).

さらに、1649年のメリーランド州の寛容法における神冒瀆罪の規定につき、熊本信夫『アメリカにおける政教分離の原則〔増補版〕』（北海道大学図書刊行会、1989）95頁参照。また、同州の1723年法につき、see State v. West, 263 A. 2d 602, 603（1970）.（ちなみに、同法では、神冒瀆罪につき次のような刑罰が設けられていた。初犯の場合は舌をくりぬく。再犯の場合は、額にBという文字を焼きつける。3回目になると死刑。）

43) Roth v. United States, 354 U. S. 476, 482（1957）によると、合衆国憲法制定直後の時点において、「〔憲法を承認した四つの〕州のすべてが、神冒瀆、不敬もしくはその双方を制定法上の犯罪としていた」、とされる。なお、各州で州憲法が制定されたころの時期における各州の神冒瀆罪の立法状況の一端につき、see 20 Mass.（*supra note* 42, at 218.）。

44) その歴史的素描としては、see e. g. Gaylord, Onward! Christian Soldiers, 93 (5) Case & Comment 36, 38〜40（1988）.

45) この事件を別の観点からとりあげたものとしては、奥平康弘『表現の自由Ⅰ』（有斐閣、1983）294〜303頁参照。

46) Note, *supra note* 15.

47) *Ibid.*, 711〜714.

48) *Ibid.*, at 715.

49) *Ibid.*, 715〜716, 717.

50) *Ibid.*, at 718.

51) *Ibid.*, at 721.

52) *Ibid.*, at 726.

53) *Ibid.*, at 727.

54) *Ibid.*, at 728.

55) たとえば、Nariman, Freedom of Speech and Blasphemy: the Laws in India and UK. 42 International Commission of Jurists Review 53（1989）; Poulter, *supra note* 8, at 376.

56) たとえば、インドの1927年改正刑法には、次のような規定がおかれていた。「何らかの階層〔集団〕のインド市民の宗教的感情をふみにじる意図的で悪意ある故意をもって、話されもしくは書かれた言語によって、十字を切ることによって、または描写によって、その階層の宗教もしくは宗教的信条を傷つけまたは傷つけようとした者は、……に処せられる。」(W. P. *supra note* 8, at 49; Nariman, *supra note* 55, at 54.)

また、旧英領のケニアの刑法は、他人の宗教感情を侵害する意図的な故意をもって何らかの言葉を書くことを、神冒瀆罪の構成要素としている。J. J. R. Collingwood, Criminal Law of East and Central Africa 117（1967）.

57) この点を示唆するものとして、see Jones, *supra note* 21, at 132〜133.
58) 公共道徳の維持を理由とする自由の規制の可否については、内野正幸『憲法解釈の論理と体系』(日本評論社、1991) 336頁以下参照。そこでは、一般論として積極説を示しておいたが、このことは、個別の問題について消極説を主張することを妨げるものではない。
59) 内野・前掲注58) 341頁では、第三者に害を及ぼさないような礼拝所不敬行為に対する規制を正当化する可能性のある根拠として、宗教道徳をあげておいたが、本文では、第三者の宗教感情を直接害するような態様の礼拝所不敬行為を念頭においている。
60) 大石眞『憲法と宗教制度』(有斐閣、1996) 274頁など。
61) その場合、「ある人の崇拝は他の人にとって神冒瀆となる」(Leigh, *supra note* 9, at 70) という定式が妥当することになる。
62) 大体同旨の見解として、前掲注52) に対応する本文のほか、see Gaylord, *supra note* 44, at 40.
63) 内野・前掲注6) 157〜161頁。

索引

あ

アーミッシュ教徒　222
愛校心　135
愛国心　132～
アイデンティティ権　74,88
アイヌ関係図書事件　45,47,49
アイヌ肖像権裁判　34
アイヌ民族　34,45
『悪魔の詩』　26,257,271～272

い

意見表明権　199～200,204
イスラム教徒　26,257,271
池田・ロバートソン会談　133,141
異端　268,283,284
違法デモ写真撮影事件　59,70
インターネット　7,51～53

う

「宴のあと」事件　63～

え

営利的表現　5,14
「エホバの証人」　142,221

お

親の教育の自由　113～114,117,131

か

外国人指紋押なつ拒否事件　60
解釈基準　49
学習権　111,161,164,187,208
学習指導要領　111,117,143,146,232
学問の自由　110,123
確立された国際法規　49
学力テスト事件最高裁判決　110,139,147,152,208
加工情報　96
価値の教え込み　156,246,250,256
「学校」　110,112,115
学校教育法　110,115,143,213,222,226,237
学校教育法施行規則　143,226,232
学校制度法定主義　143,150
学校選択の自由　112,140,149,159
学校知　157
神冒瀆罪　258～,272,286
神冒瀆的表現　244,253,257～
簡易開示　97
監護教育(権)　201,215

き

「君が代」伴奏　144～147
義務教育　115～116,117,222
教育委員会　95,99,111,114,166,226,248～249
教育基本法　119,135,139,149,218,222,225,226,228,237
教育裁量　216
教育権の所在　110,119,120,127,159
教育情報の開示　95～
教育内容要求権説　157
教育の機会均等　23,159,160,166,168
教育の自由　110～
「教育の自由化」論　116
教育を受ける権利　157,159,164,165～,206～207
教育を受ける権利の自由権的側面　113,159,182
教化　156,249,250
教科書検定訴訟　119～
教科書使用義務　115,128～129

教科書執筆・出版の自由　115
教材　226
教師の教える自由　110〜, 153

（け）

芸術的表現　10, 262, 281
検閲　31〜32, 44, 122〜123, 129
剣道実技受講拒否事件　221〜222
憲法解釈論　15, 160
憲法教育　158, 163
憲法21条1項の読み方　2, 16
"言論には言論で"　21, 26, 33, 52

（こ）

公教育からの自由　222
公教育の中立性　157, 249〜
公共施設　4, 41, 213, 231
公金支出（制限）　231〜232
公職選挙法　31, 32, 42, 235
幸福追求権　5, 11, 12, 62, 79, 82, 83, 113, 201
公文書開示請求　98
公民的教育観　156, 158
公人と私人　234
顧客情報　61
国際人権規約　49, 124〜125, 128, 167
国際人権条約　49, 200, 250
国民（の）教育権　110〜111, 119, 153, 159
心の教育　136
「心のノート」　137
心の平穏　60, 64
個人主義　80〜81, 89, 137
個人情報保護　62, 87, 106, 108
個人の尊厳　39
「個体の自由」　84
国旗国歌法　136
国家（の）教育権　110〜111, 113, 120, 153
「子ども」　196〜197, 207
子どもに固有の権利　209〜210
子どもの権利条約　199〜200, 205
子どもの人権　206〜
コモン・ロー　258, 259, 268, 269, 273
根拠条文　5, 13, 14, 17, 72
コンドルセ　143〜144

（さ）

在学契約　230
在監者　12
財産権　4, 13, 74
裁判を受ける権利　202〜203
裁量権　119, 125, 129〜130
作為請求　113〜114
差別主義　19〜20, 36, 143, 243
差別的表現　21〜

（し）

私学教育の自由　121, 130
自己決定権　84, 89〜90, 210
自己情報開示請求権　100
自己情報コントロール権　65, 70, 87, 100
自己情報チェック権　77
自己情報訂正請求権　62, 74
私事干渉・公表排除権　58
私生活上の自由　59, 60, 84
私生活尊重権　85〜87
自然の自由　4, 115
"思想の自由市場"　21, 26
思想・良心の自由　14, 139, 144〜147, 159, 253
私的事柄保持権　73
「児童」　198〜199
児童労働　200, 207, 210
指導・助言　158, 163, 236
指導要録　62, 95, 101, 103〜105, 108
氏名の自由　4, 11
社会学　7, 78, 80
社会権　167, 171, 181, 182, 190
社会的少数者　29, 37
就学援助　160, 180
宗教感情　261, 264, 273, 280, 281, 282
宗教教育　218, 225
宗教教育の自由　218〜219
宗教的情操教育　133, 218, 226, 228
宗教的人格権　252〜253
宗教的中立性　218〜219, 228, 230
宗教的表現の自由　281
宗教と信念（信条）の関係　252
修正1条　3, 222, 239, 242〜, 256, 278
住居の不可侵　83

障害児教育　140, 181
消極的表現の自由　14
象徴的表現　9～10, 17, 25
肖像権　34, 76, 86, 93
少年事件報道　203
「情報」　75～76
情報開示　95～97
情報提供　96
情報公開　95
職業教育　166～168, 189
職業(選択)の自由　4, 10, 118
職務(行為)　27, 111
署名運動　13, 18
私立学校の自由　115～116
自律的行為権　210
人格権　45, 46, 47, 49, 62, 65, 78, 82, 83, 100
人格の自由な発展を求める子どもの権利
　　169～171
進化論教育　157, 219～220, 247
信教の自由　3, 218～, 232, 234, 238, 249
親権　113, 201, 202
人権教育　136, 158
人権の私人間適用　32, 72, 77, 236
新興宗教団体　224
真実性の証明　66
新自由主義　141
人種差別撤廃条約　36, 45, 48
人種的憎悪　48

す
杉本判決　110, 113, 119, 208

せ
政教分離　230～231, 233, 238, 249, 250
政見放送事前削除事件　31, 42
政治献金　13
精神活動　6～10, 73
精神的自由　3, 4, 74, 161
制度的自由　4, 16, 115
政府言論　129, 154～156, 253
世俗的人間主義　240
前科照会事件　59
選挙運動　3, 17, 32

そ
早大講演会名簿提出事件　60, 67～

た
対抗言論　27
他者加害(禁止)　37～38, 47, 211
多文化主義　19, 20

ち
知能検査　98, 101
知能指数　101
知の暴力性　25
中教審答申　132～133, 136
中等教育　227, 229, 233
沈黙の自由　14

つ
通信の自由　12, 53
通信の秘密　8, 12, 53
通達　227, 229, 233, 237

て
適正手続　124
適用違憲　119, 125, 127, 276
電話番号　60, 67

と
道徳教育　133, 136, 138, 148, 150
トックヴィル　90
トマス・ペイン　258
囚われの聴衆　129, 154～156

な
内申書　62, 95, 101

に
日曜参観授業訴訟　221
二重の基準　3

は
配分請求権　167, 189
パターナリズム　201, 211～

ひ

PC　*19, 36*
比較考量　*47*
表現場所提供者　*40〜42*
表現の自由の優越的地位　*3, 39, 52*
「表現」の定義　*9, 15*
平等原則　*231, 233, 281*

ふ

ファイヤーベント　*90, 162*
不快な言論　*30*
部活動　*232*
福岡ゲルニカ事件　*203〜204*
不作為請求　*113〜114*
侮辱罪　*38, 54*
「不当な支配」　*119, 139*
プライバシー　*53, 58〜*
部落差別　*33, 51, 54〜55*
ブラックストン　*269*
プログラム規定説　*176*
プロバイダー法　*51, 53*
文化相対主義　*265*

へ

ヘイト・スピーチ　*34, 36*
平和教育　*141, 158*

ほ

法人　*38〜39, 219*
放送　*30〜31*
法治主義　*123*
方法論的個人主義　*80*
「暴力」　*25*
保護を受ける権利　*210*
ポリティカル・コレクトネス　*19, 36*
ポルノ　*30*

ま

マイノリティ集団　*19, 22, 29, 37*
マスコミ　*38〜39, 41, 65*

み

未成年者の人権　*200〜202, 206〜*
民主主義　*89*
民主的政治過程論　*3*

め

名誉感情　*37〜38, 54*
名誉毀損(罪)　*37〜38, 53〜55*
名誉侵害　*37〜38*

も

目的効果基準　*231*
モデル小説　*63〜64, 65*
元日本兵「逃亡」抹消請求事件　*75, 78*

ゆ

有害情報　*51〜52*

よ

養(教)育権　*113, 160, 201, 239*
ヨーロッパ人権条約　*49, 85, 259, 272*

ら

ラスキ　*275*

り

リベラリズム　*163, 254*

ろ

ロワイエ・コラール　*84, 92*

わ

わいせつ　*9, 30, 46, 277, 279*

内野正幸（うちの まさゆき）
1955年生まれ。東京大学法学部卒。
現在、中央大学法科大学院教授。
専攻、憲法学。
主著：『差別的表現』（有斐閣、1990）
　　　『憲法解釈の論理と体系』（日本評論社、1991）
　　　『教育の権利と自由』（有斐閣、1994）
　　　『民主制の欠点』（日本評論社、2005）
　　　『公法（憲法）［第2版］』（弘文堂、2009）

表現・教育・宗教 と人権　　　　　　　憲法研究叢書

平成22年4月15日　初版1刷発行

著　者　内野　正幸
発行者　鯉渕　友南
発行所　株式会社　弘文堂　　101-0062 東京都千代田区神田駿河台1の7
　　　　　　　　　　　　　　TEL 03(3294)4801　振替 00120-6-53909
　　　　　　　　　　　　　　　　　http://www.koubundou.co.jp

装　丁　大森　裕二
印　刷　港北出版印刷
製　本　牧製本印刷

ⓒ 2010 Masayuki Uchino. Printed in Japan

JCOPY　＜(社)出版者著作権管理機構　委託出版物＞
本書の無断複写は著作権法上での例外を除き禁じられています。複写される場合は、
そのつど事前に、(社)出版者著作権管理機構（電話 03-3513-6969、FAX 03-3513-6979、
e-mail:info@jcopy.or.jp）の許諾を得てください。

ISBN978-4-335-35474-8